Conversación y controversia

Tópicos de hoy y de siempre

Quinta edición

Nino R. Iorillo

Andrés C. Díaz

Dennis L. Hale

PEARSON
Prentice Hall

Upper Saddle River, New Jersey 07458

Library of Congress Cataloging-in-Publication Data

Iorillo, Nino R.,
    conversación y controversia : tópicos de hoy y de siempre / Nino R. Iorillo, Andrés C.
Díaz, Dennis L. Hale.—5th ed.
        p. cm.
    Spanish and English.
    ISBN 0-13-183821-0
    1. Spanish language—Conversation and phrase books—English. 2. Spanish
language—Grammar. I. Díaz, Andrés, C. II. Hale, Dennis L. III. Title

PC4121.I75 2004
468.3¹421—dc22   2003061186

Publisher: Phil Miller
Senior Acquisitions Editor: Bob Hemmer
Senior Directior of Market Development: Kristine Suarez
Exectutive Marketing Manager: Eileen Moran
Assistant Director of Production: Mary Rottino
Editorial Assistant: Pete Ramsey
Project Manager: Melissa Scott/Carlisle Communications Ltd.
Cover Design: Bruce Kenselaar
Prepress and Manufacturing Buyer: Brian Mackey

This book was set in 11/13 times by Carlisle Communications Ltd. and was printed and bound by
RR Donnelley-Harrisonburg. The cover was printed by Lehigh.

Printed in the United States of America
10 9 8 7 6 5 4 3 2 1

ISBN 0-13-183821-0

Pearson Education LTD., *London*
Pearson Education Australia PTY, Limited, *Sydney*
Pearson Education Singapore, Pte. Ltd.
Pearson Education North Asia Ltd., *Hong Kong*
Pearson Education Canada, Ltd., *Toronto*

Pearson Educacíon de Mexico, S.A. de C.V.
Pearson Education—Japan, *Tokyo*
Pearson Education Malaysia Pte. Ltd.
Pearson Education, *Upper Saddle River*, New Jersey

PEARSON
Prentice
Hall

Conversación y controversia

Contenido

Preface

Conversation is the fabric of our everyday lives. Whenever and wherever human beings are inclined to communicate, they exchange ideas, opinions, and sentiments with each other. The range of topics of conversation is extremely wide, from the superficial discussion of weather to the most profound philosophical or scientific themes.

The fifth edition of *Conversación y controversia* continues the strong tradition of previous editions: to create opportunities for natural conversation to occur among learners of Spanish on conventional topics that are relevant, interesting, and provocative. Over the years, we have discovered a series of topics that are common enough to evoke an opinion from everyone, and we have kept those that work the best. Most mature, informed students should have an opinion to contribute. Based on our many years of teaching this course, we chose the atmosphere of controversy or debate to create the opportunity for conversation, because it is challenging and exciting to exchange ideas with someone with a different viewpoint.

The "Temas candentes" of the fifth edition may stir up particular passions—immigration, terrorism, Spanglish, the United Nations. The topics are "hot-button" issues that have an impact on our daily lives.

We do not claim to be factually correct or accurate in the opinions expressed in these themes. Sometimes we deliberately exaggerate and distort perceptions, just as anyone in the street (or in the classroom) might. Nor do we claim to have exhausted all arguments pro or con; rather, we have attempted to maintain a balance in the presentation of the various sides of each issue. Our purpose is not to propagandize; we strive to challenge all opinions. While the style and language are as correct as humanly possible, there are no literary pretensions. We have tried to make the level of language appropriate to students with more than a good grasp of basic Spanish.

To the Instructor

We believe that success from using this book depends heavily on the small-group format. From the very first day, you should consider dividing the class into groups of four or five so that as many students as possible are talking and expressing their ideas. For each chapter you should assign a "director(a)," whose role should be to stimulate and maintain a lively conversation, completely in Spanish. Another student in the group should be assigned the role of "secretario(a)," and this person should take notes during the conversation and then give a resume of the group's opinions in the next class meeting.

Grades should be based on the oral performances of the "directores" and "secretarios." The "directores" should prepare questions and comments to elicit reactions and responses from the rest of the group. If a group is too quiet and apathetic, the "director(a)" should bear responsibility. The oral report of the "secretario(a)" must also be interesting and lively, showing evidence of good preparation.

Prior to the small-group discussions, you may wish to have the class read these divergent and often contradictory opinions from "Opiones de la gente de la calle" for their spontaneous reactions. This introduction can be your opportunity to update and personalize the statements of this section by making reference to your own experiences and recent or past events.

If time permits, the structure-review sections can be completed in small groups or in a one-on-one format, allowing your students time to communicate with each other on a more personal basis. You will notice that these activities are based on the vocabulary and ideas of the main theme. If time is limited, these review sections could be handed in as written assignments; however, we strongly recommend that the overall grade in this "conversation" class be based on the oral performances of the "directores" and "secretarios." By the end of the term, each student should have had several chances to lead a topic of discussion or to give an oral report to the class on the particulars of the group discussion.

We have found that, in our experience, at least 20 minutes should be set aside for the small-group discussion. By simple observation, you should be able to decide if more time is needed.

For variety, more formal debates could be organized for some of the topics. Review sound debate strategies with the class in Spanish and make appropriate suggestions for success. If possible, you could also recommend colleagues as resources who could help the debaters in their preparation.

The vocabulary sections are meant to help your students break away from translating and thinking in English. We hope that you can find time to do them very quickly, either before or right after the small-group discussions.

A logical final exam could be a conversation with each student in which he/she could talk about the theme that interested him/her most or a discussion of one of the themes that could not be covered during the term. If the class is too large for such a personal-type exam, perhaps an essay could serve this purpose as a last resort.

To the Student

The objective of this book and class is to give you a chance to improve your fluency and conversational skills in the Spanish language. Improvement in fluency comes with practice, which in this case demands oral preparation. We encourage you to read the essays aloud and, if possible, tape your practice so that you can hear how you sound. By the end of the term, you should be able to hear an improvement in your pronunciation. It should be clearer and faster; in other words, more native-like.

Try to relate the opinions expressed in the "Opiniones de la gente de la calle" section to your own opinions or to those of your family and friends. Analyze the opinions expressed and decide with which one you most agree. In your group discussions, don't hesitate to make reference to the opinions in the "Opiniones de la gente de la calle" section.

The structure-review sections can be helpful in developing your opinions about the theme. You should do them as part of your preparation for the group discussions. You can consider the discussions as a form of debate. Think of the strong points of your argument and anticipate the response of the other side. Back up your opinions with facts or a relevant anecdotal reference. Listen and react to the opinions of your classmates and try to refute them, if you are not in agreement, or support them with your own observations.

Each class should be an opportunity for you to contribute and improve your use of the language. Avoid thinking in English at all and try to express yourself in simple but clear terms. If you don't agree with an individual, say so in a polite and respectful way. Make friends and have fun in the discussion. You may alienate the group by trying too hard to win the argument. To make the discussion more interesting, you could bring up your own experiences, whether real or imagined.

If you are chosen to actually debate a certain topic, prepare your arguments point by point in Spanish. Win over your audience with your understanding, compassion, preparation, and a sense of humor.

Acknowledgments

We would like to thank the many reviewers who offered suggestions and critical evaluations of the fifth edition of *Conversación y controversia*. Among the many colleagues who responded to our revision plan, we gratefully acknowledge Daniel R. Serpas, Northern Arizona University, Joni Hurley, Clemson University, Salvatore Poeta, Villanova University, Susana Rivera-Mills, Northern Arizona University, María Luque-Eckrich, DePauw University, Patricia M. Lestrade, Mississippi State University, Charles B. Moore, Gardner-Webb University, Inma Lyons, Texas A & M University-Commerce, Julie Glosson, Union University, Luz M. Escobar, Southeastern Louisiana University, Joshua Mora, Wayland Baptist University, Susana M. Winterfeldt, University of Wisconsin Oshkosh, Mary Long, University of Colorado, Laura J. Beard, Texas Tech University, and all those who helped us with each one of the previous editions.

As with our previous editions, we wish to thank our family and friends, who have always given us encouragement and support. To our colleagues who have supported our work by using previous editions, we are also deeply indebted. We are most appreciative of the encouragement and understanding of Bob Hemmer, senior acquisitions editor, and the rest of the staff at Prentice Hall. They had faith in us and created the opportunity to make this book a reality.

Nino R. Iorillo
Andrés C. Díaz

Conversación y controversia

1

El científico y el artista

Opiniones de la gente de la calle

Para mí, este siglo ha sido maravilloso, pues me ha dado oportunidad para estudiar este mundo fascinante de las computadoras.
—Mónica, una joven universitaria.

Este siglo que me ha tocado vivir ha sido una desgracia. Millones y millones de seres han muerto en las guerras más sangrientas de la humanidad.
—Alberto, hombre de setenta años.

En este siglo XX la ciencia de la medicina ha avanzado más que en todos los anteriores juntos.
—Dr. Gómez, médico.

Doy gracias a los últimos años de este siglo que me han hecho millonario en mi profesión.
—Pedro, pelotero famoso.

Estoy fascinada con mi trabajo y con todos los adelantos de la tecnología que nos ha dado este siglo y que facilitan mi labor.
—Diana, ejecutiva.

¡Qué bien que nací y estoy viviendo en este siglo! Si hubiera vivido en el anterior no hubiera sido astronauta, lo que para mí es fantástico.
—Sra. Chang, astronauta.

Lo que más me gusta es la televisión y los juegos electrónicos.
—Michele, niña de diez años.

Gente importante del siglo XX

Cada siglo ha tenido muchas personas que han influido, para bien o para mal, en la vida de millones de otros de manera tan profunda, que serán recordadas para siempre. ¿Cuántas y cuáles de las personas célebres de esta centuria van a ser recordadas en los libros de historia en el próximo siglo? ¿Cuántas de éstas seguirán siendo objeto de estudio en los años venideros?

En los libros de historia leemos mucho sobre las hazañas de grandes políticos, militares y exploradores, pero no son sólo ellos los que hicieron historia y cambiaron las vidas de otros. No podemos dejar de recordar que Moisés, Jesús, Buda, Mahoma y otros muchos líderes religiosos lograron tener un impacto duradero que nunca se podrá borrar porque todavía seguimos sus filosofías hoy en día.

Mucha gente ya cree que los científicos de este siglo mejoraron la vida de todos con sus descubrimientos e investigaciones. ¿Se puede imaginar nuestro mundo moderno sin los inventos de Thomas Edison, Henry Ford, Bill Gates y otros muchos que trabajaron conjuntamente con otros colegas en equipos que apenas recibieron reconocimiento del público en general?

Los médicos de este siglo merecen mención por los grandes avances que han realizado, dando como beneficio inmediato el de salvar y prolongar la vida humana. Fue en este siglo que Fleming descubrió las propiedades de la penicilina, Barnard hizo el primer transplante de corazón con éxito y Salk y Sabin vencieron la poliomielitis con sus vacunas. Hay miles más que se deben nombrar, pero en este ensayo no podemos hablar de tantos.

En cada rama de las artes hay muchas personas notables que enriquecieron nuestra vida con sus obras de pintura, escultura, música, baile, drama, novela, ensayo, poesía y aun con nuevas formas de expresión, como la fotografía, el cine, la televisión y la radio.

Este siglo ha visto crecer el papel y la importancia de otro género de personas. Estas compitieron en los juegos y los deportes y muchas veces nos ganaron el corazón y la admiración, logrando hacer lo que los políticos y los científicos no pudieron. Debemos agradecerles a Jackie Robinson, Joe Louis y Mohammad Ali el romper las barreras raciales que existieron en los Estados Unidos en la primera mitad del siglo.

Además de los industriales, economistas, filósofos, psicólogos, periodistas y juristas hay otro grupo que es digno de mención y agradecimiento por habernos dado un mensaje de bondad y fraternidad: las personas en todos los países del mundo que, a veces, lo sacrificaron todo por el bien de los demás. La Madre Teresa que vivió gran parte de su vida en India, puede servir como ejemplar de este tipo de individuo que mostró que el amor es mucho más que una canción romántica. Otro ejemplo lo ofrecen los millones de soldados y otros héroes que derramaron su propria sangre por proteger a sus familiares y a los ciudadanos de su patria en las tristes guerras de este siglo.

Es verdad que ha habido muchos ejemplos negativos de personas que cambiaron la historia con su odio, arrogancia y rencor, pero prefiero recordar el valor de Churchill y Mandela y olvidar la agresión de Hitler y los horrores de Stalin; prefiero honrar la memoria de Gandhi y Martin Luther King, Jr., y echar al olvido las atrocidades de los asesinos y racistas.

No cabe la menor duda que el siglo XX fue el escenario de una colección de individuos que, desde el infeliz bebé que vivió por sólo pocos minutos, hasta la persona que vivió los cien años del siglo, alcanzaron a impactar la vida humana.

DISCUSIÓN

En grupos pequeños de tres o cuatro personas, discutan la influencia e importancia de las personas más relevantes del siglo XX. Preparen una lista de diez que, en su opinión, serán recordadas para siempre en los libros de historia.

El científico

LAS MATEMÁTICAS, LA FÍSICA, LA QUÍMICA, LA ASTRONOMÍA, LA BIOLOGÍA, LA GEOMETRÍA...

El hombre y la mujer son los entes más prodigiosos de la creación, los únicos seres vivientes capaces de razonar hasta lo infinito. El científico, el que ha sido capaz de desintegrar el átomo y de utilizar la tremendísima energía que encierra, el que ha traspasado las fronteras de este mundo para alcanzar otros, no se detiene ante ningún obstáculo y avanza incontenible hacia metas cada vez más portentosas.

Si analizamos la historia de la humanidad, encontraremos siempre patente esa curiosidad, ese deseo de averiguar, de investigar, de transformar, de crear. Desde el invento de la rueda, el descubrimiento de la electricidad y su utilización, hasta el transplante de un órgano tan vital como el corazón, el científico nos ha brindado una gama de maravillas para dejarnos atónitos.

¿Qué sería de la humanidad sin esa capacidad extraordinaria de las personas dedicadas al campo de las ciencias? Seguramente estaríamos aún viviendo en cuevas y cavernas, como el resto de los animales. El más elemental de los utensilios usados por los seres primitivos requiere un principio científico. El lanzamiento de una piedra con la mano no es más que la aplicación de leyes físicas naturales aprovechadas por el ser humano con un principio científico.

El acto, tal vez más primitivo que el anterior, de sostener en sus manos una rama de árbol y con ella abatir a un enemigo, ¿no requiere también un principio científico? Es la utilización de un elemento ajeno a su persona para producir un aumento de su fuerza natural. Es decir, es una multiplicación de su fuerza. Esa misma rama, usada como palanca, ¡qué prodigios es capaz de hacer! Recordemos la célebre frase de Arquímedes: "Denme un punto de apoyo y una palanca y moveré la Tierra."

En grupos pequeños, hablen de los avances científicos más notables que se han producido en este siglo. Mencionen un buen número de los más importantes científicos de los últimos tiempos y algunos de sus logros que han influido en el desarrollo de la humanidad.

El artista

En el artista podríamos decir que domina el corazón sobre la razón. Se preocupa por el mundo del espíritu más que por el mundo material. Toma como principal objeto de estudio a la misma humanidad. La filosofía, la literatura, la música, la pintura, la escultura son temas de su preferencia. El artista nos habla de la naturaleza, de Dios, de la belleza y también de la fealdad, de la alegría y del dolor, de la esperanza y de la desesperación, del éxito y del fracaso, del amor y del odio, en fin, de todos los aspectos de la vida humana, ya sean éstos positivos o negativos.

Los poetas, los músicos, los pintores y los escultores son los máximos representantes de las más hondas manifestaciones del espíritu. Igualmente, los historiadores, los críticos, los ensayistas, los periodistas y los filósofos contribuyen en gran medida a aumentar nuestra riqueza intelectual. Ellos nos brindan con sus conocimientos y teorías la oportunidad de meditar sobre todo aquello que se escapa a la razón fría, calculadora, matemática, a todo aquello que se escapa a los ojos materiales. Nos guían haciéndonos ver con los ojos del alma, haciendo que nos adentremos en los campos de lo inconmensurable de la vida y de la muerte, de la inmortalidad y de los grandes misterios del Creador. Todo lo hacen en su afán de encontrar los principios y verdades que atesora el espíritu.

DISCUSIÓN

En grupos pequeños, hablen de la importancia y la popularidad que han tenido los artistas en este siglo. Además de los escritores y los pintores, comenten sobre la gran fama de los cantantes, músicos y actores de hoy y decidan si se la merecen o no.

Vocabulario

abatir
echar por tierra, dominar, conquistar

adentrar
penetrar con análisis un asunto

afán (el)
deseo fuerte

agarrar
coger

agradecer
dar las gracias

ajeno
extraño, no nativo

ansioso
ávido, que tiene anhelo

aportación (la)
contribución

atesorar
guardar dinero u otras cosas de valor

atraer
traer hacia sí una cosa

beneficiar
hacer bien

borrar
eliminar, hacer desaparecer algo

dañino
nocivo

debacle (la)
final desastroso

desintegrar
romper, destruir

encerrar (ie)
poner o meter dentro de otra cosa

ente (el)
lo que existe

fantasma (el)
ser no real que uno cree ver

fealdad (la)
contrario de hermosura o belleza

fila
línea de personas o cosas colocadas unas detrás de otras

gama (la)
sucesión de cosas, serie

hazaña
acción o hecho heróico

inconmensurable
que no se puede medir o calcular

incontenible
que no se puede contener o detener

lanzamiento
acción de arrojar o echar

meta
fin

odio
lo contrario de amor

palanca
barra que se usa para levantar o mover un objeto

patente
evidente

portentoso
grandioso, maravilloso

prodigio
cosa o suceso extraordinario

rama (la)
brazo o división del tronco de una planta; cada una de las divisiones de un arte

subsistir
vivir, durar, existir

traspasar
pasar de un lugar a otro

Repaso gramatical

Usos de los verbos *ser* y *estar*

- Es probable que los verbos **ser** y **estar** se usen más que los otros en la lengua española. El verbo **ser** es, tal vez, el más fundamental de los verbos, porque indica la existencia o falta de una persona o cosa. El verbo **estar** es de uso frecuente porque nos da la idea de lugar de una persona o cosa. **Ser** y **estar** tienen funciones diferentes y no son intercambiables. Por eso, vamos a examinar las funciones más importantes de estos dos verbos, poniéndolas en contraste cuando sea posible.

- Se usa el verbo **ser** para describir una característica o propiedad que es natural o inherente, no accidental, de una persona o cosa. Estas características pueden ser físicas, intelectuales, de temperamento o emoción, o de religión y nacionalidad, entre otras.

    La madre Teresa **era** baja y pequeña.
    Madrid y Barcelona **son** las ciudades más grandes de España.
    Henry Ford **era** astuto.
    Bill Gates **es** sumamente inteligente.
    Joe Louis **era** muy callado.
    Los leones **son** feroces, pero el que vimos **era** manso.
    Martin Luther King, Jr., **era** protestante.
    ¿**Eres** cubana o dominicana?
    La nieve **es** blanca y fría.
    Lo que el viento se llevó **es** una novela larguísima sobre la guerra civil de los Estados Unidos.

- Por otra parte, con **estar** se habla de la condición de una persona o cosa. Generalmente esta condición es accidental. También, **estar** puede usarse para expresar una opinión general.

    ¿Cómo **está** la sopa? **Está** un poco fría.
    ¿Por qué **estabas** tan triste ayer?
    La última vez que vi por televisión a los senadores de nuestro estado, ellos **estaban** de lo más contentos.
    Antes de morir, Stalin **estuvo** gravemente enfermo.
    La novela, *Lo que el viento se llevó,* **estuvo** muy interesante.

- El verbo **ser** indica el origen geográfico de una persona o el material de una cosa, mientras que el verbo **estar** nos da la idea de lugar, sitio o posición geográfica, física o figurada, de una persona o cosa.

ser	Napoleón **era** de Córcega, no de Francia.
	¿**Era** Marie Curie de Francia o Polonia?
	Estos estantes parecen **ser** de madera, pero **son** de plástico.

estar	¿Dónde **están** los restos de Napoleón? **Estarán** en París, ¿no?
	Felipe **está** en México.
	San José es la capital de Costa Rica; **está** en el centro del país.
	El aeropuerto de Atlanta **está** en las afueras de la ciudad.
	Tus padres **están** en casa, ¿no?
	Los estantes **están** en la oficina de mi casa.
	Jesús siempre **estará** en los pensamientos de los cristianos.

- Aunque **estar** expresa el lugar o sitio de una persona o cosa, se debe emplear **ser** para expresar dónde tiene lugar una acción.

  ¿Dónde **fue** la gran derrota de Napoleón?
  ¿**Sería** en España? No, creo que **fue** en Waterloo.

A. *Ser* o *estar*. Complete las siguientes oraciones con formas de **ser** o **estar**, según el caso.

1. Tus mejores amigos _____ de países hispanos.

2. ¿Dónde _____ Thomas Edison cuando hizo sus inventos estupendos?

3. Mi abuelo _____ una persona muy feliz, pero ayer _____ un poco triste.

4. _____ en este siglo que Salk y Sabin vencieron a la poliomielitis con sus vacunas.

5. La madre Teresa mostró que el amor _____ mucho más que una canción romántica.

6. ¿De qué nacionalidad _____ Albert Einstein?

7. ¡Esta paella valenciana _____ sabrosísima!

8. Mamá murió hace cuatro años, pero _____ en mi mente todos los días.

9. ¿De qué material _____ este radio?

10. Hitler _____ medio loco cuando se suicidó en Berlín después de la invasión rusa.

11. Porfirio Díaz, dictador de México entre 1876 y 1910, _____ bastante sagaz.

12. La conferencia sobre Gandhi _____ en la biblioteca el viernes a las diez de la mañana.

13. Aunque hace diez años que yo _____ en Buenos Aires, _____ de Los Ángeles.

14. ¿Cuál _____ la capital de Perú y en qué parte del país _____?

15. En mi opinión, este ejercicio _____ facilísimo.

- El verbo **ser** tiene otros usos. Por ejemplo, identifica o nombra a una persona o cosa.

  > ¿Quién **es** este señor de edad vestido de astronauta?
  > Creo que **es** John Glenn.
  > ¿Quién **fue** el general que tomó El Álamo?
  > **Fue** Antonio López de Santa Ana.
  > ¿Qué **es** esto?
  > **Es** una discusión sobre religión y ciencia.

- Para definir a una persona o cosa, se usa el verbo **ser.**

  > ¿Qué **es** una palanca?
  > **Es** un utensilio o aparato que se usa para levantar o mover algo que pesa mucho.
  > Una palanca puede **ser** algo tan rudimentario como un palo.
  > ¿Quién **fue** Pablo Picasso?
  > **Fue** un pintor y escultor español famosísimo del siglo XX que vivía en Francia.

- También, el verbo **ser** denota posesión y se usa para referirse a la hora, al día, al mes y al año.

  > ¿De quién **es** esta guitarra?
  > Creo que **es** de Pedro.
  > ¿Qué hora **será**?
  > **Serán** las dos tal vez, o las dos y media.
  > ¿Cuál **es** la fecha de hoy?
  > **Es** el diez de noviembre.

- Otra función importante del verbo **estar** es la de formar los tiempos progresivos con el gerundio.

  > ¿Qué **estás** haciendo con ese aparato?
  > Mi hermana **estaba** llorando cuando yo llegué.
  > Alicia debe **estar** practicando con el violín ahora.

(Véase el capítulo 4, página (37) del **Repaso gramatical,** para el uso de **estar** y el participio pasado para indicar el estado que ha resultado de otra acción.)

B. Preguntas. Conteste con oraciones completas las siguientes preguntas.

1. ¿Está Madrid en el centro o en el norte de España?
2. ¿De dónde era Che Guevara?
3. ¿Es usted demócrata o republicano(a)?
4. ¿Están locos los comunistas?
5. ¿Estaba enfermo Roosevelt antes de su muerte en 1945?
6. ¿Quién ha sido el jefe del gobierno de Cuba desde 1959?
7. ¿Ha estado usted en Europa? ¿Cuándo?
8. ¿Por qué era tan buen boxeador Mohammad Ali?
9. ¿Quién ha sido el mejor actor del siglo XX? ¿La mejor actriz?
10. ¿Dónde está usted en este momento?
11. ¿Qué está haciendo usted ahora mismo?
12. ¿Qué día es hoy? ¿Está bonito el día o hace mal tiempo?
13. ¿De qué material es este libro?
14. ¿Dónde es nuestra clase de español mañana?
15. ¿Son buenas o malas estas preguntas? ¿Por qué?
16. ¿Estaba usted cansado(a) al acostarse anoche?
17. ¿Es usted estadounidense?
18. ¿Qué hora es?
19. ¿Era Reagan conservador o liberal?
20. ¿Ya está aburrido(a) usted con estas preguntas?

C. ¡Trabajando en grupo! Reúnanse en grupos de tres o cuatro y expresen individualmente lo que se pregunta a continuación, usando el verbo **ser** o **estar,** según el caso. Después de que hayan hecho todas las cosas que se preguntan, sigan con una conversación general sobre las diferentes ideas y opiniones expresadas.

Modelo: su atleta favorito(a) de este siglo
Mi atleta favorito de este siglo es Henry Aaron.

1. una descripción física de sí mismo(a)
2. el sitio geográfico de su ciudad favorita
3. su opinión sobre la última comida que comió en un restaurante
4. el mejor presidente de los Estados Unidos durante los últimos veinticinco años
5. la identidad y nacionalidad de la pintora/del pintor más importante de este siglo
6. cómo se sentía usted al levantarse esta mañana
7. sus emociones al enterarse de la muerte repentina de la princesa Diana
8. el lugar en donde se encuentra su mejor amigo(a) ahora
9. una descripción de la personalidad y temperamento de usted
10. su definición de un héroe/una heroína y de una persona del siglo XX digna de tal nombre

Ejercicios de vocabulario

A. ¿Qué palabra es? Complete las oraciones con una palabra lógica y correcta.

1. Alberto Einstein fue el autor de la _____ de la relatividad.
2. La Madre Teresa consagró su _____ a ayudar a los pobres.
3. Adolfo Hitler ha pasado a la historia como un _____ funesto.
4. Hoy día los buenos futbolistas ganan _____ de dólares.
5. Fleming fue quien _____ la _____.
6. Henry Ford fue un célebre fabricante de _____.
7. La televisión es un invento del _____ XX.
8. Los científicos han contribuído al _____ de la humanidad.

B. Yo pienso que... Complete las oraciones con su propia idea.

1. Los avances del siglo XX han sido muy extraordinarios porque _____.
2. Los científicos son más _____ que los artistas porque _____.
3. Es verdad que muchos dictadores del siglo XX _____.
4. Si los artistas ganan mucho dinero es porque _____.

C. Opiniones. Con un(a) compañero(a), decidan si están de acuerdo con las siguientes afirmaciones. Explíquenle sus razones al resto de la clase.

1. Generalmente los científicos tienen poca apreciación por las bellas artes.
2. Muchos artistas son personas que no saben mucho de ciencias.
3. Debido a las dos guerras mundiales, a las múltiples guerras civiles, al Holocausto, al racismo en muchos lugares y a los numerosos intentos de genocidio, es fácil decir que el siglo XX ha producido muchos horrores.
4. A pesar de las atrocidades del siglo, el mundo está más unido y la paz que muchos desean es posible ahora más que nunca.

Desafío de palabras

Busque el antónimo de las palabras del primer grupo en el segundo.

I.		
profundo	venidero	bondad
amor	negativo	detener
extraordinario	material	belleza

II.		
positivo	superficial	fealdad
pasado	regular	odio
maldad	espiritual	seguir

2

El año 2100

Opiniones de la gente de la calle

Afortunadamente, ya hace años que me jubilé. Hoy no podría, en este nuevo año de 2050, enseñar con los sistemas electrónicos en uso.
—**Sr. García, maestro jubilado.**

Espero que pronto esté a la venta ese nuevo producto que me cure la calvicie y pueda volver a tener pelo en la cabeza.
—**Juan, hombre de treinta años.**

Estos aviones, pilotados enteramente por control remoto, me han dejado desempleado.
—**Roberto, piloto aéreo, sin trabajo.**

Estoy encantada con mi robot que hace todas las tareas fuertes de la casa, como limpiar los pisos, los techos y las ventanas.
—**Isabel, ama de casa.**

Estoy de lo más entusiasmada con ir a vivir a Marte. Los salarios que pagan en ese planeta son astronómicos.
—**Hilda, muchacha de dieciocho años.**

Solamente veo a mi maestra en la computadora. Me gustaría verla a mi lado.
—**Miguelito, niño de siete años, en el año 2010.**

El nuevo mundo de la electrónica y la tecnología

Ya estamos en el nuevo milenio y todos pensamos y meditamos sobre qué cambios traerá este nuevo siglo XXI. Unos tendremos pensamientos positivos, de optimismo. Otros pensaremos negativamente y con pesimismo, y los demás mostrarán una mezcla de ambos.

El pasado siglo XX, ¿fue bueno o fue malo? Nada es absoluto, todo es relativo. Hemos tenido grandes cambios naturales y otros producidos por nosotros mismos. El planeta Tierra, con sus millones de años de edad, ha pasado por varias etapas o períodos en los cuales ha sufrido cambios. Hoy en día estamos experimentando ciertas manifestaciones en las condiciones atmosféricas del mundo que han dado lugar a que los científicos y meteorólogos se sientan preocupados. Entre éstas tenemos: perforación de la capa de ozono, aumento global de las temperaturas, corrientes de los mares y océanos, que provocan unas veces sequías y otras inundaciones, veranos muy calientes, inviernos extremadamente fríos, huracanes con fuerza devastadora y tornados catastróficos.

A su vez el ser humano, con el inmenso poder de su mente, ha cambiado el ritmo y la velocidad de su existencia. Con el invento del automóvil, del ferrocarril y de los potentes motores diesel, dejó atrás el lento y penoso medio de locomoción del coche tirado por caballos o del buque que navegaba con la fuerza de los vientos a través de sus velas. Más tarde, la navegación aérea y los aviones de reacción a chorro (*jets)* han puesto a cualquier punto del planeta a poco más de doce horas de vuelo.

Los logros en la medicina, en la electrónica, en la física y en la química son prodigiosos. Las computadoras, la televisión y las cámaras de video son productos de estos adelantos. Las operaciones de corazón abierto desmintieron el decir de décadas atrás, cuando todos afirmábamos que el corazón no se opera.

Cuántas cosas buenas y malas nos traerá el nuevo siglo, no lo sabemos a ciencia cierta. Sólo podemos especular y pronosticar.

Perspectiva optimista

Un estudiante de una universidad del sureste de Estados Unidos acaba de terminar su última clase del día y se apresta a pasar sus vacaciones de Semana Santa con sus padres, que viven en una ciudad de la costa del Pacífico. Sale para el aeropuerto local más cercano y allí aborda un pequeño avión cohete de propulsión atómica, pilotado por control remoto, con capacidad para 500 pasajeros, y que media hora más tarde aterrizará en una de las estaciones de la ciudad a donde se dirige. Partió de Miami, Florida, a las cuatro de la tarde y ha llegado a San Diego, California, a la una y media de esa misma tarde. Maravilloso, ¿no? Pues esto no es nada. En poco tiempo más, viajar a cualquier parte del planeta Tierra no tomará más de una hora. Un viaje de más preparación será ir a Marte o a Venus, donde el hombre ya ha comenzado a poblar estos planetas, que carecen de seres con raciocinio humano.

En nuestro planeta existe ahora una Confederación de Estados Mundiales, con un gobierno central en la ciudad de Nueva York, compuesto por representantes de las cinco Federaciones que integran la Tierra: América, Europa, Asia, Africa y Australia.

El fantasma de la guerra ha desaparecido. Reina la paz entre la humanidad. No hay más narcotráfico, pues a través de una campaña mundial el hombre se convenció de lo fatal que era el consumo de drogas. Al no existir el drogadicto, ¿a quién se le iba a vender la droga?

¡Hasta los mismos traficantes la dejaron! Ya hace años que se logró exterminar el monstruo del cáncer y el SIDA ya no es un problema, pues se descubrió una vacuna que destruye el virus asesino. La vida se ha prolongado hasta los 125 años, como promedio. Se ha descubierto en la Luna, que es un cuerpo muerto, una sustancia que ha hecho posible la prolongación de la vida humana.

¡Paradojas!

La energía nuclear mueve el mundo. La automatización rige casi toda la actividad del hombre. Se trabaja dos días a la semana y se descansa cinco, aparte de tres meses de vacaciones que se disfrutan durante el año. Los barberos desaparecieron, pues al hombre apenas le sale pelo en la cabeza y en la cara. Sin embargo, aún no hemos podido librarnos del catarro.

Perspectiva pesimista

Tal como se ven las cosas, el futuro no se manifiesta nada halagüeño. Aún cuando parece que la guerra fría terminó con la desaparición del imperio soviético y el peligro de una conflagración atómica ha cesado, los conflictos armados continúan y el arsenal de bombas atómicas que aún existe es suficiente para que la humanidad desaparezca totalmente del globo terráqueo.

La capa de ozono que nos protege de los rayos ultravioletas ha sido dañada, y esto es sumamente peligroso. La polución de las ciudades es alarmante y, aunque algo se ha hecho para frenarla, aún no es suficiente para eliminarla por completo. En lo que se refiere a nosotros, los seres humanos, estamos perdiendo muchos de los valores morales, espirituales y éticos que nos legaron nuestros predecesores. Esto podría dar lugar a una decadencia de la humanidad que la pondría en grave peligro de extinción.

Están surgiendo nuevas enfermedades letales de forma alarmante, casi incontrolable, como el SIDA y otros síndromes con los cuales la ciencia médica se confiesa un tanto frustrada en su lucha por erradicarlos.

La irresponsabilidad sexual, la pornografía, el crimen, la violencia, la destrucción de la familia, las drogas, el alcohol, todo esto va en aumento y no hay indicios de que se detenga pronto. En fin, estamos al borde del caos y de nuestra propia destrucción y solamente una reacción inmediata y universal podría salvarnos.

Discusión

En pequeños grupos, hablen sobre los avances que ya se han logrado y se lograrán en el campo de la tecnología, como por ejemplo las computadoras, los vuelos interespaciales, el contacto con otros planetas y sus posibles habitantes, etc. Discutan cómo todo esto podría afectarnos en cuanto a lo moral, ético y espiritual de la humanidad. Hablen también sobre las posibilidades de extinción del ser humano a consecuencia de fenómenos naturales o de aquellos creados por nosotros mismos.

Vocabulario

apenas
casi no, por poco no

aprestarse
hacer lo necesario para iniciar algo

aterrizar
descender a la tierra

augurar
adivinar, pronosticar

componer
formar una unidad de partes

conjuntamente
unidamente, al mismo tiempo

consumo
ingestión de alguna sustancia como alimentos, bebidas o drogas

divisar
ver, percibir

embarcar
salir de un lugar en un vehículo

etapa
período

halagüeño
satisfactorio; que halaga

ingerir (ie)
introducir algo en otra cosa, tomar, comer

inundación
desbordamiento, principalmente en los ríos, que ocasiona que el agua cubra los terrenos

lograr
alcanzar, realizar

mezclar
unir o juntar ideas o conceptos

paradoja
contradicción aparente

poblar (ue)
fundar un pueblo o una población

promedio
punto medio

quehacer
ocupación, deber, trabajo

raciocinio
razonamiento

regir (i)
mandar, gobernar, dirigir

reinar
regir, gobernar un reino

ángulo
el punto donde se encuentran dos líneas

sobrevivir
vivir uno después de la muerte de otro u otros

sequía
el estar todo muy seco por falta de lluvia

vela
piezas de telas que propulsan una nave marítima

viviente
que vive, que existe

vuelo
modo de locomoción de los pájaros y los aviones

Repaso gramatical

EL TIEMPO FUTURO SIMPLE

- El futuro simple se forma añadiendo al infinitivo las siguientes terminaciones: **-é, -ás, -á, -emos, -éis, -án,** para las correspondientes personas del singular y plural.

  > Todos nosotros pensamos sobre qué cambios nos **traerá** el nuevo siglo XXI.
  > En el año 2000, algunos de nosotros **veremos** el porvenir con pensamientos positivos, llenos de optimismo.
  > Otros **pensaremos** negativamente, con pesimismo.
  > Los demás **mostrarán** una mezcla de ambos.
  > ¿Qué **pensará** usted de todo esto?
  > La actitud de algunos es: Lo que **será, será.**

- Hay ciertos verbos con los cuales no puede tomarse su forma infinitiva para la formación del futuro. Tienen raíces irregulares, pero las terminaciones son las mismas en todos los casos.

  > Algunas personas **tendrán** pensamientos negativos sobre el nuevo milenio.
  > Yo les **diré** la pura verdad: estoy muy preocupado por el medio ambiente en el nuevo siglo.
  > ¿**Podrá** el hombre eliminar las guerras en los años venideros?
  > ¿**Querrás** salir tú de este planeta?
  > Muchos creen que **habrá** más problemas que nunca en el próximo siglo.

- En español, el tiempo futuro simple puede expresarse también usando el verbo **ir** en el presente como auxiliar, seguido de la preposición **a** más el verbo principal en su forma infinitiva.

  > Los demás **van a mostrar** una mezcla de optimismo y pesimismo. = Los demás mostrarán una mezcla de optimismo y pesimismo.
  > Yo les **voy a decir** la pura verdad. = Yo les diré la pura verdad.

A. El tiempo futuro. Cambie las siguientes oraciones al futuro, según el modelo.

Modelo: Solamente veo a mi maestra en la computadora.
*Solamente **veré** a mi maestra en la computadora.*

1. El nuevo siglo nos trae cosas buenas y malas.

2. Un robot puede hacer todas las tareas fuertes de la casa.

3. Estoy encantada con mi robot.

4. El planeta Tierra pasa por distintas etapas o períodos.

5. Los logros en la medicina son prodigiosos.

6. La navegación aérea pone cualquier punto del planeta a poca distancia.

7. ¿Qué hacen los meteorólogos y otros científicos para resolver problemas relacionados con las condiciones atmosféricas del mundo?

8. El ser humano, con el inmenso poder de su mente, cambia el ritmo y la velocidad de su existencia.

9. El avión cohete de propulsión atómica, parte de Miami a las cuatro de la tarde y llega a San Diego a la una y media de esa misma tarde.

10. Tenemos mucha fe en la medicina y en su poder de prolongar la vida.

B. El otro futuro. Cambie las mismas oraciones del ejercicio A, usando la forma futura **ir a + infinitivo,** según el modelo.

Modelo: Solamente veo a mi maestra en la computadora.
*Solamente **voy a ver** a mi maestra en la computadora.*

Uso de la voz pasiva con *SE*

- En español, la voz pasiva no se usa con tanta amplitud como en inglés. En los casos en que en inglés no se expresa el agente de la acción y el sujeto es una cosa, se prefiere en español el uso de la voz pasiva con **se.**

    Se ha descubierto una sustancia en la luna.
    en vez de
    Una sustancia ha sido descubierta en la luna.

- En estos casos, como el sujeto es una cosa singular o plural, siempre se usará la tercera persona, a la que corresponde el pronombre reflexivo **se.** Una peculiaridad de esta construcción es que normalmente el sujeto se expresa después de la forma verbal. He aquí dos ejemplos más sobre este punto.

En español no se diría:

Si hay una conflagración atómica, una reacción en cadena será producida.
sino
Si hay una conflagración atómica, se producirá una reacción en cadena.

En español tampoco se diría:

En la película que vimos sobre una guerra nuclear, unos gigantescos hongos fueron elevados.
sino
En la película que vimos sobre una guerra nuclear, se elevaron unos gigantescos hongos.

C. La forma pasiva con *se*. Tomando en consideración lo antes expuesto, cambie a la voz pasiva con **se,** las siguientes oraciones.

Modelo: *Una Confederación de Estados Mundiales fue establecida.*
Se estableció una confederación de Estados Mundiales.

1. Tres meses de vacaciones son disfrutados.
2. El fantasma de la guerra ha sido eliminado.
3. Muchos de los valores morales, espirituales y éticos son perdidos.
4. Colonias en los planetas serán establecidas.
5. El monstruo del cáncer fue exterminado.
6. La humanidad será salvada.

D. ¿Singular o plural? Cambie las siguientes oraciones del singular al plural, o viceversa, según el caso.

Modelo: Se formará una federación.
Se formarán unas federaciones.
Se produjeron unos conflictos armados.
Se produjo un conflicto armado.

1. Se pagan salarios astronómicos en Marte.
2. Se prolongarán las vidas hasta ciento venticinco años.
3. Se maneja el avión sin piloto.
4. Se descubrieron unas vacunas que destruyen el SIDA.
5. Se poblará el planeta.
6. Se ha creado una nueva enfermedad fatal.
7. No se acaban los conflictos armados.

- Cuando se usa la voz pasiva con **se,** normalmente el sujeto es una cosa.

  Se utiliza la energía nuclear por todas partes.

- Sin embargo, cuando se refiere a un ser humano en esta construcción, el sujeto puede ser una persona o varias personas.

  Se asesinó al presidente Kennedy.
  Se eligió a los representantes.

- En este caso siempre se usan la **a** personal y la tercera persona singular del verbo, porque aquí el pronombre reflexivo **se** lleva la idea de **uno** o **una.** Se necesita la **a** personal para evitar la idea equivocada de que el presidente se asesinó a sí mismo o de que los representantes se eligieron a sí mismos.

E. **¡Practiquemos la voz activa con *se*!** Tomando en consideración lo expuesto arriba, cambie a la voz pasiva con **se**, las siguientes oraciones.

1. El profesor es alabado.
2. La mujer fue curada del cáncer.
3. Los reos serán ejecutados.
4. La senadora fue reelegida.
5. Los pilotos aéreos han sido suplantados.

F. **Predicciones.** En grupos de tres o cuatro, cada persona debe dar su propio pronóstico sobre lo que pasará en ciertos campos del desarrollo humano durante el siglo XXI. Es necesario que todos empleen el tiempo futuro y la voz pasiva con **se.**

Modelo: (la medicina)
> *Se descubrirá una cura para el catarro.*
> *No se descubrirá una cura para el catarro.*

1. (la educación)
2. (la religión)
3. (las relaciones entre distintas naciones)
4. (las relaciones entre las razas)
5. (la familia)
6. (el medio ambiente)
7. (la ropa)

G. **¡Trabajando en grupo!** En los mismos grupos, que cada persona use la forma futura **ir a + infinitivo,** y la voz pasiva con **se,** para expresar su propio pronóstico sobre lo que va a pasar en ciertas ramas del desarrollo humano durante el siglo XXI. Cuando se hayan hecho todos los pronósticos de las actividades A y B, den sus razones sobre las predicciones que hicieron.

Modelo: (la medicina)
> *Se va a descubrir una cura para el catarro.*
> *No se va a descubrir una cura para el catarro.*

1. (el transporte)
2. (la meteorología)
3. (el reino animal)
4. (las comunicaciones)
5. (las diversiones y los pasatiempos)
6. (el narcotráfico)
7. (la comida)

Ejercicios de vocabulario

A. ¿Qué palabra es? Complete cada oración con una palabra lógica y correcta.

1. Hay pocos aviones que se pilotan por control _____.

2. Soy optimista; tengo una _____ positiva.

3. Se necesita una vacuna para destruir el _____ que causa el SIDA.

4. Podemos _____ nuestra vida si cuidamos la salud.

5. Una guerra nuclear puede _____ con una civilización.

6. *El Concorde* es un avión supersónico pero tiene una capacidad reducida de _____.

7. Sólo ocho pasajeros pudieron _____ el choque desastroso.

B. Yo pienso que... Complete con su propia idea.

1. En el futuro podremos prolongar la vida humana porque _____.

2. Aunque el ser humano es capaz de destruir todo lo que ha creado, _____.

C. Opiniones. Explique sus razones con claridad y discútalas con su compañero(a) para ver si están de acuerdo.

1. En pocos años habrá un cataclismo que destruirá la vida de este planeta.

2. En diez o quince años la vida humana se prolongará porque habremos descubierto las curas para el cáncer y el SIDA.

3. La vida será más fácil y eficiente en el futuro porque usaremos más energía nuclear.

4. Los avances de ciencia harán la vida más fácil y cómoda en el futuro pero mucha gente sufrirá por las guerras locales.

Desafío de palabras

Busque el sinónimo de las palabras del primer grupo en el segundo.

I.		
arribar	atómico	regir
catarro	ingerir	espanto
sobrevivir	quehacer	elevar
lograr	designio	partir
compuesto	droga	prolongar
porción	iniciar	apartado
asimismo	alimento	suceder

II.		
alcanzar	narcótico	miedo
parte	no morir	tomar
salir	comida	levantar
ocurrir	llegar	reinar
resfriado	comenzar	también
nuclear	lejano	pensamiento
extender	integrado	trabajo

3

El matrimonio

Opiniones de la gente de la calle

Mi marido me abandonó, después de darme un hijo. Ahora tengo que luchar duramente para criarlo yo sola.
—Juanita, joven de dieciocho años.

Mi esposo y yo llevamos más de treinta años de casados, y aunque discrepamos en algunas cosas nos toleramos mutuamente y así mantenemos nuestra unión.
—Teresa, señora de sesenta y cinco años.

Después de veinte años de casados, mi esposa me ha dicho que ha dejado de amarme y quiere divorciarse.
—Ricardo, hombre de cuarenta y cinco años.

¿Casarme yo? ¡Pá su escopeta! Ni con Miss Universo me casaría. Mi libertad vale más que todo en este mundo.
—Guillermo, joven de veinte años.

Mi compañero Tomás y yo vivimos muy felices. Ahora vamos a adoptar un niño y a criarlo como nuestro hijo.
—Adolfo, de veinticinco años.

Me gustaría casarme después de los veinte. Sueño con el Príncipe Azul que me llevará al altar.
—Irene, niña de doce años.

Me gustaría ver a mi padre más, pero él vive muy lejos desde que se divorció de mi mamá. El año pasado solamente lo vi una vez.
—Nino, muchacho de doce años.

La nueva familia

Las estadísticas parecen indicar que la institución del matrimonio no anda muy bien; está en crisis. Alrededor de un 50% de los matrimonios terminan en divorcio. Las causas que han producido esta crisis en el matrimonio son muchas y vamos a dejar que ustedes las discutan en clase. Pero lo cierto es que por estas causas está surgiendo en nuestra civilización occidental una nueva forma de familia.

Muchas personas ya no se casan, es decir, no contraen matrimonio legal y formal, pero deciden formar una pareja y vivir bajo un mismo techo. Tienen hijos y llevan una vida más o menos normal. Un buen número de estas parejas, al cabo de un tiempo se separan y entonces, los hijos se quedan en el limbo. Casi siempre es la madre quien continúa protegiéndolos y así aparece la "madre soltera." El hombre—el padre—a menudo olvida sus obligaciones y no se preocupa por el hijo o la hija que ayudó a concebir.

Y esa madre soltera—algunas veces, ese padre soltero—se ve en la obligación de criar y mantener al fruto de aquella unión. Es necesario trabajar para ganar el dinero del sustento, mientras el/la niño(a) permanece solo(a), sin vigilancia, o en el mejor de los casos, bajo el cuidado de la abuela u otro familiar cercano. Muchas veces, se les envía a una guardería, es decir, a un lugar en donde cuidan a los niños durante las horas en que sus padres están trabajando.

También tenemos parejas del mismo sexo, hombres o mujeres, que se unen para hacer una vida en común y deciden adoptar niños para criarlos como hijos propios. Igualmente vemos a muchas personas que quieren ser padres o madres, pero a quienes no les interesa el tener un(a) compañero(a).

Todas estas variantes, diferentes del matrimonio clásico que se conocía hace más de medio siglo, han dado lugar a la aparición de una nueva familia en nuestra sociedad occidental que, sin lugar a dudas, está ocasionando grandes cambios y transformaciones.

A casarse tocan

El estado perfecto del género humano es el de casado. ¿Debo casarme? ¿Cuál es la mejor edad para contraer matrimonio? ¿Cuando se es joven? ¿Cuando uno ya ha madurado y obtenido experiencia de la vida?

Algunas personas dicen que es mejor casarse joven, cuando uno está lleno de vigor, de salud, de energía, de ilusiones, de esperanzas y de ambiciones, porque así todo será más fácil y el hombre y la mujer crearán una nueva familia, con hijos fuertes y sanos.

Otros dicen que no se casarán hasta que no cumplan los treinta años, pues antes quieren gozar y disfrutar de la juventud, de los mejores años de la vida. Ellos dicen: "Divirtámonos, bailemos, cantemos, riamos, despreocupémonos de las cosas serias;

después, cuando nos sintamos un poco cansados y ya hayamos adquirido cierta experiencia, entonces nos casaremos".

No hay duda de que existen ventajas y desventajas en esto de casarse joven o casarse maduro. Todos estamos de acuerdo en que el matrimonio es una cosa seria y que debemos pensar cuál es el momento más oportuno para llevar a cabo este acto que seguramente habrá de cambiar por completo nuestra vida.

También estamos seguros de que, tarde o temprano, debemos unirnos en lazo matrimonial. De una manera formal y responsable necesitamos iniciar la creación de una familia que, a fin de cuentas, es el fundamento de la convivencia entre los seres humanos y que trae consigo la creación de una sociedad.

¿Casarme yo?

"¡Pa' su escopeta! ¿Casarme yo? ¿Y usted, qué dice? ¡Que no, señor!" Así canta el estribillo de una canción popular de hace ya muchos años. No, de ninguna manera, bajo ninguna circunstancia contraigo matrimonio. No quiero estar atado a un contrato legal que va a limitar en alto grado mi libertad e independencia. Quiero ser libre como el águila que remonta el vuelo y asciende alto hasta las más elevadas cumbres, siempre libre, libre, libre. Esto no quiere decir que no amaré a otra persona. Viviré con ella mientras estemos de acuerdo con las condiciones básicas y elementales necesarias para la convivencia humana. El día que por cualquier motivo o circunstancia dejemos de amarnos o discrepemos en algún aspecto fundamental, en ese mismo instante rompemos la unión y cada cual por su lado. Ni yo le debo a esta persona, ni ella me debe a mí. Cada cual que seleccione el camino o la ruta que más le convenga o le guste.

No tendré hijos, a fin de cuentas son un obstáculo para el buen vivir. Naturalmente, he de lograr una buena educación y seré un profesional, tal vez médico, ingeniero o abogado. Una posición económica desahogada es necesaria para vivir plenamente. Además, cuidaré mi cuerpo y mi salud porque sin ellos no es posible gozar de los placeres y aventuras que ofrece la vida. Sé que llegarán los años de la vejez y con ella las limitaciones en mis actividades, pero esto no me preocupa, ahora soy joven y el mundo es mío y, como el Don Juan de Tirso de Molina, digo: "¡Qué largo me lo fiáis!"

DISCUSIÓN

En grupos de tres o cuatro, conversen y discutan sobre las ventajas o desventajas del matrimonio, de la crisis por la cual esta institución está pasando y sus causas, de la necesidad o no del divorcio, de la nueva familia, con sus variantes, como: la unión de dos personas del mismo sexo, "el/la madre/padre soltero(a)", los hijos ilegítimos, etc.

Vocabulario

a casarse tocan
haber llegado el momento de casarse

a fin de cuentas
expresión para introducir una declaración, resumiendo

abogado
persona que practica la profesión de las leyes

adquirir
ganar, obtener

afrontar
hacer frente a algo

al cabo
al final

a menudo
con frecuencia, casi siempre

atar
unir con fuertes lazos

bodas
ceremonias nupciales

contraer
adquirir u obtener algo, comprometerse a hacer algo

convenir
ser de un mismo parecer u opinión

cumplir
ejecutar una obligación

cumplir...años
legar a tal edad

deber
obligación

desahogado
con más de lo necesario para vivir

despreocuparse
no tener preocupación

disfrutar
gozar de alguna cosa

divertirse
entretenerse, recrearse

escopeta
arma de fuego similar al fusil o al rifle

fiar
vender a crédito

gozar
experimentar placer, alegría

lazo
unión, vínculo

líos
problemas

llevar a cabo
hacer algo

lograr
obtener, conseguir

pa'
apócope de la preposición *para*

¡pa' su escopeta!
exclamación popular que indica no convenir con lo dicho

pesar *(fig.)*
evaluar las circunstancias de una cosa o situación

¡Qué largo me lo fiáis!
expresión exclamativa con que se muestra falta de preocupación por algo que llegará pero aún está lejos

remontar
elevar mucho el vuelo

restringir
limitar, reducir

surgir
aparecer

sustento
lo necesario para vivir

techo *(fig.)*
casa, lugar donde uno vive

tender (ie)
impulsar o inclinar a moverse en cierta dirección

vejez (la)
cualidad de tener muchos años, etapa final de la vida

volar
moverse por el aire

vuelo
acción de volar

Repaso gramatical

EL SUBJUNTIVO EN CLÁUSULAS SUBORDINADAS CON CONJUNCIONES ADVERBIALES DE TIEMPO

- El uso del subjuntivo es necesario en las cláusulas subordinadas, después de conjunciones adverbiales de tiempo, en los casos en que la acción expresada en dicha cláusula subordinada sea de tiempo futuro o indeterminada en relación con la acción expresada en la cláusula principal. En gran parte de estos casos, el verbo de la cláusula principal está en el futuro, la forma futura **ir a + infinitivo** o, a veces, en el futuro perfecto. Este último tiempo se forma con el futuro de **haber + participio pasado.**

> Nos casaremos **tan pronto como terminemos** nuestra educación universitaria.
> No vamos a tener hijos **hasta que compremos** una casa.
> Te hablaré del matrimonio **así que dejes de ver** a tu ex novia.
> Se habrán divorciado **antes de que reciban** permiso de su iglesia.
> Ana no quiere casarse con su novio **mientras él no tenga** empleo.
> **Después de que salga** de casa mi hija menor para estudiar en la universidad, vamos a separarnos.
> ¿Casarme yo? Me voy a casar **cuando me lo pida** Miss Universo.

A. El subjuntivo. Complete las siguientes oraciones empleando la frase verbal entre paréntesis y haciendo uso del modo subjuntivo.

Modelo: Me casaré así que... (gozar de más aventuras)
Me casaré así que goce de más aventuras.

1. Contraeré matrimonio cuando... (cumplir los treinta años)

2. No vamos a divorciarnos mientras... (vivir con nosotros nuestros hijos)

3. Perfeccionarás tu matrimonio tan pronto como... (tener hijos)

4. Me habré envejecido antes de que ella... (decidir casarse conmigo)

5. No pienso casarme con Tomás hasta que él... (haberse divorciado de su esposa)

6. Nos casaremos así que... (haber hijos)

7. Te aconsejo que te cases en cuanto... (terminar tu educación)

- Es necesario recordar que, después de una expresión adverbial de tiempo, la acción expresada en la cláusula subordinada tiene que ser de futuro o indeterminada en relación con la expresada en la cláusula principal para que se use el subjuntivo. Si el verbo de la cláusula subordinada expresa un acto habitual, como de todos los días, o algo que ya ha ocurrido, se usa el indicativo.

> Todos los días la esposa de Enrique le tiene preparada la cena **cuando él llega** a casa.
> Los señores López siempre se besan **después de que se levantan.**
> María tuvo su primer hijo **cuando tenía** veinte años.
> **En cuanto cumplieron** treinta años de casados, los Fernández se divorciaron.

LA EDAD

- Para expresar la edad en algunas cláusulas subordinadas, además de la forma **tener + el número de años,** se puede usar también la forma **a los + el número de años.** Esta última forma simplifica la oración y evita el uso del subjuntivo en los casos en que es necesario utilizar este modo verbal.

> Se casará en cuanto tenga treinta años.
> Se casará **a los treinta años.**
> Se divorció cuando tenía cuarenta y cinco años.
> Se divorció **a los cuarenta y cinco años.**

B. La edad. Cambie las siguientes oraciones usando la forma indicada en los ejemplos anteriores.

1. Carmen celebrará sus bodas de plata cuando llegue a los cincuenta y cinco años.

2. La señora Monteagudo volvió a tener un hijo cuando tenía cuarenta y ocho años.

3. Guillermo va a retirarse cuando cumpla sesenta y cinco años.

4. Bárbara se separó de su esposo cuando tenía sesenta años.

5. Eduardo salió del estado de soltero cuando cumplió veinte y tres años.

EL USO DEL SUBJUNTIVO EN LOS MANDATOS COLECTIVOS

- Para dar una orden o sugerir una acción en la que se incluye la persona que la da, se usa la forma del presente de subjuntivo en la primera persona plural (nosotros). También puede usarse la forma **vamos a + infinitivo** cuando el mandato es afirmativo.

Bailemos.	=	Vamos a bailar.
Comamos.	=	Vamos a comer.
Riamos.	=	Vamos a reír.

- Recuerde que: a) cuando haya necesidad de usar pronombres de objeto, se unirán a la forma verbal si el mandato es afirmativo; b) en los mandatos negativos, dichos pronombres de objeto se antepondrán al verbo; y c) en los casos en que el verbo sea reflexivo, se omitirá la **s** final del verbo si el mandato es afirmativo; no así si es negativo.

Afirmativo	Negativo
Hagámoslo.	No lo hagamos.
Llamémoslos.	No los llamemos.
Amémoslas.	No las amemos.
Levantémonos.	No nos levantemos.
Casémonos.	No nos casemos.

C. Mandatos. Cambie a la forma del subjuntivo, según los ejemplos anteriores.

1. Vamos a contraer matrimonio.

2. Vamos a crear una familia con hijos fuertes y sanos.

3. Vamos a divertirnos.

4. Vamos a afrontar los líos.

5. Vamos a divorciarnos.

D. Mandatos negativos. Cambie las oraciones a la forma negativa.

1. ¿Casarnos? Hagámoslo el próximo año.

2. ¿El matrimonio? Contraigámoslo.

3. ¿Muchos hijos? Tengámoslos.

4. ¿El abogado? Hablémosle mañana.

5. Separémonos.

E. ¡Trabajando en grupo! Reunidos otra vez en grupos, completen ustedes individualmente las siguientes oraciones de una manera lógica. Recuerden que es necesario usar el presente del subjuntivo para completar las oraciones correctamente. Después de terminar cada oración, comparen ustedes las distintas maneras en que la completaron y hablen de las razones que motivaron tales terminaciones.

1. Te aconsejo que te cases cuando _____.

2. No me casaré antes de que _____.

3. Espero que mi esposa(o) y yo nos toleremos después de que _____.

4. Después de casarnos, mi esposo(a) y yo no vamos a tener hijos hasta que
_____.

5. No quiero ser madre soltera (padre soltero), y por eso, no pienso casarme
mientras _____.

6. Los recién casados no deben divorciarse tan pronto como _____.

7. Voy a casarme cuando _____.

8. Después de casarme, viviré con ella (él) mientras _____.

9. Voy a hablar con un(a) abogado(a) el día que mi esposo(a) _____.

10. No dudo que mi esposo(a) y yo romperemos la unión en cuanto _____.

Ejercicios de vocabulario

A. ¿Qué palabra es? Complete las oraciones con una palabra lógica y correcta.

1. Mi amigo piensa casarse a la _____ de veintidós.

2. Es mejor casarse joven, cuando uno está lleno de _____ y
_____.

3. El matrimonio es un paso _____ que se debe tomar con mucho cuidado.

4. Hay muchos que quieren _____ de la vida antes de casarse.

5. Hay muchas ventajas y _____ en casarse joven.

6. Crear una familia es una tremenda _____ para una pareja.

7. Hay algunos que no quieren casarse porque quieren ser _____.

8. En realidad el matrimonio es un _____ legal que limita nuestra
libertad.

9. Se puede _____ un matrimonio a través del divorcio.

10. Algunas religiones no permiten la _____ de un matrimonio.

11. En algunos divorcios los _____ son los que sufren más que los padres.

B. Yo pienso que... Complete cada oración con su propia idea.

1. Es mejor casarse joven porque _____.

2. Hay algunos que prefieren no casarse porque _____.

3. Aunque el divorcio sea de valor negativo, _____.

4. Es mejor divorciarse que _____.

C. Opiniones. Con un(a) compañero(a), decidan si están de acuerdo con las siguientes afirmaciones. Explíquenle sus razones con claridad al resto de la clase.

1. El matrimonio es una mala experiencia pues el número de divorcios es demasiado alto.
2. El matrimonio es la única forma de crear una familia y una sociedad estable.
3. En la actualidad muchos jóvenes tienen hijos ilegítimos que tienen un valor negativo en la sociedad.
4. Es mejor no casarse si las razones para hacerlo son simplemente románticas.

Desafío de palabras

Busque el sinónimo de las palabras del primer grupo en el segundo.

I.			
madurar	fuerte	oportuno
iniciar	fundamento	escopeta
atado	discrepar	seleccionar
ruta	obstáculo	lograr
placer	vínculo	esencial
evitar	jurídico	salvo

II.			
unido	alcanzar	base
camino	satisfacción	escoger
excepto	lazo	robusto
crecer	eludir	comenzar
fusil	barrera	legal
diferir	necesario	apropiado

4

La popularidad: hombres y mujeres

Opiniones de la gente de la calle

Algún día seré famoso porque tengo muchos talentos. Quiero que todo el mundo me conozca y voy a aparecer en las revistas y los programas de ET. No se olviden; algún día seré estrella.
—**Marcos, joven ambicioso de diecisiete años.**

Los hombres han causado casi todos los problemas de mi vida. Todos son iguales; un día te dicen que te aman y en un par de días, desaparecen.
—**Olga, madre soltera con dos hijos.**

Me interesa saber de la gente conocida; sus vidas siempre son más emocionantes que la mía, aún cuando están enredadas con problemas.
—**Rita, estudiante de diecinueve años.**

Entre mis clientes puedo incluir a muchas celebridades, atletas, millonarios, actores, cantantes y recientemente a una modelo que veo mucho en las revistas de mujeres. Todos me han tratado bien, pero mi pasajera favorita fue Oprah, que me habló como si yo fuera su mejor amigo.
—**Salvador, conductor de limusina, de treinta y siete años.**

Eso de ser una celebridad no es tan lindo como lo pintan. Muchas de ellas no pueden vivir una vida personal. Imagínese, no poder salir de casa sin esa pandilla de fotógrafos que lo persiguen a uno por una foto. Debe ser horrible para la familia de ellas.
—**Juanita, secretaria de veintitrés años.**

¡Las mujeres! No hay nadie que las entienda. Son el misterio más profundo del universo.
—**Arturo, galán con poca suerte en el amor.**

La popularidad

Es fácil distinguir a una persona famosa de una celebridad. Mucha gente ganó su "celebridad" o fama por razones claras y bien merecidas, porque se distinguieron en alguna actividad como la política, las artes, la ciencia, etc. Hay otros, sin embargo, que no son reconocidos por sus propios talentos o méritos sino por valores negativos o por la pura suerte que les tocó.

El artista Andy Warhol pronosticó que todo el mundo tendría sus quince minutos de fama en el mundo moderno, pero para algunos, este cuarto de hora ha durado mucho más. Algunos "ganaron" su fama debido a un crimen, un homicidio, un escándalo o por la sencilla razón de estar en un lugar en el momento oportuno. ¿Cuántos de estos todavía son reconocidos aún después de muchos años: Bonnie y Clyde, Charles Manson, el Dr. Sam Sheppard, Son of Sam, O.J. y otros muchos? ¿Quién o qué los creó, nosotros (la gente) o los medios de comunicación? ¿A quién debemos culpar? Los medios dicen que nosotros queremos saber y nosotros decimos que ellos quieren que sepamos. Es un círculo vicioso.

Hace poco que mucha gente decía que ya estaba harta del escándalo del presidente Clinton y su joven amante, pero era evidente que muchos seguían leyendo sobre este asunto y continuaban mirando con mucho interés los programas de televisión que tenían como enfoque principal los detalles del escándalo.

En el año 1997, murieron dos mujeres de mucha fama internacional, "Lady Di" o la princesa Diana y una monja, la Madre Teresa de Calcuta. No es necesario decir que la Madre Teresa fue una persona conocida por dedicar su vida a los pobres del mundo, pero hay mucha discusión sobre Diana. Sus críticos alegan que ella sólo estaba interesada en vestir como una modelo y gozar de su posición de celebridad, mientras que sus defensores la elogian como a alguien que alzó la voz en defensa de los pobres y de las víctimas de las atrocidades de las guerras. ¿Quién tiene la razón?

Era inevitable que Diana llegara a ser célebre porque se casó con el príncipe Charles de Gran Bretaña, pero los cínicos dicen que cada cual puede ser una celebridad si tiene un buen agente de publicidad y la gran necesidad de aumentar su sentido de autoestima. Si todo el mundo nos mira y nos admira, es posible que pensemos que de veras tenemos algún valor intrínseco, pero si nadie nos habla ni muestra interés en nuestra vida, es posible que pensemos que no importamos. Esto puede indicar que el deseo de ser una celebridad es algo normal y latente en casi todos nosotros.

DISCUSIÓN

En grupos pequeños, discutan el fenómeno de la celebridad y la obsesión que tienen los americanos con la fama. ¿Es el dinero lo que impulsa este afán por ser famoso, o es algo más? ¿Quién creó este deseo? ¿Es algo que nació espontáneamente con el crecimiento y voraz apetito de los medios de comunicación? Después, en preparación para el siguiente ensayo, hablen de lo que chistosamente se llama "la batalla de los sexos". ¿Cuáles son las diferencias que existen entre los dos sexos? ¿Es el sexo un factor determinante en el carácter y la personalidad de un ser humano? ¿Qué evidencia o pruebas tenemos de esto?

La batalla de los sexos

¿Cuál de los dos? En la procreación del género, todos estamos de acuerdo en que tienen que existir dos sexos: hembra y varón, pero es difícil convenir si uno de los dos es superior al otro. Los dos se complementan tan bien que la naturaleza no admite ninguna superioridad ni inferioridad; los dos desempeñan distintos papeles. De lo que carecía nuestro "papi" lo tenía en abundancia nuestra "mami" y viceversa. ¿Quién querría vivir en un mundo con sólo un sexo? Necesitamos los dos.

Desde que éramos jóvenes existía la batalla (a veces seria) sobre cuál era el sexo superior. Los varones querían jugar solos, sin que vinieran a molestarlos las niñas, porque ellas no podían entender los juegos de hombres. Era igual con las niñitas, que querían que los niñitos brutos las dejaran solas para poder divertirse con sus propios juegos. A veces las niñas se enfadaban cuando los muchachos invadían sus dominios para estorbar lo que hacían, aunque había veces que a ellas les gustaban las incursiones masculinas en el mundo femenino, ya que a edad temprana en la mayoría de nosotros se despierta esa atracción natural que le dice a uno(a) que el sexo opuesto le puede hacer la vida más feliz y completa.

En pocos años esa atracción se hace tan fuerte, que numerosos hombres y mujeres prefieren la compañía del sexo opuesto. Pero a pesar de esta atracción o necesidad que uno tiene por el otro, siempre hay que aceptar que existen diferencias entre los dos, diferencias que pueden indicar flaquezas, debilidades y/o limitaciones en cada grupo.

De vez en cuando los hombres y las mujeres son capaces de reconocer estas diferencias con comentarios como "si ella fuera hombre no haría eso," "para un hombre es demasiado sensible" o "no se puede esperar más, es sólo un hombre (o una mujer)." Es decir, aun el más liberal de nosotros, de vez en cuando implica que el sexo opuesto es inferior o superior.

¿Cuáles son, en su opinión, las diferencias notables entre los dos sexos del género humano? ¿Importan? ¿Le frustran a veces? ¿Las acepta con resignación? ¿Las aguanta o a veces le enfadan haciéndole gritar?

El hombre es superior

Yo amo a mi madre, a mi abuelita y a mis tías, pero en términos generales somos nosotros, los hombres, el sexo superior. Esto está tan claro que no sé por qué se necesita discutir.

En la Biblia leemos que Dios primero creó al hombre, Adán, y después cuando vio que éste necesitaba una compañera con quien compartir el jardín del Edén, creó a Eva de la costilla de Adán. Primero, no olvidemos que a Dios se le llama "El Padre," no "La Madre" de todo, es decir, que el lado masculino predomina porque todo comenzó con él. Es el varón quien tiene que proteger a la hembra porque él es más grande, más fuerte y más racional. Es él, quien en el transcurso de la historia de la especie humana, ha impulsado el progreso y la civilización con el sudor de su trabajo, la creatividad de su mente y la fuerza de sus decisiones. ¿Quiénes han sido los individuos más importantes de la historia? ¡Hombres! Ya sean filósofos, artistas, inventores, políticos, científicos o guerreros, los individuos más atrevidos han sido hombres.

La razón es fácil de ver: el hombre no sólo es más fuerte en el sentido físico sino que posee la capacidad intelectual y las convicciones espirituales para hacer lo que se debe hacer. Él no se preocupa por su pelo ni gasta tiempo escogiendo el vestido perfecto, porque sabe que hay que cumplir con cosas de mayor importancia. Todos conocemos la expresión "hombre de acción" pero, ¿por qué no hay una semejante para las mujeres? ¿Quién diría "mujer de acción"? Nadie. Es el hombre el que empuja, impulsa y realiza lo que ha soñado y lo hace sensatamente, sin quejarse, porque sabe que hay que hacerlo.

No obstante su fuerza mayor, un buen hombre no debe ser injusto o severo con las mujeres; él necesita reconocer sus flaquezas y aguantarlas porque eso también es evidencia de su fuerza superior, su compasión y entendimiento. Un buen hombre es generoso, como fueron Jesús y Moisés, pero es el hombre quien debe dirigir y tomar control de la situación. No puede darse el lujo de gritar, llorar o desmayarse en situaciones de peligro. Es el hombre el que protege a su mujer, el que le inspira confianza, amor, respeto y el que satisface sus necesidades. Sólo en un campo le reconozco superioridad a las mujeres, y eso es en su belleza. No puedo apartar los ojos de ellas cuando las veo pasar.

La mujer es superior

Es ridículo tener que discutir este tema porque sólo hay un género, el humano. ¿Por qué se necesita hablar de la superioridad de un sexo o del otro? La razón es muy sencilla, es el hombre el que tiene un complejo de inferioridad que se manifiesta en esas agresivas declaraciones de superioridad.

No es extraño que exista el término "machismo," que se aplica a la agresividad masculina, pero no hay ninguno semejante para las mujeres. Es fácil saber por qué: las mujeres no necesitan decir que son superiores porque ya todos lo saben. Las mujeres no necesitan demostrarle a nadie que son el sexo superior.

Vivimos una vida más larga; podemos tolerar más dolor; somos nosotras (las madres) las que cada hombre recuerda y llama en los momentos difíciles; es a nosotras a quienes los hombres quieren complacer cuando sienten esa necesidad de "hacer algo". ¿Quién da y nutre la vida de todos? Claro, la mujer. ¿Quién nos protege cuando somos pequeños? La mujer. ¿Quién nos consuela en momentos de angustia? ¿Quién es el símbolo del hogar, de la familia, del amor? ¡La mujer!

Los hombres dicen que ellos son los impulsores de la historia y tienen razón. Han matado más, han iniciado más guerras, más atrocidades, más estupideces que las mujeres. No han podido controlarse y es por eso que la raza humana ha tenido que padecer tantos abusos. Es verdad que el hombre es más fuerte físicamente porque tiene músculos más grandes y la fuerza física que viene de un cuerpo también más grande. Por eso, al principio de la historia, la mujer le tenía miedo y le permitía salirse con la suya. Si añadimos a eso que la mujer tiene que llevar al niño por nueve meses en su vientre, podemos entender por qué la mujer no podía hacer las mismas cosas que su marido. Ella estaba haciendo lo más imprescindible: perpetuar la especie humana, lo que ningún hombre puede hacer.

Ahora que hemos visto los horrores y las estupideces de los hombres, estamos tomando las riendas de la historia porque bien sabemos que su próximo error estúpido puede poner fin a la vida humana en este planeta. Es nuestro turno y estamos demostrando que podemos cumplir con nuestros deberes tradicionales mientras tomamos una participación activa en otros asuntos como la política, la ciencia, las artes y el comercio.

El futuro reposa en las mujeres porque hay dentro de nosotras la sensibilidad y el equilibrio necesarios para ver lo importante de la vida, sin ese orgullo ciego del hombre que nos ha conducido al precipicio de la destrucción completa.

Vocabulario

alegar
discutir, citar

aguantar
tolerar, sufrir

añadir
agregar, sumar

atrevido
audaz, aventurero

autoestima
sentido de verse como persona de valor

campo
todo lo que está comprendido en cierta actividad

ciego
que no ve

cínico
uno que no cree en la honestidad humana

complacer
dar gusto

costilla
cada uno de los huesos que van de la columna vertebral al esternón

culpar
echarle la culpa o responsabilidad a otro

dar a luz
parir, dar nacimiento a un(a) niño(a)

desempeñar
cumplir con una obligación

desmayarse
perder el sentido

dolor
sensación aguda y molesta

elogiar
alabar, hablar bien de alguien

empujar
hacer fuerza contra una cosa para moverla

enfadarse
molestarse, disgustarse

equilibrio
estabilidad

estorbar
poner obstáculo a algo

flaqueza
falta de vigor, fragilidad

gastar
consumir

hembra
persona o animal del sexo femenino

labios
bordes de la boca

llorar
derramar lágrimas

molestar
causar mortificación o dificultad

morder (ue)
cortar con los dientes

mundial
del mundo, de todo el planeta

orgullo
arrogancia, vanidad

padecer
sentir pena o daño

papel *(fig.)*
carácter o representación con que se interviene en los asuntos de la vida

peligro
riesgo inminente

poseer
tener uno en su poder una cosa

precipicio *(fig.)*
ruina espiritual

pronosticar
decir algo del futuro, augurar

semejante
similar

soñar *(fig.)* **(ue)**
anhelar persistentemente una cosa

sudor *(fig.)*
esfuerzo extraordinario para lograr u obtener algo

tolerar
sufrir, llevar con paciencia

varón
persona del sexo masculino

Repaso gramatical

EL PRETÉRITO PERFECTO DE INDICATIVO

- Llamado también el presente perfecto y el antepresente, el pretérito perfecto expresa una acción completa en el pasado inmediato que puede continuar y producir sus efectos en el presente. Este tiempo se forma con el presente del indicativo del verbo auxiliar **haber (he, has, ha, hemos, habéis, han)** y el participio pasado del verbo de que se trate. Recuerde que el participio pasado de los verbos se forma con las terminaciones **-ado** para los infinitivos que terminan en **-ar,** e **-ido** para aquéllos que terminan en **-ir** y **-er.**

  > Todos **hemos visto** los horrores y las estupideces de los hombres.
  > Muchos dicen que es el varón quien **ha impulsado** el progreso y la civilización.
  > **He pensado** mucho en los escándalos políticos.
  > Hay muchos ejemplos de celebridades que prácticamente no **han hecho** nada en la vida.
  > Los hombres **han iniciado** más atrocidades que las mujeres.
  > No **has leído** mucho sobre los individuos más importantes de la historia, ¿verdad?

- Hay un número relativamente pequeño de verbos que tienen un participio pasado irregular. Algunos son: escribir **-escrito,** volver **-vuelto,** hacer **-hecho,** abrir **-abierto,** decir **-dicho,** ver **-visto,** romper **-roto,** y morir **-muerto.**

A. Del presente al pasado. Cambie las siguientes oraciones al pretérito perfecto.

Modelo: Es el hombre el que **trata** de realizar lo que **sueña.**
> *Es el hombre el que **ha tratado** de realizar lo que **ha soñado.***

1. **Existe** la batalla de los sexos desde hace muchísimos años.

2. Tú **dices** que las mujeres siempre tienen más belleza que los hombres, ¿no?

3. Los críticos de la princesa Diana **alegan** que el interés principal de ella era gozar de su posición de celebridad.

4. A causa de que el hombre no **puede** controlarse, la raza humana **tiene** que padecer tantos abusos.

5. Miles de hombres **mueren** en las guerras por falta de gobernantes sabios.

6. Muchas personas **creen** que el sexo más fuerte es el femenino.

7. La mujer **da** la vida a todos.

8. Todos **estamos** de acuerdo en la necesidad de los dos sexos.

El participio pasado como adjetivo

- Cuando se usa para formar la segunda parte del pretérito perfecto, el participio pasado tiene función verbal y es invariable. Por otro lado, a veces se usa como adjetivo, y cuando lleva esta función, tiene que concordar en género y número con el nombre que modifica. Muchas veces se emplea como adjetivo después del verbo **estar** para presentar el resultado de una acción expresada por el pretérito perfecto.

  > Antonio y Pilar se han casado.
  > Antonio y Pilar **están casados.**
  > Los Gómez han construido una casa nueva.
  > Su casa nueva **está construida.**
  > La monja tan famosa, Madre Teresa, ha muerto.
  > La monja tan famosa, Madre Teresa, **está muerta.**

B. Lo han hecho. Cambie las siguientes oraciones, de modo que expresen el resultado de una acción.

Modelo: Los generales han creado una fuerza militar muy potente.
   *Una fuerza militar muy potente **está creada.***

1. Muchos hombres creen que han perdido la batalla de los sexos.

2. Las mujeres han observado las estupideces de los hombres.

3. Las jóvenes se han cansado de recibir menos remuneración que los jóvenes al iniciar su carrera.

4. Se ha muerto hoy el fundador de la compañía.

5. El gobierno ya ha terminado varios programas de auxilio para familias sin padre.

- El participio pasado como adjetivo se usa también con frecuencia para modificar un nombre directamente (sin el verbo **estar**). Por supuesto, en todos estos casos concuerda en género y número con el sustantivo que modifica.

  > Ellos eran los **hombres preferidos** por las mujeres. (preferir)
  > Hay miles de **personas muertas** a causa del huracán. (morir)

C. Los adjetivos. Agregue a las siguientes oraciones la forma adjetival del verbo entre paréntesis, a fin de calificar el nombre que aparece en negrita.

Modelo: En muchas empresas la discriminación sexual es una mala
situación. (esperar)
En muchas empresas la discriminación sexual es una mala
situación esperada.

1. A veces los hombres de negocios sufren ataques al corazón a causa de su **vida.** (apurar)

2. Los hombres dicen que no pueden darse el lujo de llorar o desmayarse cuando hay **emergencias.** (desesperar)

3. La mujer pasa mucho tiempo arreglando su **pelo.** (lavar)

4. El esposo quiere mantener a la esposa y los hijos en una **casa.** (proteger)

5. Hay muchas ancianas que han llegado a ser **viudas.** (frustrar)

D. ¡Trabajando en grupo! Vuelvan a reunirse en grupos para completar las siguientes oraciones lógicamente. Al terminarlas, hay que emplear el pretérito perfecto. Después de hacer cada oración, comparen lo que ha hecho el resto del grupo para que haya una conversación sobre las ideas presentadas.

1. Se dice que el varón ha impulsado el progreso y la civilización, pero no se debe olvidar que la hembra _____.

2. Si la raza humana ha padecido muchos abusos hechos por los hombres, _____.

3. En el siglo XX, hemos visto que las mujeres _____.

4. La mayor parte de los hombres creen que son superiores a las mujeres porque _____.

5. Es verdad que la mayoría de los individuos más importantes de la historia han sido hombres, porque _____.

6. Susan B. Anthony y la Madre Teresa son dos mujeres del siglo XX que _____.

7. A lo largo de la historia militar del mundo, los hombres _____.

8. Mucha gente ha ganado su "celebridad" o fama por razones claras y bien merecidas, pero hay otros que _____.

Ejercicios de vocabulario

A. ¿Qué palabra es? Complete cada oración con una palabra lógica y correcta.

1. En la naturaleza existen los dos sexos, el _____ y el _____.

2. Sería muy _____ vivir en un mundo con un solo sexo.

3. Hay una atracción _____ entre los dos sexos.

4. Los dos sexos son diferentes pero se _____ perfectamente.

5. El hombre machista piensa que el hombre es _____ a la mujer.

6. En el reino animal muchas veces el macho es más _____ que la hembra.

7. Hay algunas mujeres que creen que algunos hombres tienen un complejo de _____.

8. En el reino animal es la hembra quien perpetúa la _____.

9. Algunas mujeres quieren participar más _____ en la vida política y social de hoy.

10. En la historia de la humanidad han sido los hombres los que han impulsado más _____.

11. Alguna gente busca ser célebre para _____ su sentido de identidad y de autoestima.

12. Ser célebre no es fácil porque es imposible tener una vida _____.

B. Yo pienso que... Complete las oraciones con una idea lógica.

1. El hombre es superior a la mujer porque _____.

2. Las mujeres no son tan fuertes como los hombres pero _____.

3. Aunque el varón sea más grande y más fuerte que la hembra, es ella la que _____.

4. Intelectualmente el género femenino es más _____ porque _____.

5. No debemos discutir las diferencias entre los sexos porque _____.

6. Es natural que un(a) niño(a) busque a su madre en momentos difíciles porque _____.

7. Cuando son jóvenes, los hombres son más agresivos que las mujeres porque _____.

8. En momentos de gran angustia y tormento, una persona vuelve su pensamiento a su madre porque _____.

9. Muchos machistas dicen que una mujer no puede ser un líder efectivo porque _____.

10. Muchos hombres no quieren demostrar sentimentalismo porque _____.

C. **Opiniones.** Con un(a) compañero(a), decidan si están de acuerdo con las siguientes afirmaciones. Explíquele sus razones con claridad al resto de la clase.

1. En muchas sociedades la mujer no está bien preparada para ser líder.

2. El varón es más agresivo y violento que la hembra.

3. La hembra es más atractiva que el varón de la misma especie.

4. Cada sexo desempeña distintos papeles en la vida.

5. El que siente alguna inferioridad trata de proclamar su superioridad.

6. Muchos hombres quieren que las mujeres se sientan inferiores.

7. Admiramos a las celebridades porque han logrado la fama que todos buscamos.

8. Muchas celebridades dicen que quisieran volver a vivir una vida más privada.

9. Muchas celebridades son productos de un escándalo político o social.

Desafío de palabras

Busque las palabras del segundo grupo que puedan ser sinónimo de las del primero.

I.
género	hembra	varón
desempeñar	carecer	proteger
atrevido	semejante	precipicio
sensatamente	empujar	flaqueza
dirigir	batalla	completo
macho	enfadarse	estorbar
opuesto	discutir	equilibrio
sencillo	demostrar	tolerar
complacer	iniciar	padecer
añadir	marido	reposar

II.

lucha	enseñar	comenzar
sufrir	esposo	molestar
descansar	entero	argumentar
mujer	faltar	debilidad
hacer	simple	estabilidad
borde	satisfacer	agregar
tipo	hombre	aguantar
defender	corajudo	razonablemente
contrario	masculino	enojarse
conducir	similar	motivar

5

El terrorismo

3 MUERTOS 9 HERIDOS EN ATAQUE TERRORISTA dicen los titulares de los periódicos por todas partes del mundo. Las víctimas del ataque pueden ser un viejo en omnibús volviendo del mercado o un joven disfrutando la noche con sus amigos, bailando y cantando o lo más triste, un bebé herido en los brazos de su madre, pero todos tienen algo en común: no esperaban ni merecían morir o sufrir así porque no habían hecho nada al agresor, el que nombramos "terrorista."

El ataque terrorista parece sin razón, insensato, lleno de crueldad fría, pero el agresor tenía sus razones y, en algunos casos, se las explicó a su familia y al mundo para que todos se enteraran de la rabia que él o ella tenía adentro. En un país, es terrorista o asesino/suicida pero en otro lugar, es héroe o mártir, fiel creyente de una causa sagrada. Su muerte es mensaje al mundo que su causa vale más que su vida. Con el ataque a las torres gemelas* en Nueva York el 11 de septiembre nos dimos cuenta aquí, en los Estados Unidos, que el terrorista puede atacar en cualquier momento y en cualquier lugar, matando a miles de personas en un solo golpe. Ha habido docenas de ataques terroristas en Israel, Palestina, Perú, muchos países de África y en la misma España, entre casi todos los países de Europa, pero ninguno tan sangriento como el del 11 de septiembre en Nueva York, el Pentagón y en el vuelo que cayó en los campos de Pensilvania. ¿Es el ataque terrorista otra extensión de guerra total o es algo distinto, un acto que Dios no puede perdonar porque es matar a gente que no puede defenderse, gente inocente e indefensa?

Terrorista/asesino

Alguna gente dice que no hay nombre para este fenómeno del terrorismo, pero, para mí, el nombre que se le debe dar es cobarde estúpido porque sólo un cobarde atacaría a gente indefensa e inocente, y sólo una persona estúpida no podría anticipar las consecuencias de tales acciones o actos criminales.

Si estos terroristas quieren adelantar* su causa y creen que necesitan luchar contra el agresor o su gran enemigo, deben tomar armas contra el ejército o las fuerzas militares de él, y no tratar de matar a unos ciudadanos inocentes que no portan armas. El peligro obvio para él es el que tiene armas y fuerza, como el ejército o la policía. Con sus armas de fuego, estos cuerpos armados pueden controlar al pueblo, y bajo un régimen totalitario y represivo, pueden negar al pueblo los básicos derechos humanos que cualquier nación debe tener. Si estos terroristas se pusieran a pensar en el problema, tratarían de asesinar a un general, por ejemplo, que podría usar sus fuerzas militares para oprimir* al pueblo y castigar a cualquier individuo que se atrevería a hablar en contra del régimen. Pero no, el terrorista decide suicidarse, matando al mayor número de inocentes que puede, lo cual será motivo de venganza para las familias de las víctimas o para el régimen en general. Hemos visto, muchas veces, en muchos países, que los familiares y los colegas del terrorista suicida sufren represalias brutales los cuales, algún día, serán motivo de venganza para los familiares del terrorista, es decir que se perpetúa la cadena de venganza la cual, en muchos lugares, ha seguido por siglos.

No hay forma de justificar el terrorismo cuando existe la diplomacia o la guerra total para obtener el deseado fin de librarse del yugo* del enemigo. Si un gobierno autocrático y respresivo no quiere escuchar la voz del pueblo, éste tiene el derecho de darle guerra como se ha visto tantas veces en la historia. Los rebeldes o revolucionarios pueden alcanzar sus metas si tienen suficiente fuerza para destruir las fuerzas militares o policiales del gobierno. Si fracasan, tendrían que aceptar las consecuencias de su rebeldía o revolución, las cuales podrían ser muy crueles o brutales, como, también, hemos visto. Si no son cobardes, aceptarían el riesgo pero si son, como he dicho antes, cobardes estúpidos, sólo sacrificarían su vida y hacer peor una situación mala.

Después de ver con mis propios ojos la tragedia de 11 de septiembre, yo no puedo darles a los terroristas ni un momento de simpatía que sólo reservo para las víctimas de las torres gemelas, los pasajeros en los tres aviones secuestrados y el personal del Pentágono que sufrieron y murieron en forma tan horrible. El único consuelo que tengo de toda esta tragedia, es que los mismos terroristas también murieron y sufrieron el mismo destino horrible, y que no podrán repetir sus despreciables* actos. Si yo fuera presidente de este país o de cualquier país que ha sufrido este tipo de desgracia, no podría descansar ni un minuto hasta que todos los que conspiraron* en estos planes antihumanos, fueran destruidos cien por ciento y así todos los ciudadanos inocentes del mundo podrían vivir sus vidas sin tener este espectro del terrorismo encima de ellos.

Héroe/mártir

Muchos me llaman terrorista pero yo sé lo que soy, un soldado que está tratando, por todos los medios posibles a mi alcance, de librar a mi pueblo del verdadero terrorismo que nos amenaza todos los días. En la Segunda Guerra Mundial, se originó el concepto de "guerra total" en la cual murieron millones de inocentes en muchos países, pero se dice que fue un sacrificio necesario de vidas inocentes de niños, viejos y mujeres que no podían defenderse. Los ataques fueron contra poblaciones civiles y no dirigidos a las fuerzas militares del enemigo. No se puede contar el número de víctimas que hubo pero, fue justificado, según nuestro enemigo. Como Uds. pueden justificar eso, yo puedo justificar lo que hacemos nosotros. Uds. y sus aliados son nuestro enemigo, los que no nos permiten vivir nuestras vidas sin su interferencia y control. Uds. quieren usarnos y tenernos en posición de inferioridad para aprovecharse* de nosotros. Nosotros tenemos algo que Uds. quieren y, en una forma u otra, van a robárnoslo. Piensan que vamos a rendirnos* ante su poder militar superior pero esto no será, porque ni yo ni mis camaradas descansaremos hasta que ganemos esta batalla y esta guerra. Nuestra causa es justa y la suya no es lo que quiere Dios. Si Uds. quieren vivir en paz, que se vayan de nuestras tierras y nos dejen vivir como queremos, como Dios quiere que vivamos.

Pónganse a pensar en el concepto del terrorismo y después díganme, ¿quién puede aterrorizar más, nosotros con unas cuantas armas de fuego y bombas pequeñas o Uds., con bombas atómicas, miles de aviones de guerra más modernos y una tecnología más avanzada? Si Uds. tienen miedo de nosotros, es porque saben que nuestra causa es sagrada y algún día ganaremos. Tenemos el ejemplo de los muchos años de guerra en Viet Nam cuando eran Uds. los que casi arrasaron* a toda la superficie de una nación pero no pudieron extinguir la voluntad del pueblo. ¿No eran esos bombardeos actos de terrorismo? ¿Quiénes murieron en ellos, los guerrilleros o la población inocente de las ciudades y las aldeas? Bajo el pretexto de "guerra total," mataron a miles de inocentes, y lo sabemos porque los propios matadores confesaron y se arrepintieron de sus actos innobles.

No nos hablen de su nobleza y su gran deseo de "ayudarnos" porque ya sabemos que todo eso es mentira. Su propio presidente aclaró sus intenciones y las de la nación cuando dijo que quería bombardear al enemigo, Viet Nam, hasta que volviera a la era de piedra, es decir que quería acabar con toda la nación. Otro presidente suyo habló de una línea trazada en la arena, una línea que no se podía cruzar y ahora necesitan recordar que nosotros no nos hemos olvidado de esa línea y Uds. la han cruzado muchas veces. ¡Deben temernos porque somos de una herencia guerrera y Dios nos dió permiso de declarar y luchar esta guerra hasta que todos los terroristas, Uds., se hayan rendido o queden muertos!

Trata de recordar dónde estabas y cómo reaccionaste cuando viste o te enteraste del ataque terrorista el 11 de septiembre. ¿Qué estabas haciendo y cómo te impresionó lo que pasaba en Nueva York, Washington y Pensilvania?

¿Han notado Uds. cambios en cómo vivimos ahora después de sufrir esos ataques? ¿Tienen Uds. más miedo de viajar e ir a otros países para estudiar?

¿Qué impacto ha tenido el nuevo Departamento de Seguridad Interior en detener otros ataques terroristas? ¿Qué debe hacer más este departamento para asegurar nuestra seguridad nacional?

Se dice que el terrorismo es producto de muchos factores como el fanatismo religioso, la pobreza de muchos países del "tercer mundo", la desesperación de los pobres, la gran diferencia entre los países ricos y los pobres, la corrupción de los políticos de muchos países y la falta de comprensión entre nosotros y los líderes del terrorismo. ¿Cuál de estos factores es, para Uds., el más importante y explica por qué?

¿Puedes justificar los actos terroristas en algunas circunstancias? Explica por qué sí o por qué no.

Vocabulario

adelantar
progresar, ir adelante

aprovechar
usar algo para su propio bien

arrasar
destruir por completo

conspirar
hacer planes para cometer un crimen

despreciable
horrible, muy malo

gemelo
mellizo, idéntico

oprimir
controlar por fuerza o violencia

rendirse (i)
darse por vencido, decirle al enemigo que él ha ganado, admitir la derrota y darle la victoria a otro

yugo (el)
cosa que se usa para controlar a una persona o un animal

6

El Ser Supremo

Opiniones de la gente de la calle

Yo no sé si Dios existe y francamente no me importa mucho. Estoy muy ocupado con mi vida ahora; tal vez cuando sea viejo y no tenga que trabajar tanto, lo voy a considerar.
—**Martín, promotor de treinta y tres años.**

No hay duda. Cuando pienso en el orden y la belleza de la naturaleza, tengo que llegar a la conclusión que alguien creó todo esto. No puede ser resultado de un accidente.
—**Guillermo, dentista de treinta y nueve años.**

Perdí a mi hijo por culpa de un culto hace siete años. Él no murió, pero para mí prácticamente está muerto porque no me reconoce y no lo he visto hace casi dos años. Ni sé dónde está ni cómo está. Lo secuestraron y ahora es uno de ellos y no el hijo que yo crié y al que todavía amo. No pueden saber la angustia que sufro.
—**María Josefa, profesora de cincuenta y cuatro años.**

El profeta, Elías, le dio sentido a mi vida. Antes de conocerlo, yo estaba metida en drogas y, en general, vivía una vida de decadencia. Ahora estoy bien y la paz y el amor eterno reinan en mí. No puedo pedir más de mi vida.
—**Darlene, miembro de un culto.**

Me encarcelaron por casi un año por expresar mis creencias religiosas y por ayudar a los pobres. Mis apóstoles hacen lo que manda la Biblia, pero hay gente que quiere perseguirnos porque no nos aman como dijo el Señor.
—**John Lawton, religioso, obispo de su propia religión.**

Mi religión y la gran fe que tengo en Dios, me han apoyado toda la vida, pero ahora más que nunca son un gran consuelo.
—**Daniela, mujer de setenta y cuatro años.**

Yo sigo creyendo en Dios, pero ya no voy a la iglesia. No sé por qué no me importa como antes.
—**Ricky, estudiante de diecisiete años.**

El fanatismo y los cultos

Si el ser humano cree en un Ser Supremo, generalmente quiere afirmar su creencia de una manera formal y con otros que profesan la misma actitud. Es por eso que han existido miles de religiones en todas partes de este planeta desde hace miles de años.

Por lo general consideramos la religión como una institución necesaria y beneficiosa para la humanidad porque nos ordena la vida, dándonos una filosofía que nos guía y nos brinda respuestas a los misterios que parecen fuera del alcance del raciocinio humano. Si algo parece completamente ilógico, a veces la única respuesta que podemos hallar es que "Dios lo quiere así". La religión nos consuela y nos asegura que todo era inevitable o estaba fuera de nuestro control.

Si analizamos el puesto y la importancia de la religión en el desarrollo de la historia, es fácil ver los abusos y las desgracias que han sido productos de ella y de los creyentes fanáticos: guerras en nombre de Dios o Alá, masacres de infieles, intolerancia hacia los que no creen como deben, odio a los creyentes de otra fe. ¡Qué ironía, odiar y matar en nombre del Ser Supremo, el autor del amor perfecto! ¿Por qué puede haber en la misma religión creyentes que hacen tantas obras buenas de compasión para demostrar su amor al prójimo, y al mismo tiempo otros que pueden matar y demostrar una brutalidad indescriptible? ¿Por qué existe este fanatismo obsesionado por creencias generalmente mal interpretadas?

La mayoría de los creyentes profesan ser miembros de alguna religión grande y conocida, la cual puede tener templos o iglesias en todas partes del mundo; pero hay una minoría activa y a veces fanatizada que pertenece a lo que se ha denominado un culto, que cuenta con un número reducido en un solo lugar. Sus templos o iglesias pueden ser un cuarto de la casa del líder o profeta y las creencias pueden ser una mezcla de varias religiones tradicionales, modificadas con preceptos científicos. No todos los cultos de este siglo han creado horrores personales y colectivos, pero dos en tiempos recientes nos despertaron la curiosidad y tal vez la repugnancia.

En marzo de 1997 los miembros de un grupo que se llamaba "Heaven's Gate" aparecieron muertos en una mansión del sur de California, víctimas de un suicidio en masa, un intento de subir al cielo detrás del cometa Hale-Bopp, que se acercaba al planeta Tierra. Mucha gente se burló de su fe y su fanatismo, pero su convicción puede ser digna de admiración. En cierto sentido, los primeros mártires cristianos mostraron la misma fe y los recordamos con mucha devoción. En 1978 en Jonestown, Guayana, hubo otro caso de suicidio en masa. Más de 900 creyentes de un reverendo, Jimmy Jones, tomaron veneno sin protestar bajo el mando de su profeta.

Es difícil concebir que una persona o una creencia pueda tomar control de la mente de varias personas que parecen normales e inteligentes, pero es lo que pasa. El líder toma control completo sobre estas personas, haciéndolas esclavas a su discreción. Mucho se ha escrito de los padres angustiados por perder a su joven y amado hijo en manos de un culto que lo había convertido en un robot bajo la dirección de un fanático religioso. Estos jóvenes dejan a sus familias y la vida normal para seguir a una persona que ha tomado control de todo su ser. No lo podemos creer, pero ¿no era más o menos igual durante la vida de Jesús? Él mandó que los primeros apóstoles dejaran a sus familias para seguirlo. Claro que no es igual, porque los cristianos aceptan la divinidad de Jesús y no la autoridad del profeta del culto.

Estos cultos pueden indicar que existe un vacío en la vida de muchas personas, un vacío que no han podido llenar las religiones tradicionales. Es fácil decir que cada individuo puede hacer con su vida lo que quiera, pero no es fácil aceptar que un familiar amado se haya convertido en un fanático religioso y que nunca vaya a ser otra vez la persona que conocíamos antes. El cambio que se ha realizado es una gran pérdida para la familia, es como la muerte o desaparición de un ser amado, lo que es en todo caso, una tragedia o tristeza personal.

Discusión

En grupos pequeños, hablen de la necesidad de ser miembro de una religión y por qué hay otros que no lo son. Relaten lo que han leído, o en algún caso excepcional, lo que han experimentado personalmente con un culto religioso. Comparen los cultos con los principios de las religiones grandes de hoy para ver las semejanzas y las diferencias. Debatan el punto básico de la necesidad de ser parte de una religión, o si es posible creer en un Ser Supremo sin ir a un templo o iglesia.

Creo en Dios

Llámenlo como quieran —Dios, Alá, Jehová, Ser Supremo, nuestro Padre o Creador— pero tienen que admitir su existencia, como se ha hecho desde que el primer ser humano comenzó a pensar y a razonar. Las pruebas son obvias. Los ateos tratan de hacernos pensar que nuestras creencias son supersticiones ignorantes sin base científica, pero la vasta mayoría de la raza humana sigue creyendo en un Ser Supremo, como lo hicieron nuestros antecesores.

Los supuestos ateos, engañados por la ciencia, aseveran que el concepto del Ser Supremo es simplemente producto de la ignorancia de los primeros seres humanos y que nunca se ha podido demostrar científicamente ni la existencia de Dios, ni la del cielo, ni la de la vida después de la muerte. Explican la existencia del universo por medio de una teoría que algunos llaman "el gran estallido", diciendo que los primeros átomos desarrollaron, hace ya millones y millones de años, el universo que hoy se conoce. No explican qué causó esa explosión. Dicen que fue algo espontáneo. ¡Fácil respuesta, pero poco científica! Simplemente ignoran el orden y la belleza de nuestro mundo. Los ciclos de la naturaleza no les dicen nada a estos individuos.

Tampoco quieren aceptar el concepto de que cada cosa tiene un principio. La vida humana, según ellos, no vino de un ser amante y creador, sino de un estallido en el espacio negro. ¿De dónde vino el espacio y qué causó el estallido? Pues, es muy fácil según ellos, porque siempre hubo ese espacio y el estallido fue un accidente. ¿Quiénes son los supersticiosos ahora? Nos hablan con gran arrogancia y olvidan que cada cultura, en todas partes de este planeta, ha tenido la misma creencia fundamental de que ha habido una fuerza superior, que por su profundo y eterno amor, ha querido compartir vida con nosotros. Somos nosotros, los creyentes, los que tenemos la lógica de nuestro lado. Miles de millones de personas de todos los rincones del planeta no pueden ser tan ignorantes, ni pueden estar tan engañadas como creen nuestros hermanos ateos. El día final, incluso ellos, verán la luz verídica y, como el ciego que recobra la vista, ese día admitirán su lamentable error.

Nosotros creemos en Dios, y esta creencia es, sobre todo, producto de la fe. Vemos a Dios en todos los actos de nuestra vida, sencillamente porque creemos en Él. Nosotros no decimos ver para creer sino creer para ver. Los que no ven a Dios es porque no creen en Él.

Dios no existe

Ha habido miles de supersticiones y creencias primitivas durante el transcurso del género humano, pero ninguna ha persistido tan fuertemente en los creyentes como la de Dios, el Ser Supremo. (Ni siquiera pueden concebir en que este ser sea "La Madre" de todo).

¿Por qué no podemos dejar este primitivismo anticuado? La respuesta es tan sencilla como la razón de su existencia: algunos necesitan a ese viejo barbudo que está sentado en una nube. La necesidad lo creó. ¿No ven la ironía? No fue Dios quien nos creó, sino nosotros quienes lo creamos a Él. ¿Qué evidencia tenemos para comprobar su existencia?

Primero (tomando como ejemplo la creencia cristiana) veamos el libro sagrado, la Biblia, el mismo libro que dice que nuestros primeros padres tuvieron dos hijos, Caín y Abel. ¿Cómo se propagó la especie humana? Nunca se mencionan las esposas de los primeros hermanos. ¿Y qué pasa cuando se quiere refutar la Biblia y señalar su inconsistencia? Los creyentes nos llaman ateos, blasfemos, infieles y monstruos. Son ciegos que no pueden aceptar la realidad; prefieren seguir viviendo en las tinieblas a ver la luz de la verdad.

Los creyentes hablan de los milagros de Jesús o de Mahoma y de sus santos y profetas; los mismos milagros que han mantenido generación tras generación, por una fe constante y admirable. Lástima que esa fe se base en una ignorancia abominable.

Los creyentes nos dicen que su Dios es el padre bondadoso, benévolo, todo amor. ¡Que se lo digan a la gente que sólo ha conocido pena, sufrimiento, castigo, frustración y crueldad en su vida! Imaginen: ellos pueden creer en un padre bondadoso que atormenta a algunos de sus hijos, justificándolo con la promesa de una vida perfecta en otro mundo que nadie ha visto o conocido. ¿Quién ha vuelto de ese mundo para comprobar que, de veras, existe? Nadie. No puedo llegar a entender por qué no se puede destruir la leyenda de Dios para siempre y usar esa energía y esa fe para resolver los problemas de este planeta. No sé cómo pueden estos "hijos de Dios" decirle a un miserable desgraciado que debe aguantar su vida intolerable porque algún día gozará de una vida perfecta en el "más allá". ¿Es ésa su solución para los desamparados? ¿Prometerles "algo", "algún día"? ¡Qué mentira! ¡Qué engaño!

DISCUSIÓN

En grupos de tres o cuatro, discutan este asunto de la existencia de un Ser Supremo. ¿Son Uds. creyentes, agnósticos o ateos? Expliquen sus razones para ser así. Hablen de las creencias de sus familiares y amigos. ¿Qué actitud tienen Uds. respecto a la Biblia? ¿Es la palabra de Dios o un libro de cuentos?

Vocabulario

aguantar
    tolerar, sufrir

aseverar
    afirmar

barbudo
    persona con barba, *(fig.)* Dios

bondadoso
    generoso, benévolo

brindar
    dar

castigo
    pena que se impone por alguna falta

ciego
    que no ve

cielo *(relig.)*
    mansión o lugar donde se goza de la presencia de Dios, paraíso

engaño
    falsedad, contrario a la verdad

mentira
    que no es verdad

nube (la)
    masa de vapor de agua suspendida en la atmósfera

raciocinio
    razonamiento, lógica

tiniebla
    oscuridad, noche

vasta
    extensa

veneno
    materia tóxica a un ser

verídico
    verdadero

Repaso gramatical

Uso de la conjunción *sino*

- La conjunción **sino** se usa en lugar de **pero** cuando la primera parte de la oración es negativa y la continuación de la información que se presenta es la correcta y positiva.

    Los musulmanes no veneran a Jehová **sino** a Alá.
    Muchos de los cultos religiosos no tienen templos ni iglesias,
    sino cuartos de casas privadas.
    No somos hijos de la nada **sino** hijos de Dios.

A. La conjunción *sino.* Combine estas ideas usando la conjunción **sino,** según el modelo.

  Modelo: La mayoría de los chinos no son cristianos; ellos son budistas.
   *La mayoría de los chinos no son cristianos **sino** budistas.*

  1. El pueblo polaco no es ateo; el pueblo polaco es muy religioso.

  2. Los cristianos creen que la gente buena no va al infierno; la gente buena va a la gloria.

  3. Los miles de religiones en todas partes de este planeta no han existido por poco tiempo; han existido por miles de años.

  4. La teoría del "gran estallido" no es razonable; esta teoría es fantástica.

  5. Jehová no es un nombre latino; Jehová es un nombre hebreo.

- En oraciones de esta categoría, si la segunda cláusula contiene otro verbo diferente, se usa **sino que** en vez de **sino.**

    Muchos de los cultos religiosos no tienen templos ni iglesias, **sino que** se reúnen en cuartos de casas privadas.

B. Otras posibilidades. Combine estas ideas usando la conjunción **sino que,** según el modelo.

  Modelo: La mayoría de los creyentes no quieren pertenecer a un culto; prefieren ser miembros de alguna religión grande y conocida.
   *La mayoría de los creyentes no quieren pertenecer a un culto, **sino que** prefieren ser miembros de alguna religión grande y conocida.*

  1. Jesús mandó que los primeros apóstoles no se quedaran con sus familias; quería que lo siguieran a Él.

  2. No todo lo que existe se puede ver; hay otras cosas que no se ven pero existen.

3. Su pastor no la criticó por lo que ella había hecho; él trató de ayudarla.

4. Millones de personas no creen que la vida termine con la muerte; piensan que la vida continúa en el cielo.

5. Los cristianos no aceptan la autoridad del profeta de un culto; profesan la autoridad y divinidad de Jesús.

EL SUBJUNTIVO EN CLÁUSULAS ADJETIVALES

- En los casos en que se necesita o se quiere hacer referencia a un antecedente (persona, cosa, lugar, etc.) indeterminado, indefinido, eventual o dudoso a través de una cláusula adjetival (que funciona como adjetivo porque modifica un antecedente que es nombre o pronombre), se usa en español el modo subjuntivo. Asimismo, si el antecedente es inexistente (que no existe), es necesario usar el subjuntivo. Pero si la referencia es a un sustantivo real o cierto, se usa el indicativo. He aquí unos ejemplos.

> Hay una religión aquí que **acepta** la creencia en la reencarnación.
> (la religión existe)
> ¿Hay una religión aquí que **acepte** la creencia en la reencarnación?
> (no se sabe si existe esa religión)
> No hay ninguna religión aquí que **acepte** la creencia en la reencarnación.
> (la religión no existe)
> Conozco a alguien que **cree** en esa superstición. (hablo de una persona verdadera)
> ¿Conocen Uds. a alguien que **crea** en esa superstición? (no sé si esa persona existe)
> No conozco a nadie que **crea** en esa superstición. (para mi esa persona no existe)

- Las mismas referencias se pueden hacer en el tiempo pasado.

> Había un científico que **pudo** explicar la teoría del "gran estallido".
> (el científico existía)
> ¿Había un científico que **pudiera/pudiese** explicar la teoría del "gran estallido"? (no sé personalmente si existía)
> No había científico que **pudiera/pudiese** explicar la teoría del "gran estallido". (el científico no existía)

C. **¿Indicativo o subjuntivo?** Escoja entre el indicativo o el subjuntivo, según sea correcto.

1. No hay nadie que piensa/piense que es creyente fanático.

2. Hay muchas religiones que nos consuelan/consuelen.

3. Tenemos una teoría que refuta/refute la suya.

4. Busco a alguien que cree/crea en muchas deidades.

5. No creo que haya personas que odian/odien a los creyentes de otra fe.

6. Conocíamos a un joven que fue/fuera un creyente del culto del reverendo Jim Jones en Jonestown, Guayana.

7. En nuestra ciudad no hay gente que forma/forme parte de un culto religioso.

8. Asisto a una iglesia que tiene/tenga cinco pastores.

9. ¿Tienes prueba de que Dios existe/exista?

10. ¿Había guerras en España que fueron/fueran masacres de los infieles?

11. Todos hablaban de un santo que hizo/hiciera milagros.

12. ¿Recuerdas a ese grupo que se llamaba/se llamara "Heaven's Gate"?

13. Es imposible que ellos tengan evidencia que prueba/pruebe la existencia de Dios.

14. Mi padre conocía a un sacerdote que dudaba/dudara de muchas creencias cristianas.

15. La respuesta que nos dio/diera el cura no era nada clara.

D. ¿Cuál de los dos? Complete las siguientes oraciones con la forma correcta del verbo apropiado en el presente de indicativo o subjuntivo, según el caso. Se debe usar cada verbo sólo una vez.

existir	ir	tener	creer	predecir
hacer	ser	leer	poder	contestar

1. ¿Conoces a alguien que _____ la Biblia todos los días?

2. No creo que haya religión que _____ todas las respuestas.

3. Es difícil imaginar a una persona que _____ tomar control de la mente de otros y convertirlos en miembros de su culto.

4. Mi amiga necesita un libro que le _____ muchas preguntas que tiene sobre la religión.

5. Hay un vacío que _____ en la vida de muchos de los que pertenecen a cultos fanáticos.

6. ¿Puede haber un Dios que nos _____ sufrir tanto?

7. Hemos escuchado los sermones de varios religiosos que _____ el fin del mundo en pocos años.

8. No conozco a nadie que _____ a la iglesia regularmente.

9. El hijo de los Martínez vive en California con otros jóvenes que _____ como robots de un fanático religioso.

10. ¿Hay cristianos que _____ en la teoría del "gran estallido"?

E. ¡Trabajando en grupo! Reúnanse en grupos de tres o cuatro. Ahora cada persona tiene que contestar preguntas que contienen una cláusula adjetival en que se usa el presente del subjuntivo. Es necesario contestarlas usando oraciones completas, según su propia experiencia. Cuando hayan contestado ustedes todas las preguntas, examinen las respuestas más interesantes y conversen sobre ellas.

1. ¿Tienen algunos de sus amigos creencias religiosas que no entienda Ud.?

2. ¿Conoce Ud. a alguien que acepte literalmente el Antiguo Testamento?

3. ¿Hay alguna religión que no tenga el concepto de la vida eterna?

4. ¿Tiene Ud. amigos que sean ateos?

5. ¿Conoce Ud. a alguien que sea miembro de un culto religioso?

6. ¿Va Ud. a una iglesia que acepte a personas de cualquier raza o nacionalidad?

7. ¿Tiene Ud. dudas religiosas que nadie le haya podido aclarar?

8. ¿Dicen los fieles cosas que a Ud. le hagan dudar de la sinceridad de ellos?

9. ¿Hay predicadores evangélicos de televisión que sean sinceros?

10. ¿Ha escuchado Ud. a algún cantante o grupo que presente música cristiana contemporánea que le haya gustado mucho?

Ejercicios de vocabulario

A. ¿Qué palabra es? Complete cada oración con una palabra lógica y correcta.

1. El ateo no cree en la _____ de un Ser Supremo.

2. Mucha gente cree que el Ser Supremo es el _____ del universo.

3. Mucha gente dice que no se puede demostrar la existencia de Dios por razones _____.

4. Los creyentes dicen que los _____ de Jesús y los otros profetas y santos aprueban la existencia de un Ser Supremo.

5. Si Dios es _____ y bueno, ¿por qué hay tanto sufrimiento en esta vida?

6. Un _____ tiene fe completa en Dios.

7. Los creyentes creen que es muy _____ creer en Dios.

8. Los ateos dicen que la _____ creó la leyenda de un Ser Supremo.

9. El ateo no puede aceptar la existencia de Dios porque no tiene _____ científica.

B. Yo pienso que... Complete cada oración con su propia opinión.

1. Los ateos explican la existencia del universo con la teoría del "gran estallido", pero _____.

2. Los creyentes dicen que los ateos son blasfemos porque _____.

3. Los creyentes creen en la promesa de una vida después de la muerte porque _____.

4. Aunque mucha gente sufre en esta vida, los creyentes dicen que _____.

5. Para algunos es difícil creer en un Ser Supremo porque _____.

C. Opiniones. Con un(a) compañero(a), decidan si están de acuerdo con las siguientes afirmaciones. Explíquenle sus razones con claridad al resto de la clase.

1. La Biblia no explica científicamente la existencia de Dios.

2. Mucha gente confunde sus creencias religiosas con algunas supersticiones.

3. La teoría del "gran estallido" no satisface a mucha gente porque es poco científica.

4. El Ser Supremo es poco bondadoso porque mucha gente vive en la miseria.

5. Las religiones son producto de la fértil imaginación del hombre.

Desafío de palabras

Busque la palabra del segundo grupo que es sinónimo de las del primero.

I.		
tinieblas	engaño	desamparado
benévolo	ironía	refutar
lamentable	estallido	verídico
principio	final	aseverar
aguantar	gozar	incontestable

II.		
triste	verdadero	tolerar
último	explosión	oscuridad
paradoja	disfrutar	sin respuesta
generoso	falsedad	afirmar
contradecir	infeliz	comienzo

7

Pasado, presente y futuro

Opiniones de la gente de la calle

Creo firmemente en el horóscopo. Lo primero que hago por la mañana es buscar en el periódico lo que me dice el horóscopo para el día que voy a empezar.
—**Julia, enfermera, treinta y cinco años.**

Nací en el 28 de diciembre. Mi signo es Capricornio. No dejo de seguir los consejos que me da mi astrólogo todos los días.
—**Diana, ama de casa, sesenta años.**

¿El horóscopo? Pura mentira. No pierdo mi tiempo en eso. Soy dueño de mi destino.
—**Ing. Pedro Martínez, ejecutivo, cincuenta años.**

Mis estudios se concentran en la astronomía; el cosmos me fascina, pero no creo que las estrellas tengan ninguna influencia en el futuro del género humano.
—**Reinaldo, estudiante universitario.**

A pesar de mis esfuerzos por hacerme un experto en computadoras, no lo he logrado. No hay dudas que nací para ser un conductor de taxi, y nada más. Ese es mi destino.
—**Tino, taxista, cuarenta años.**

La astrología es ciencia y magia. Innumerables acontecimientos de la historia han sido pronosticados por esta ciencia.
—**Gualterio, astrólogo.**

Pasado, presente y futuro

Presente, pasado, futuro son tres tiempos sobre los cuales siempre estamos hablando, escribiendo, pensando y meditando. Ayer... , hoy... , mañana... . Ayer tuve un día horrible; me dolió la espalda todo el día y aunque me tomé dos aspirinas, apenas me alivié. Hoy me estoy sintiendo mucho mejor y, seguramente, mañana me sentiré totalmente restablecido. Mañana... Totalmente restablecido... Pero, ¿quién soy yo? ¿Soy Dios? ¿Cómo puedo asegurar que mañana estaré totalmente restablecido?

Nadie sabe lo que va a suceder mañana, simplemente porque el futuro no existe; ese mañana no ha llegado, no se ha materializado, ni llegará nunca, ni se materializará, porque en realidad el mañana no existe; siempre es hoy. Los científicos, astrónomos y cosmólogos nos dicen que el tiempo es una ficción, algo inventado por la mente humana. Si esto es así, consecuentemente, presente, pasado y futuro son la misma cosa. Pero si continuamos divagando, nos vamos a volver locos, porque en definitiva vivimos sobre la faz de la tierra y estamos muy seguros que si ahora es de día, más tarde se hará de noche, y horas después aparecerá de nuevo el sol, anunciando ese mañana en el que estábamos pensando ayer. Y será hoy. Y haremos planes y nos prepararemos para el día de mañana.

Mañana, mañana, mañana. ¿Somos capaces de predecir lo que va a suceder mañana, con absoluta certeza? Los astrólogos, con su pseudociencia, afirman que ellos pueden predecir el futuro.

Siempre preocupados por lo que el destino nos tiene deparado. El destino, ¿qué es el destino? ¿Estamos, entonces, en manos del destino? ¿Podemos ir contra él y tratar de cambiarlo, alterarlo, modificarlo o, por el contrario, no podemos luchar contra él? ¿Es inflexible? Lo escrito, escrito está. Y si nacimos para ser médicos, abogados o ingenieros, o nacimos para ser taxistas, recogedores de basura o superintendentes de un edificio de inquilinos pobres, nada habrá en el mundo que impida o modifique este futuro, porvenir, destino o como queramos llamarlo. Hay quienes dicen que el futuro lo hacemos nosotros mismos y que, en definitiva, seremos lo que queramos ser.

Resumiendo, hay tantas ideas, opiniones, creencias y criterios filosóficos en este tema de pasado, presente y futuro, que se presta para una discusión larga y tendida.

El horóscopo

Desde que nuestros primeros antepasados las vieron, las estrellas han sido objeto de maravilla y asombro, fascinándonos con sus luces, brillantez y hermosura.

Las civilizaciones de Caldea, India, Persia, Roma, Grecia y Egipto creían que, de alguna manera, los astros tan lejanos podían influir en la vida de los seres humanos, y que esta influencia se podía conocer si el astrólogo sabía la posición de las estrellas con respecto al nacimiento de la persona interesada en el conocimiento de su futuro.

El concepto de la astrología no debe confundirse con el de la astronomía, la cual es el estudio de las estrellas y los otros cuerpos celestes. En cuanto a la astrología hay dos opiniones extremas. Una dice que no es un hecho científico, sino un engaño o una superstición que el hombre ha querido creer por su propia necesidad o sus intereses egoístas. Los que se oponen a la astrología afirman que la creencia en ella es igual a creer en la baraja de naipes; es decir, igual a creer que algunos pedazos de papel con varios símbolos pueden predecir o pronosticar el futuro. El otro extremo es el que pone toda fe en el horóscopo. Sus seguidores creen cada afirmación, dejándose guiar por cada predicción, como si fuera un hecho que sólo necesitara tiempo para convertirse en realidad.

Entre los dos extremos hay muchas personas que tratan la astrología con curiosidad, burlándose de sus pronósticos pero al mismo tiempo pensando que si tanta gente cree en ella, puede ser que haya alguna razón. La curiosidad y la mera posibilidad intrigante motivan a la mayoría de los lectores de los horóscopos que aparecen en los diarios y en las revistas actuales. Parece que la creencia en la astrología perdurará hasta que todos nosotros perdamos la curiosidad por saber lo que nos espera en el futuro.

Creo en el horóscopo

No cabe la menor duda de que las estrellas y los planetas pueden predecir o tal vez simplemente indicar el futuro de cualquier ser humano. Sé que algunos no lo quieren creer, pero ése es un caso de pura ignorancia. Si ellos supieran cuántas veces los escépticos cambiaron su parecer después de darse cuenta de que los pronósticos trazados se hicieron realidad. Si hubieran prestado atención, habrían podido evitar desgracias o tal vez habrían podido aprovecharse de una oportunidad imprevista. Pero como tantos otros a través de la historia, ellos se burlaron de esa "superstición" primitiva. Si es tan ridículo creer en el horóscopo, ¿por qué ha durado tantos siglos y en tantas civilizaciones el estudio de las estrellas y la influencia que ejercen en nuestra vida?

Científicamente sabemos que la Luna y el Sol causan el movimiento de las mareas, así que nadie puede dudar que hay fuerzas celestes que afectan la vida terrestre. ¿Cómo sería este planeta si no fuera por el calor y la luz del Sol, de los otros planetas y de las estrellas? Claro que no habría vida aquí, sería un planeta muerto. Asimismo, se puede comprobar la influencia de los cuerpos celestes en nuestra vida. Hay millones de ejemplos de individuos que nos pueden decir que lo que ha pasado en su vida fue predicho por algún astrólogo que trazó su horóscopo. Conozco a un hombre que no creía en el horóscopo pero, por chiste o capricho, decidió consultar a un astrólogo que le trazó su tabla. Lo que le dijo esa noche lo sorprendió, haciéndolo maravillarse. Adivinó que, según la posición de los planetas, el año 1976 habría de ser un desastre personal para él, pero que poco a poco recobraría su buena suerte, hasta que en el año 1980 comenzaría a notar un cambio extraordinario. Efectivamente, así fue. El hombre confesó que en el 1976 se había divorciado y había perdido todos sus bienes materiales, hasta el punto de tener que ir a vivir a casa de su hermano menor. Ese año perdió su negocio y sus ahorros. Admitió que en el año 1980 su situación cambió radicalmente y su posición económica comenzó a mejorar, alcanzando una época próspera.

Esta historia podría repetirse millones de veces cada día porque el destino ya está escrito en las estrellas. Somos nosotros, los temerosos, los que no queremos saber, los que preferimos seguir viviendo en nuestra propia ignorancia, en la oscuridad. Pero los que queremos saber podemos leerlo todo y descubrir los secretos que allá, en el infinito, están expuestos.

La astrología es una falacia

El otro día, un amigo mío estaba muy emocionado porque su horóscopo indicaba que el tiempo le era propicio para adelantos en sus finanzas, lo que significaba para él que su más reciente aventura financiera iba a salir bien, sin la más ínfima posibilidad de fracaso. Estaba tan embullado que apenas podía contenerse. El día anterior había ido a ver a un astrólogo que, además de cobrarle $250, le trazó una tabla bien detallada y completa explicándole que si quería prosperar en sus asuntos financieros, tenía que arriesgarse pronto para no perder las oportunidades que se le presentaban. Así es que se arriesgó.

Me quedé mirándolo incrédulamente. Mi amigo, tan cuerdo, sensato y moderno y sin embargo creyendo todo lo que le había dicho un astrólogo, entregándose por completo a una persona que le decía que todo estaba escrito en las estrellas. Esto parecía, más bien, una escena de la Edad Media. Yo pensaba que los únicos que confiaban en el horóscopo eran aquellos a los que les faltaba la confianza en sí mismos, los que preferían creer que el control de su destino estaba en los poderes de otras fuerzas mayores y misteriosas, a fin de no tener que admitir sus propios fracasos.

Los astrólogos profesionales creen que cada uno de nosotros quisiera echar una miradita al futuro, a menos que sea desastroso, y así por sus pronunciamientos pseudocientíficos tratan de convencernos de que el futuro es lo que ellos ven en su "bola de cristal".

De vez en cuando miro el horóscopo de mi signo en el periódico local, para ver lo que el futuro me está reservando. Las predicciones siempre me hacen gracia. Por ejemplo, el otro día me decía que atendiera con más esmero al presupuesto del hogar, para evitar dificultades venideras. Me dijo que podría sufrir derrotas al respecto. Los que me conocen pueden asegurar que soy un tipo muy cuidadoso y precavido en mis asuntos financieros. Otro día me dijo que debía ser más sensible a las necesidades de mis seres amados. ¡Qué mentira! Siempre trato de ser así.

Creer en la astrología es igual que creer en los naipes de la baraja o en las líneas de la palma de la mano. Me pregunto, ¿por qué las líneas de las manos y no las arruguitas de las rodillas? Pero si no queremos mirar las estrellas, siempre podemos recurrir a una bola de cristal o, después de tomar un té, leer las hojitas que quedan en la taza.

Las estrellas y los planetas nos dan luz y calor y nos pueden inspirar a escribir versos románticos, pero su posición en el firmamento no determina mi destino, que está en mis propias manos o, quién sabe, fuera de mi control.

DISCUSIÓN

Como es usual, en pequeños grupos, discutan y comenten sobre estos particulares del horóscopo, el pasado, el presente, el futuro, el destino, el pronóstico y el fatalismo. Hablen de las experiencias que hayan tenido con respecto a todo esto.

Vocabulario

adelanto
progreso, aumento

adivinar
conocer una cosa presente, pasada o futura por arte de magia

ahorro
acción de ahorrar, economizar o evitar un trabajo

alcanzar
llegar a tener algo que se desea

arrugas
rugosidad de la piel

atender (ie)
prestar atención

baraja
conjunto de cartulinas, por ejemplo, el bridge

cambiar
sustituir, convertir

capricho
deseo o propósito no fundado en causa razonable

chiste
frase que provoca risa

consejo
cosa que se le dice a alguien sobre lo que debe o no debe hacer

contenerse
esforzarse para no exteriorizar un estado de ánimo

creyente (el)
la persona que cree

cuerdo
persona con facultades mentales normales

desastre (el)
catástrofe, calamidad

desgracia
suceso que causa padecimiento moral, material o espiritual

divagar
hablar o escribir en forma imprecisa y desordenada

ejercer
hacer actuar algo sobre cierta cosa

embullado
animado a hacer algo que estima bueno

faz (la)
cara, superficie

fracaso
resultado adverso o negativo

hoja
cada una de las partes planas y delgadas de las ramas de los árboles

marea
movimiento de ascenso y descenso de las aguas del mar

nacimiento
acción y efecto de iniciar la vida

naipe (el)
cada una de las cartulinas o cartones de la baraja, carta

periódico
impreso que se publica generalmente todos los días

parecer (el)
opinión

precavido
que sabe prevenir un riesgo, daño o peligro

presupuesto
cómputo anticipado de los gastos de una nación, familia, etc.

pronosticar
predecir el futuro

recobrar
volver a tomar o adquirir lo que antes se tenía

revista
publicación periódica con escritos sobre una o varias materias

rodilla
parte del cuerpo que une al muslo con la pierna

siglo
período de tiempo de cien años

tabla
pieza que se usa para pronosticar el futuro

tendida
extendida

tipo
persona, individuo

trazar (*fig.*)
describir, exponer los rasgos de una persona o asunto

Repaso gramatical

EL VERBO GUSTAR

- El verbo **gustar** tiene una consideración especial en español. En la práctica se conjuga solamente en la tercera persona, singular o plural, ya que el sujeto en la oración viene a ser lo que gusta, y a quien le gusta viene a ser uno de los pronombres de objeto indirecto (**me, te, le, nos, os, les**).

  A Julia le **gusta** el horóscopo.
  A Gualterio, astrólogo, le **gustan** la ciencia y la magia de la astrología.
  ¿Te **gustó** la clase de astronomía ayer?
  ¿Te **gustaron** los comentarios de la profesora sobre el cosmos?
  Me **gustará** la sesión con este astrólogo.
  Me **gustarán** más las sesiones con otro astrólogo.
  No nos **gustaría** una cita con ese adivino.
  A Luisa le **gusta** la astronomía, pero a Juan y a Roberto no les **gusta.**

- Cuando el verbo **gustar** precede a otro verbo en infinitivo, se conjuga en singular.

  Me **gustaría** visitar a un adivino.
  A Carmen y a mí no nos **gusta** hablar del horóscopo.
  ¿Te **gustó** hablar con él?

- En español hay varios verbos que funcionan como **gustar**. Algunos de los más comunes son: **encantar, faltar, fascinar, importar** e **interesar**.

  ¡Me **encanta** la astrología!
  Nos **falta** el tiempo necesario para estudiar el horóscopo todos los días.
  A Reinaldo le **fascina** el cosmos.
  No me **interesan** nada las estrellas.
  No nos **importan** los adivinos.

A. **¿Qué le gusta?** Conteste las siguientes preguntas con oraciones completas.

1. ¿Le gusta la astrología?

2. ¿Le interesa la astronomía?

3. ¿Le falta tiempo para consultar el horóscopo con frecuencia?

4. ¿Tiene amigos a quienes les guste el estudio de las estrellas?

5. ¿Hay algo del cosmos que le fascine?

6. Por lo general, ¿qué nos gusta más, la ciencia o la pseudociencia?

7. ¿Le gustaría escuchar los consejos de un(a) astrólogo(a)?

Uso del gerundio en las formas o tiempos progresivos

- En español, al igual que en inglés, las formas o tiempos progresivos se forman con el gerundio del verbo principal y con el verbo auxiliar **estar,** u otros de equivalente valor como **ir, irse, seguir, continuar, andar, venir,** etc. Los tiempos progresivos se usan en español para indicar que la acción se produce en forma continúa en un momento dado, ya sea en el presente o en el pasado.

> En la vida nuestra, los tres tiempos de los cuales siempre **estamos hablando** y **escribiendo** son el presente, el pasado y el futuro.
> De veras, creo que la posición de las estrellas **está determinando** mi futuro.
> Se ha dicho que el tiempo no es nada más que una ficción, pero si **continuamos divagando,** nos vamos a volver locos.
> El astrólogo **iba trazando** su horóscopo.
> Me **estoy sintiendo** algo mejor después de hablar con esa adivina.

B. Verbos auxiliares. Cambie las siguientes oraciones a la forma progresiva, usando como verbo auxiliar el que se indica entre paréntesis.

Modelos: Los astrónomos estudian los cuerpos celestes. (seguir)
*Los astrónomos **siguen estudiando** los cuerpos celestes.*

Ella recobraba su buena suerte. (estar)
*Ella **estaba recobrando** su buena suerte.*

1. Diana presta mucha atención a los consejos de su astróloga. (seguir)

2. Dudamos que todo esto sea una falacia. (continuar)

3. Los astrólogos buscan personas que confíen en ellos. (andar)

4. De nuevo el Sol anuncia ese día del mañana en el que pensábamos ayer. (estar)

5. Tino creía que había nacido para ser un conductor de taxi. (seguir)

6. A mí no me gustan tales cosas, pero mis amigos siguen el curso de las estrellas. (ir)

Otros usos del gerundio

- *Con verbos de percepción*

Es frecuente el uso del gerundio con ciertos verbos de percepción como **ver, oír, sentir, escuchar, mirar, observar,** etc. Aunque en estos casos también puede usarse el infinitivo, se prefiere el gerundio cuando se le quiere dar mayor fuerza a la acción a que se refiere. En estos casos hay dos sujetos: el que percibe y el que realiza la acción indicada por el verbo en gerundio.

Oí a Gualterio **hablándoles** (hablarles) de la magia de la astrología.
Observamos a Andrés **estudiando** (estudiar) la Luna con su telescopio nuevo.
Miro con mucho asombro las estrellas **brillando** (brillar) en el cielo.

C. **El gerundio.** Cambie el infinitivo por el gerundio en estas oraciones, a fin de dar mayor fuerza a la descripción de la acción.

1. Ayer oí al doctor Gutiérrez, profesor de astronomía, dar un discurso sobre la existencia de otros universos.

2. Vimos a Noemí consultar el horóscopo.

3. Lidia sintió la luz del sol tocarle los brazos.

4. Observaron al adivino leer la bola de cristal.

5. ¡Mira un meteorito cruzar el espacio!

- *Con función adverbial*

  En estos casos el uso del gerundio puede expresar la manera, medio o causa de hacer algo y, también, las circunstancias o condiciones presentes en el momento en que la acción del verbo principal tiene lugar.

  > Conoció su futuro **visitando** a un astrólogo. (causa)
  > **Mirando** las estrellas, pensé en el misterio del universo. (circunstancia)
  > **Siendo** creyente, no necesito su consejo. (condición)
  > Aprendió astronomía **tomando** un curso en la universidad. (manera)
  > **Yendo** en avión, veo la luna más brillante. (medio)

D. **¿Cómo se hace?** Conteste las siguientes preguntas con oraciones completas.

1. ¿Cómo se aprende más sobre la astronomía, mirando el cielo de noche a través de un telescopio o leyendo libros de astronomía?

2. ¿De qué manera llegaremos a conocer nuestro propio destino, tratando de crearlo nosotros mismos o esperándolo con paciencia?

3. ¿Cómo se debe resolver lo del horóscopo, dejándose guiar por cada predicción o no haciendo caso de él?

4. ¿En qué circunstancias supo ella la verdad, leyendo el periódico o viendo la televisión?

5. ¿Cómo podemos conocer mejor la historia, estudiándola o hablando con un astrólogo?

6. ¿Cómo se divierte uno(a) más, yendo al cine para ver una película sobre la galaxia o contemplando las estrellas?

7. ¿En qué forma reacciono mejor a lo que me ha dicho un astrólogo, creyéndolo todo o rechazándolo todo?

E. **¿Qué están haciendo?** En grupos pequeños, usen la forma progresiva para decir acciones lógicas y posibles que puedan estar haciendo las siguientes personas en los sitios donde se encuentran.

Modelo: Pedro está en la clase de español.
   Está conversando con otros estudiantes.

1. Lidia está en casa de una astróloga.
2. Pepe estaba en el techo de su casa con un telescopio.
3. Ana y Tomás estuvieron en la biblioteca.
4. Usted está en la cafetería.
5. Nosotros estábamos en el planetario.

F. **¡Trabajando en grupo!** En grupos de tres o cuatro personas, empleen individualmente el verbo **gustar,** u otros que funcionen como este verbo, para dar su propia opinión sobre lo siguiente. Después de que todos hayan expresado sus opiniones, háganse preguntas sobre éstas.

Modelo: el horóscopo
   Me fascina el horóscopo o *No, no me gusta el horóscopo.*

1. la astronomía
2. la astrología
3. la cosmología
4. el destino
5. el futuro
6. los adivinos
7. los otros planetas
8. la bola de cristal

Ejercicios de vocabulario

A. **¿Qué palabra es?** Complete cada oración con una palabra lógica y correcta.

1. La astrología se basa en la _____ de las estrellas y de los planetas.
2. El astrólogo necesita saber el día y la hora de su _____ para trazar su tabla.

3. La _____ es la ciencia del estudio de las estrellas y de otros cuerpos celestes.

4. Muchas personas leen el horóscopo que aparece en los _____ y las _____.

5. Algunos horóscopos parecen muy generales, pero hay otros que son más _____.

6. Si sabemos nuestro destino, podemos _____ desgracias grandes.

7. El horóscopo puede _____ el futuro y el destino.

8. Mucha gente no deja de _____ su horóscopo todos los días.

9. Hay muchos que comparan el horóscopo con leer las arrugas de las _____.

10. Hay individuos que dicen que pueden interpretar los _____ de la baraja para predecir el futuro.

11. Los temas de más interés del horóscopo son la suerte, el amor y el _____.

B. **Yo pienso que...** Complete cada oración con su propia opinión.

1. Mucha gente lee su horóscopo todos los días porque _____.

2. Es verdad que la Luna afecta el movimiento de la marea, pero _____.

3. Los signos del zodíaco detallan las características y la personalidad de cada persona, pero _____.

4. Es mejor no saber nuestro destino porque _____.

5. Muchos consultan a un astrólogo, pero después dicen que era un capricho porque _____.

C. **Opiniones.** Con un(a) compañero(a), decidan si están de acuerdo con las siguientes afirmaciones. Expliquen sus razones con claridad.

1. Mucha gente lee el horóscopo por curiosidad.

2. Si el horóscopo fuera científico, todos lo creeríamos.

3. Es estúpido no leer el horóscopo porque si es correcto, podemos evitar una desgracia.

4. El horóscopo es una superstición que no quiere desaparecer.

Desafío de palabras

Busque las palabras del segundo grupo que son sinónimos de las del primero.

I.

asombro	astro	engaño
pedazo	varios	predecir
hecho	motivar	actual
incierto	parecer	ejercer
afectar	hermosura	asimismo
capricho	bienes	admitir
próspero	temeroso	oscuridad
propicio	finanzas	embullado
cuerdo	faltar	fracaso
esmero	venidero	precavido
firmamento	naipe	

II.

estrella	posesiones	miedoso
razonable	influir	emocionado
prudente	futuro	cielo
de hoy	rico	dato
carta	inseguro	confesar
noche	cuidado	fondos
belleza	frivolidad	derrota
carecer	algunos	mentira
también	oportuno	sorpresa
incitar	pronosticar	practicar
pieza	opinión	

8

El aborto

Opiniones de la gente de la calle

Tengo cinco hijos; el mayor cumplió quince años y me siento muy feliz con ellos. Aunque, en general, no estoy de acuerdo con el aborto, si hoy quedara embarazada, tendría un aborto de inmediato, pues creo que no tendría fuerzas para criar otro hijo.
—**Sra. Fernández, madre de cinco niños.**

Mi esposa tiene veinticuatro años y, por el momento, no queremos hijos. El año pasado nos descuidamos y ella quedó embarazada. Decidimos abortar enseguida. Queremos disfrutar un poco más de la vida y luego tendremos hijos.
—**Pablo, de treinta años, casado, carpintero.**

El tema del aborto es muy controversial y no quiero opinar sobre él. Si salgo electo para la alcaldía de mi ciudad, trataré de apoyar lo que la mayoría de mis constituyentes consideren lo mejor.
—**Sr. Pérez-Batista, político, candidato a alcalde por su ciudad.**

Aunque estoy en contra del aborto, por cruel e inhumano, no estoy de acuerdo con los que ponen bombas en las clínicas e, inclusive, matan a los que trabajan en ellas.
—**Ricardo, joven de veinte años, soltero.**

Realmente, ni soy provida ni proselección. Creo en nuestro sistema judicial y debemos acatar lo que nuestros jueces decidan al respecto.
—**Marta, oficinista, soltera, de diecinueve años.**

Los proselección son unos asesinos, a los que tenemos que aplicar el precepto bíblico "ojo por ojo, diente por diente". Si ellos matan, deben pagar con su vida.
—**Sr. Sánchez, fundamentalista.**

¡Abajo con los que apoyan el aborto! Tenemos que combatirlos en todos los campos. Ésta es una lucha sin cuartel, a favor del derecho de vivir.
—**Renato, activista provida.**

El aborto: provida—proselección

El aborto presenta un dilema muy serio y muy cuestionable en la sociedad o comunidad humana. ¿Debe permitirse o prohibirse? ¿Es un crimen contra el derecho a la vida? ¿Es el aborto un derecho de la mujer para hacer con su cuerpo lo que ella quiera? Si estamos a favor del derecho a la vida, el aborto puede considerarse un crimen. Si, por el contrario, defendemos el derecho a impedir que otro se inmiscuya o se meta en los aspectos más íntimos y personales de nuestra vida, entonces el aborto probablemente no sería ilegal en ciertos casos.

Las opiniones están fundamentalmente divididas en dos convicciones: la de los provida y la de los proselección. ¿Son irreconciliables estas dos actitudes? Aunque las cortes han resuelto el dilema, al menos jurídicamente, con un juicio ecléctico, el hecho cierto es que la pugna continúa con acciones, demostraciones y manifestaciones cívicas, religiosas y partidistas, todas ellas dentro de un plano de cordura y respeto, con la excepción deplorable de actos de violencia cometidos por personas o pequeños grupos de gente exacerbada por un fanatismo intransigente y desbordado, y que llega a la intimidación, la amenaza, el terrorismo y el homicidio.

Muchas clínicas, en donde se practica el aborto de acuerdo con las reglas establecidas por las leyes en vigor, han sido objeto de bombas que han causado daños. Las personas que trabajan en esas clínicas han sido atacadas y han sufrido lesiones corporales e, inclusive, unos médicos han perdido la vida en esos ataques. Esto, obviamente, no es correcto ni es una forma adecuada para hacer valer sus ideas o convicciones.

Según encuestas hechas por algunos medios de publicidad, una mayoría del pueblo americano es partidaria de la posición proselección, con sus limitaciones. No obstante, el dilema sigue en pie, y por mucho tiempo el asunto continuará siendo discutible y controversial.

Apoyamos el aborto

La mujer y, en muchos casos, el hombre que participaron en la fecundación tienen el inalienable derecho a decidir por sí mismos si el futuro fruto de su unión, es decir el feto en formación, debe continuar su proceso de desarrollo y convertirse en un ser humano.

Las leyes y regulaciones de muchos países prescriben que, mientras el feto permanece en el claustro materno, no se ha completado la persona, no hay sujeto con derechos y obligaciones, no hay personalidad jurídica; en otras palabras, no existe un ser humano. Así pues, es potestativo de la mujer decidir su futuro.

El traer un hijo al mundo implica un cúmulo de responsabilidades que no siempre los padres pueden afrontar. Muchos matrimonios tratan de evitar tener hijos a través de distintos medios, unos usando píldoras contraceptivas, otros usando artículos profilácticos y preservativos, algunos absteniéndose del acto sexual durante los días en que la mujer es fértil, etc., pero estos medios no son infalibles y en muchas ocasiones la mujer queda embarazada. ¿Qué hacer entonces? No hay otra alternativa que el aborto.

Hay muchas razones por las cuales una mujer o un matrimonio no quiere el hijo que ha engendrado. Si la mujer es soltera y ha tenido relaciones íntimas con un hombre a quien casi no conoce y sabe que él no ha de acordarse nunca más de ella, el futuro hijo será un hijo sin padre. Quizá haya un matrimonio que ya tiene varios hijos y no puede responsabilizarse económicamente de otro. La mujer que es violada, ¿querrá tener un hijo, producto de ese acto infame? Claro que no. Entonces, tendrá que recurrir al aborto.

El aborto está justificado en muchos casos y, aun cuando no exista una justificación, creemos que las personas afectadas por la situación tienen el derecho a resolver el problema libremente, sin que ello constituya un crimen o un delito.

Condenamos el aborto

Comencemos diciendo que el aborto, en un sentido amplio y general, es un crimen, un asesinato cometido con premeditación, ensañamiento y alevosía. Se le está quitando la vida a un ser humano que no tiene la más mínima oportunidad de defenderse de esa agresión infame y cobarde.

Que no digan los partidarios del aborto que lo que ya palpita en el vientre de la mujer no es un ser humano, porque sí, lo es. Si no es un ser humano, ¿qué es entonces? ¿Es acaso un monstruo, una alimaña, una masa amorfa? No. Es un cuerpo viviente, producto de otros dos cuerpos; es un cuerpo con todos los atributos del ser humano, con sus ojitos, sus bracitos, sus piernitas, sus órganos genitales, hembra o varón. Es toda una vida humana que al primer contacto con el mundo exterior, lo primero que hace es gritar como pidiendo que le den la bienvenida y la oportunidad de ser niño, adolescente, joven, adulto, viejo, hasta cumplir con el ciclo de la vida del ser humano y contribuir con sus dotes, capacidades y esfuerzos al desarrollo de la especie.

El aborto es un acto criminal que viola las leyes de la naturaleza. La persona que lo realiza se niega a sí misma. Dios, creador de todos los seres vivientes, les dio la oportunidad de multiplicarse y desde los más inferiores hasta los más superiores, los dotó para su procreación y aumento de la especie. El ser superior a todos—el hombre— se rebela contra esa ley divina y, con el aborto, se suicida y destruye el único medio para perpetuarse.

Luchemos con todas nuestras fuerzas para erradicar el aborto. Pongamos nuestros recursos y capacidades para combatirlo. Hagamos llegar nuestras voces y razonamientos a las autoridades judiciales, gubernamentales y legislativas para convencerlas de la necesidad de declarar la ilegalidad de ese acto terrible e inhumano.

DISCUSIÓN

En pequeños grupos, conversen y comenten sobre este tópico del aborto. Expresen y defiendan sus puntos de vista, discutiendo las alternativas y remedios que en el momento presente están apareciendo en los medios de información, y comentando, asimismo, si recientemente se han cometido otros actos de violencia por parte de los provida contra las clínicas que practican el aborto.

Vocabulario

alevosía
traición, perfidia

alimaña
animal

amorfo
sin forma regular o bien determinada

aumentar
acrecentar, dar mayor extensión, crecer

brazos
extremidades superiores de una persona

claustro materno
lugar que ocupa el feto en el cuerpo de la mujer

crecer
aumentar de tamaño

cuerpo
sustancia material; materia completa de una persona o animal

cúmulo
gran cantidad de ciertas cosas

desarrollarse
ampliarse, desenvolverse

divagar
hablar o escribir en forma imprecisa y desordenada

diverso
diferente, de distinta naturaleza

dotes (las)
cualidades

enfrascado
dedicado a algo con mucho interés y atención

ensañamiento
uso de mucha crueldad con la víctima de un crimen

erradicar
extirpar totalmente cualquier cosa, borrar

gestación
tiempo que dura la preñez

gritar
clamar, hablar fuertemente

hembra
persona o animal de sexo femenino

libremente
con libertad

luz (la)
lo que ilumina las cosas

masa
cantidad de materia de un cuerpo

pedir (i)
hacer una petición

piernas
extremidades inferiores de una persona

píldora
medicamento en forma sólida, pequeña

potestativo
que está en la facultad de uno

procrear
multiplicar una especie

quedar embarazada
inicio de la gestación en la mujer

sujeto
persona

tendida
extendida

truncar
cortar una parte o cualquiera cosa

varón (el)
persona de sexo masculino

vientre (el)
abdomen

Repaso gramatical

- El subjuntivo se usa en cláusulas subordinadas que son precedidas por verbos o expresiones que indican o manifiestan emoción.

> **Espero** que no **pongan** más bombas en las clínicas donde se hacen abortos.
> **Sentimos** mucho que **hirieran** a varios empleados de la clínica.
> **Me alegro de** que mi esposa no **esté** embarazada otra vez.
> **Es una lástima** que tantas personas **apoyen** el aborto.
> **Me gustaría** que todos **combatieran** el aborto.
> **Lamentamos** que algunos de los activistas provida **hayan** recurrido a la violencia.
> **Temen** (o **Tienen miedo de**) que **muera** la mujer si se hace un aborto ilegal.
> **Me sorprende** que **haya** tantos abortos.
> Alicia **está contenta de** que su marido **quiera** una familia grande.

A. Reacciones. Después de enterarse de varias cosas que han pasado recientemente, exprese su reacción a lo ocurrido.

Modelo: Carmen y Franco tienen otro hijo.

> Me alegro de que...
> *Me alegro de que Carmen y Franco **tengan** otro hijo.*

1. Ana no vuelve más a la clínica.
   Estoy contento(a) de que...

2. La candidata, activista provida, fue derrotada en las últimas elecciones.
   Me gusta que...

3. La señora Fernández ya tiene cinco hijos y acaba de saber que está embarazada.
   Espero que no...

4. Algunos activistas provida han bombardeado otra clínica de la ciudad.
   Siento que...

5. La novia de Felipe está en estado y dice que dará a luz al bebé.
   Me sorprende que...

B. Expresiones de emoción. Forme oraciones completas con los siguientes grupos de palabras.

Modelo: ella/sentir/su esposo/no desear/más hijos
*Ella siente que su esposo no **desee** más hijos.*

1. ser una lástima/el aborto/ser/un método de control/de la natalidad

2. me gustaría/el feto/poder decidir/su futura suerte

3. yo/temer/su novio/no ir con ella/a discutir con el médico/un posible aborto

4. ¿lamentar/tú/ocurrir/actos violentos/contra/los médicos que/hacer abortos?

OTRO USO DEL SUBJUNTIVO

- El subjuntivo se usa también en expresiones tales como digan lo que digan, sea lo que sea y hagan lo que hagan.

  Digan lo que digan, el aborto es inhumano.
  Sea lo que sea, el aborto va a continuar.

C. El aborto. Forme expresiones similares a las presentadas, con la suposición de que el aborto es inhumano y haciendo el comentario con las oraciones que se dan a continuación.

Modelo: Los médicos de las clínicas son muy capaces.
Sean lo que sean los médicos, el aborto es inhumano.

1. Las enfermeras de las clínicas saben mucho.

2. Dicen que el aborto es necesario a veces.

3. La única persona que debe decidir si se hace un aborto es la mujer.

4. Mucha gente acepta el aborto.

5. Los proselección apoyan la necesidad del aborto.

LOS GRADOS DE COMPARACIÓN DE LOS ADJETIVOS

- Los grados de comparación son el de igualdad, el de desigualdad y el superlativo. Para comparar los adjetivos en un grado de igualdad, se usan en español las palabras **tan** y **como.**

  El aborto es **tan** discutible **como** el narcotráfico.
  El derecho al aborto es **tan** importante **como** el derecho de expresión.

- Para comparar los adjetivos en un grado de desigualdad, se usan en español **más** o **menos** (según la desigualdad sea de superioridad o de inferioridad, respectivamente) y **que.** El vocablo **de** se usa en lugar de **que** cuando el adjetivo es un número.

Los activistas de provida son **más** vociferantes **que** los de proselección.
En los Estados Unidos, parece que la gente es **menos** partidaria de la posición de provida **que** de la de proselección.
En nuestra ciudad hay **más de** cinco clínicas donde se practica el aborto.

- El grado superlativo de comparación se forma con las palabras **más** o **menos** (según se indique superioridad o inferioridad, respectivamente) precedidas por el artículo definido y seguidas, normalmente, por el vocablo **de.**

El aborto es **el más** discutido **de** los temas sociales.
El uso de preservativos es **el menos** popular **de** los métodos contraceptivos.

D. ¿Más, menos o lo mismo? Llene los espacios en blanco con las palabras necesarias para expresar correctamente un grado de igualdad.

1. La violencia contra el aborto es _____ mala _____ la práctica del aborto.

2. Muchos creen que la libertad de la mujer embarazada es _____ importante _____ la salvación del feto.

3. Los hombres deben estar _____ preocupados por las decisiones sobre el aborto _____ las mujeres.

Ahora, llene los espacios para expresar correctamente un grado de superioridad.

1. Algunos piensan que el futuro del feto es _____ importante _____ el de la madre.

2. Los fundamentalistas son mucho _____ emocionales _____ otros partidarios de provida.

3. El aborto presenta un dilema _____ serio _____ otros muchos en la comunidad humana.

Finalmente, llene los espacios para expresar correctamente un grado de inferioridad.

1. En cuanto al aborto, las instituciones religiosas son _____ discretas _____ los políticos.

2. Para las mujeres que piensan abortar, la situación económica debe ser de _____ consideración _____ la fuerza moral.

3. En materia de aborto, el hombre debe tener _____ influencia _____ la mujer.

E. ¡Trabajando en grupo! Reunidos en grupos pequeños, usen verbos que expresen emoción, y el subjuntivo después de estos verbos, para dar sus opiniones sobre los siguientes sucesos. Que cada persona exprese su propia opinión, y que haya una conversación después sobre las opiniones expresadas.

1. Un predicador evangélico bien conocido nacionalmente acaba de decir que el aborto es el crimen más horrible de nuestra sociedad.

2. El nuevo candidato democrático para ser gobernador de su estado es proselección.

3. En su ciudad están construyendo otra clínica para hacer abortos.

4. Últimamente el porcentaje de los jóvenes que tienen relaciones sexuales antes del matrimonio ha bajado un poco.

5. En su estado se violó a una mujer, la cual resultó embarazada y no quiere abortar.

6. Unos activistas provida, bien conocidos en la región donde vive usted, le han dicho a un periodista importante que los proselección son los asesinos más inhumanos del país y que deben pagar con su vida.

7. Más de un millón de mujeres proselección están planeando una manifestación grandísima en Washington, D.C., dentro de seis meses.

Ejercicios de vocabulario

A. ¿Qué palabra es? Complete cada oración con una palabra lógica y correcta.

1. El feto vive en el claustro _____ por nueve meses.

2. Algunos piensan que el _____ es el acto de matar al feto.

3. El embrión vive en el _____ de su madre.

4. El feto es una _____ humana, no una alimaña.

5. Es la mujer la que debe _____ si un aborto está justificado.

6. Algunos usan artículos profilácticos para _____ la concepción.

7. Hay ciertos días en su _____ menstrual cuando la mujer fecunda.

8. El feto tiene todos los atributos _____ de un ser humano.

9. Nadie tiene el _____ a decirle a la mujer que debe dar a luz.

10. En algunos lugares el aborto es un acto _____.

11. El feto se desarrolla en el _____ de su madre.

B. **Yo pienso que...** Complete cada oración con su propia opinión.

1. Es difícil discutir el tema del aborto porque _____.

2. Muchos dicen que el feto no es una persona hasta que _____.

3. El feto tiene el derecho a vivir pero _____.

4. Nadie puede decirle a la mujer lo que debe hacer porque _____.

5. Es fácil que un hombre se oponga al aborto porque _____.

6. Muchos se oponen al aborto porque _____.

C. **Opiniones.** Con un(a) compañero(a), decidan si están de acuerdo con las siguientes afirmaciones. Explíquenle sus razones con claridad al resto de la clase.

1. El aborto no es nada más que el asesinato de un ser humano que no puede defenderse.

2. Muchas mujeres dicen que ellas no tienen control sobre su propio cuerpo.

3. Sería más fácil llegar a un acuerdo en el tema del aborto si pudiéramos estar de acuerdo sobre la definición de un ser humano.

4. Las mujeres que deciden abortar sufren mucho antes de tomar esa decisión.

Desafío de palabras

Busque en el segundo grupo de palabras lo opuesto a cada palabra del primero.

I.	superior	negar	divino
	destruir	amplio	mínimo
	viviente	primero	acordarse
	futuro	permanecer	hermoso
II.	pasado	admitir	inferior
	construir	estrecho	olvidarse
	feo	muerto	último
	salir	máximo	humano

Busque en el segundo grupo de palabras un sinónimo para cada palabra del primero.

I.
afectar	determinación	muerte
garantizar	contienda	maravilloso
diversos	continuar	delito
asesinato	dote	erradicar

II.
decisión	disputa	fallecimiento
asegurar	seguir	crimen
influir	homicidio	asombroso
borrar	varios	cualidad

9

La eutanasia

Opiniones de la gente de la calle

Mi pobre esposo, Mario, padece hace años de Alzheimer. A veces, ni a mí misma me reconoce. De nada se acuerda. Es un pedazo de carne y hueso. Sufro mucho al verlo en esta situación; lo prefiero muerto que en esas condiciones. Tal vez, la eutanasia sería una solución.
—Sra. Gutiérrez, cincuenta años de casada.

Tengo un hermanito de diez años de edad, pero su mente es la de un niño de dos. Nació con un mal incurable en el cerebro. Los médicos no dan esperanzas. Él seguirá creciendo, pues físicamente es normal. ¿Se imagina usted, un hombre grande y fuerte, con una mentalidad de un bebé? No sé, pero a veces pienso que no vale la pena que él viva.
—Isabel, jovencita de quince años.

Sufrimos un accidente automovilístico hace unos meses, y mi hijita de ocho años quedó gravemente herida. Sufrió una lesión cerebral que la ha dejado en estado de coma total. Los médicos dicen que su condición es irreversible. Algunos de mis familiares y amigos comentan que sería preferible que muriera. Yo digo que no. Me aferro a la vida. La ciencia médica salvará a mi hija.
—Rebeca, madre de treinta años.

Mi papá tiene sesenta años, y viene padeciendo de cáncer por varios meses. Su cáncer es del páncreas, uno de los más letales. Sufre de intensos dolores. No come, todo le parece malo, y nos dice que desea morirse, que lo maten, que le pongan una inyección letal. Con todo lo que lo amo, preferiría que descansara en paz. Yo le pondría esa inyección.
—José Rodríguez, de treinta años.

Justificación o no de la eutanasia: la esperanza de vida

Es una escena que se ha repetido muchas veces en películas, programas de televisión, libros y aún en nuestra imaginación. Un ser amado está muriéndose poco a poco, sufriendo, apenas respirando a través de una máquina. Para nosotros, es nuestra madre o nuestro hijo, pero el mundo lo llama un "vegetal" porque no habla, no oye, no puede comer, ni beber, ni razonar. Solamente es capaz de seguir existiendo, gracias a que su corazón continúa latiendo. Nos apena, nos causa mucho dolor verlo así porque lo recordamos como un ser fuerte, lleno de vitalidad, vibrante. Su cuerpo, que antes guardaba vida llena y repleta de esperanzas, ahora depende frágilmente de una máquina. ¡Ni siquiera es capaz de respirar por su cuenta! Sentimos que ese cuerpo, tendido en la cama, no es el ser que tanto hemos querido porque su esencia ya se fue, dejando un cuerpo gastado.

Así lo pintan los escritores, los directores de películas y programas de televisión; pero en cierta medida ésta es, más o menos, la dura realidad cuando alguien se enferma gravemente o ha sufrido un terrible accidente y los médicos declaran que no se puede curar porque el cerebro ya murió. Sólo el corazón y otros órganos continúan funcionando.

¿Se puede justificar la eutanasia? ¿Podría usted, podría yo, dejar que se muriera un familiar, tomando la decisión directa de causar su muerte? ¿Es simplemente un homicidio premeditado, cruel y frío, o un acto alto y noble de compasión?

Por otra parte, el gran incremento en la esperanza de vida que se ha producido en las últimas décadas está creando una crisis que se agudiza día a día. El número de personas de edad avanzada (mayores de sesenta y cinco años) está aumentando considerablemente. La gran mayoría de esta población pertenece a la clase pasiva, es decir, a la que ya no produce, no trabaja, no aporta, o aporta poco al desarrollo económico de la nación. Vive de la Seguridad Social o de otros seguros estatales o particulares. Otra parte de esta población vive de la ayuda gubernamental, por ser pobre y carecer de pensiones. También, muchas de estas personas están incapacitadas para cuidarse por sí mismas, y necesitan ayuda de sus familiares quienes, por carecer de dinero suficiente o por falta de tiempo u otros motivos, no pueden satisfacer esta necesidad.

El grave problema es la amenaza de no contar con suficiente dinero para sustentar a este gran número de personas viejas. ¿Qué podrá hacerse por ellas? ¿Dejarlas morir de hambre y miseria? Esto sería una especie de eutanasia, por no decir un crimen.

Sería un homicidio

Soy un gran optimista y creo que todo es posible, aun lo que otros llaman "lo imposible". Nunca podría permitir que un ser querido muriera por una decisión que yo tome. Para mí, esto no es nada más que otra forma de homicidio.

No se puede quitarle ni privarle la vida a nadie porque ella es sagrada, un don de Dios. Yo sé que en este caso el ser amado parece estar sufriendo, sin ninguna esperanza; pero, ¿quién ha determinado que no hay esperanzas? Si me contestan que fueron los médicos, les recordaré que aun los médicos más sabios se han equivocado antes, y puede ser que se equivoquen en este caso también. Creo que confiamos demasiado en los doctores, olvidándonos por completo que son seres humanos con las mismas limitaciones que todos tenemos.

Nunca podría fijarme un límite a las medidas que tuviera a mi disposición para prolongar la vida de un ser querido. Si no hiciera todo lo posible, sentiría que lo estoy traicionando. Sería una prueba de mi amor que aceptaría sin queja; así, él seguiría viviendo hasta que Dios y la naturaleza le anunciaran su final. ¡No lo abandonaría mientras le quedara una chispa de vida!

No podría vivir tranquilo si supiera que no hice todo lo que estuviera en mis manos para tenerlo aquí el mayor tiempo posible. Hay muchísimos ejemplos y casos de individuos que se desesperaron, y no hicieron lo máximo para salvar al ser querido; después se arrepintieron de haber sido débiles en el momento de tomar esa gran decisión. ¿Cómo podrían gozar de sus propias vidas sabiendo que se la privaron a otro?

La eutanasia es un ejemplo más del desprecio que tenemos por la vida en nuestro mundo moderno. Es como el aborto. Igualmente que los que no quieren sufrir con un bebé que no desean, los propagadores de la eutanasia tampoco necesitan de aquella persona. Todo esto no es más que puro egoísmo de querer vivir la vida libre de trastornos e inconveniencias como tener que cuidar y atender a una persona gravemente enferma. ¿Quiénes somos los seres humanos para decidir si alguien debe vivir o morir? ¿Cómo podemos suponer que esta persona quiere morir? Es una suposición trascendental que trae consigo una decisión de vida o muerte.

¿Dónde está esa línea que indica que uno no merece o no quiere vivir? Si optamos por la eutanasia trazamos esa línea, y eso es una responsabilidad muy grave, una que no quiero asumir.

Sería un acto de bondad

Para pensar sensatamente en la eutanasia tenemos que ponernos en el lugar de la persona que sufre y está muriendo. ¿Querría usted vivir como un vegetal? Nadie lo querría. La vida no es solamente el latir del corazón; no es una simple bomba que hace circular la sangre por las venas y las arterias. Si eso es sólo lo que nos queda, uno no es más que un cuerpo cadavérico que resiste la muerte.

Los que afirman que no podemos dejar morir a alguien están hablando desde un punto de vista sentimental. Quieren mantener algo que ya se fue, ¿para qué? Creemos que es para evitar responsabilidades, o para no sentirse culpables por la decisión de no haber prolongado la vida inútil del ser amado. Hoy en día esta decisión es especialmente difícil debido a los grandes avances que la ciencia médica ha logrado. Gracias a nuevas medicinas, nuevas técnicas de curar y nuevas facilidades, se puede hacer volver a la vida, en algunos casos, a una persona aparentemente muerta. Pero no debemos olvidarnos que las células del cerebro una vez muertas no pueden regenerarse. Si el cerebro no recibe el oxígeno necesario, esta persona nunca volverá a ser lo que fue, porque la inteligencia, la memoria, la capacidad de razonar, de amar, de sentir, de actuar como un ser humano residen en este órgano. Si este cuerpo no es capaz de actuar como un verdadero ser humano, ¿para qué mantenerlo vivo? ¿Simplemente porque tiene un corazón fuerte que continúa latiendo?

No queremos matar a nadie, mucho menos a un ser amado, pero tampoco queremos verlo existiendo sólo físicamente, sin la más mínima posibilidad de volver a ser una persona completa. ¿Qué dignidad hay en ese tipo de existencia? Ninguna. ¿No es mejor recordar a esta persona como era antes—fuerte, robusta, dinámica, entera? Hay un tiempo para nacer y otro para morir, y cuando llega ese tiempo debemos aceptarlo y tomar la decisión lógica. Si alguien sólo puede existir a través de una máquina externa y por medidas heroicas, su vida se ha prolongado demasiado. Somos nosotros los que nos engañamos. Tarde o temprano la muerte nos alcanzará.

DISCUSIÓN

En pequeños grupos, hablen de la eutanasia en general, si debe o no ser permisible y en qué casos. ¿Quién o quiénes decidirían su uso? Conversen de casos conocidos a través de los medios informativos, de médicos y de otros profesionales que han ayudado a morir a personas gravemente enfermas que habían pedido que se les quitara la vida. Expongan al grupo alguna experiencia personal o por referencia en la cual la eutanasia se haya tomado en consideración.

Vocabulario

agudo
serio

aliento
respiración

apenas
con dificultad

bomba
máquina para elevar o impulsar
líquidos

chispa
partícula de fuego que salta

culpable
que tiene falta, pecado

débil
falta de vigor y de energía

dejar
soltar, abandonar

desenchufar
desconectar un aparato o máquina
eléctrica

don (el)
cualidad

duro
fuerte

escena
parte de una obra teatral

fijar
determinar, señalar

gastado
consumido

guardar
cuidar, custodiar

indicar
dar a entender, señalar, significar

latido
movimiento de contracción y dilatación
de los vasos sanguíneos

latir
dar latidos, pulsar

merecer
ser digno de algo

película
cinta cinematográfica, film

por su cuenta
por sí mismo

queja
resentimiento, lamento, disgusto

razonar
discurrir, hablar lógicamente

sabio
persona que sabe mucho

sangre (la)
líquido que circula por las venas y las
arterias

seguir (i)
continuar

sensatamente
con sentido común

tendido
acostado

trazar
delinear, diseñar

Repaso gramatical

USO DEL SUBJUNTIVO CON LA CONJUNCIÓN *SIN QUE*

- En las cláusulas subordinadas introducidas por la conjunción **sin que,** se usa siempre el subjuntivo, ya que indica una acción negativa; es decir, una acción que nunca se lleva a efecto.

  El hermanito de Gloria seguirá creciendo físicamente **sin que** su mente se **desarrolle** más.
  Hace años que el esposo de Magdalena sufre del mal del Alzheimer **sin que** lo **sepa** él.
  Ella sufría tanto que su esposo le pidió al médico que le desenchufara la máquina respiradora, **sin que** éste lo **considerara.**

A. Combinando ideas. Forme oraciones con las dos ideas que se dan, uniéndolas a través de la conjunción **sin que.**

Modelo: Cada año hay más gente vieja. La gran mayoría de estas personas no evitan problemas de salud.
*Cada año hay más gente vieja **sin que** estas personas **eviten** problemas de salud.*

1. La vida se prolonga bastante. No se puede eliminar el mal del Alzheimer.

2. Ayer mi mamá cumplió noventa años. No tenía la idea más remota de que fuera su cumpleaños.

3. A la edad de noventa y cinco años, a nuestro abuelo se le rompió una cadera. Él no perdió la esperanza de cumplir cien años.

4. Los científicos siguen sus investigaciones. No han podido exterminar el cáncer.

5. Después de un accidente automovilístico, los médicos salvaron a mi hija. Ella no volvió a ser una persona saludable y normal.

EL TIEMPO CONDICIONAL O POTENCIAL

- El tiempo condicional simple, llamado también el tiempo potencial, se usa para expresar una acción teórica o una que está basada en una hipótesis. Este tiempo indica una posibilidad, una suposición y, por eso, se usa frecuentemente con la cláusula introducida por la palabra **si** que expresa algo contrario a la realidad. Para formar el condicional, se añaden al infinitivo las siguientes terminaciones: **-ía, -ías, -ía, -íamos, -íais** e **-ían.**

  Con todo lo que lo amo, preferir**ía** que descansara en paz.
  Nosotros no ayudar**íamos** en una eutanasia.

¿Terminar**íais** vosotros la agonía del enfermo?
Si tu madre o padre estuviera sufriendo muchísimo constantemente, tú tratar**ías** de quitarle el dolor.

- En la formación del tiempo condicional, hay algunos verbos que no toman el infinitivo, sino una raíz especial. Para formar el condicional de estos verbos, se usa la raíz especial correspondiente, añadiéndole las terminaciones ya dadas.

¿**Querrías** tú tener que decidir entre la vida y la muerte?
Si mi esposa estuviera en la misma situación, no **podría** ponerle esa inyección letal.

B. Tal vez... Cambie las siguientes oraciones al tiempo condicional.

Modelo: No deseo tomar tales decisiones.
*No **desearía** tomar tales decisiones.*

1. Nosotros votamos a favor de la eutanasia.

2. Yo no desenchufo la máquina de respirar.

3. ¿Tienes valor para acusar al médico?

4. ¿Habrá un medicamento capaz de apaciguarle el dolor?

5. Nos apena verlo sufriendo.

6. En mi pueblo se considera como un asesino al Dr. Kevorkian.

EL CONDICIONAL PERFECTO

- El condicional perfecto se forma con el condicional del verbo auxiliar **haber** y el participio pasado del verbo de que se trate. Como el condicional simple, el condicional perfecto se puede usar con una cláusula introducida por la palabra **si.** En este caso expresa una acción contraria a la realidad en el pasado.

Si yo hubiera estado en el hospital, no lo **habría hecho.**
Tú la **habrías conocido.**
Marilé no **habría protestado.**

C. Posibilidades. Cambie las siguientes oraciones al condicional perfecto.

Modelo: Sufriríamos un terrible accidente.
__Habríamos sufrido__ un terrible accidente.

1. Nosotros no permitiríamos un programa de televisión en que se presentara un acto de eutanasia.

2. Si yo fuera congresista, votaría a favor de la eutanasia.

3. Nunca podría fijar un límite a las medidas a mi disposición para prolongar la vida de un ser amado.

4. En este caso la eutanasia sería un acto de bondad.

5. ¿Qué tipo de red de televisión presentaría la muerte de alguien en manos del Dr. Kevorkian?

D. **¡Trabajando en grupo!** Reúnanse en grupos pequeños otra vez. En esta actividad, es importante que cada persona del grupo emplee el tiempo condicional o el condicional perfecto, según el caso, para expresar su propia opinión al completar las siguientes oraciones. Después, comparen las distintas opiniones e ideas.

1. Si yo fuera un(a) juez que pudiera hacer la decisión final sobre el uso de la eutanasia, yo _____.

2. Si mi esposo(a) y yo tuviéramos un hijo o una hija que había sufrido un terrible accidente automovilístico y, según los médicos, su condición de estado total de coma fuera irreversible, nosotros _____.

3. Si mi papá padeciera de cáncer terminal y gritara de dolor hora tras hora, yo _____.

4. Si yo supiera que dentro de pocos meses iba a enfermarme seriamente y convertirme en un "vegetal," yo _____.

5. Si yo hubiera sido jurado(a) en el juicio del hombre que había matado a su esposa porque sufría siempre de fuertes dolores de artritis, yo _____.

6. Si yo hubiera podido tomar la decisión final sobre la presentación por televisión de un acto de eutanasia, yo _____.

7. Si yo hubiera pedido una inyección letal a causa de mi sufrimiento y nadie me hubiera prestado atención, yo _____.

Ejercicios de vocabulario

A. **¿Qué palabra es?** Complete cada oración con una palabra lógica y correcta.

1. Algunos piensan que la eutanasia es un acto de compasión mientras otros dicen que es un acto _____.

2. Sería muy difícil abandonar la esperanza y _____ que debe morir.

3. Si el cerebro no responde, decimos que este ser es como un _____.

4. Muchos médicos se han _____ en sus decisiones.

5. Si yo estuviera en tal situación, no podría _____ la respiradora.

6. El corazón puede seguir _____, pero el cerebro ha muerto.

7. Me sentiría muy _____ si tuviera que permitir la muerte de un ser amado.

8. Muchos se habían desesperado antes, pero muchos también mantuvieron _____.

9. Nadie debe causar la muerte de otro aun por razones _____.

10. Con todos los avances que la _____ ha logrado, siempre hay esperanzas.

B. Yo pienso que... Complete cada oración con su propia opinión.

1. La eutanasia es un acto bondadoso porque _____.

2. Debemos condenar la eutanasia porque _____.

3. Si un familiar mío estuviera sufriendo sin remedio, yo _____.

4. Si yo estuviera en esa situación, yo querría que mi familia _____.

5. Nadie quiere ver que otro sufra, pero _____.

C. Opiniones. Con un(a) compañero(a), decidan si están de acuerdo con las siguientes afirmaciones. Explíquenle sus razones con claridad al resto de la clase.

1. La eutanasia seguirá siendo ilegal porque apreciamos la vida.

2. La eutanasia será un problema mayor en el futuro porque habrá más gente con más posibilidades de prolongar la vida.

3. Yo nunca podría desenchufar la máquina respiradora de un ser humano.

4. En nuestra sociedad tan pragmática algún día aceptaremos la eutanasia.

Desafío de palabras

Busque en el segundo grupo de palabras un sinónimo para cada palabra del primero.

I.
apenas	aliento	gastado
tranquilo	compasión	desenchufar
circular	evitar	culpable
avance	ínfimo	sabio
privar	trastorno	trascendental

II.

progreso	casi no	inteligente
quitar	importante	molestia
sereno	desconectar	responsable
lástima	usado	girar
pequeño	eludir	respiración

10

La migración

El tema de la migración es de una amplitud* y alcance tan trascendental que sería necesario todo un libro para enfocarlo,* aunque fuera en forma introductoria y elemental.

Tanto la nación de los que salen emigrantes como la nación a la que entran convírtiendolos en inmigrantes, reciben el impacto y las consecuencias que conllevan* estas salidas y entradas de grandes masas de seres humanos. Sin embargo, es nuestro propósito en esta ocasión circunscribir o limitar este asunto a lo que en los últimos tiempos y precisamente en este nuevo milenio, está confrontando los Estados Unidos de América: la inmigración en nuestro país.

Se ha dicho y se repite que los Estados Unidos es una nación, un pueblo de inmigrantes, desde la llegada de los puritanos del Mayflower hasta las grandes inmigraciones de personas de toda Europa en las últimas décadas del siglo XIX y los albores* del siglo XX.

Ahora, diariamente, es decir, todos los días, leemos, vemos y oímos a través de los medios de información y comunicación: prensa, televisión y radio, los sucesos* que se producen constantemente relativos a la entrada, en su mayoría ilegal, de miles y miles de hombres, mujeres y niños a través de la frontera sur de sus vecinos del norte, los Estados Unidos de América, y, en menor escala, por las costas del sur del estado de la Florida, e inclusive* por la frontera con el Canadá. La entrada por la frontera con México es alarmante, por ahí entran, a diario, un gran número de mexicanos y de casi toda la América Central: salvadoreños, costarricences, panameños, nicaragüences, hondureños, guatamaltecos. El flujo* de suramericanos, también, es considerable: colombianos, venezolanos, ecuatorianos, argentinos.

Esta invasión últimamente ha traído como consecuencia un debate descomunal* de carácter nacional desde el punto de vista económico, político, cultural, social. Las opiniones se multiplican a diario. Legisladores, senadores y representantes, tanto federales como estatales, están divididos en sus criterios controversiales. En síntesis, todo se reduce a si esta inmigración es buena y positiva para el país o, por el contrario, es mala y negativa. Muchos de los argumentos, de ambas partes, pueden considerarse sólidos y respetables y, consecuentemente, dignos de consideración. Trataremos de exponer, en forma breve y concisa, y con la mayor claridad posible, los pros y los contras, de este controversial y candente tema.

La inmigraciòn beneficia

La entrada diaria y constante de ciudadanos mexicanos por la frontera del Río Grande es altamente beneficiosa para la economía de la nación estadounidense. La agricultura de los estados, entre otros, de California, Texas y Oregón, se vería muy afectada y en peligro si no contáramos con esta inmigración mexicana que nos da la fuerza de sus brazos y el coraje de sus corazones para coadyuvar* en la plantación, regadío* y recolección de todos los productos agrícolas que nos dan las tierras de estos estados. El trabajo que estos hombres rinden* no es fácil, es duro, se necesita condición física bien fuerte para llevarlo a cabo.* Nosotros, los que nacimos aquí o llevamos tiempo viviendo en suelo americano, no deseamos realizar esta tarea, muy digna y respetable, pero, como hemos dicho antes, muy dura, extremadamente dura.

Es una lástima que estos hombres valerosos tengan, muchos de ellos, que entrar en forma ilegal, arriesgando sus vidas y las de sus familias en esta odisea,* muchas veces mortal. Toda esta inmigración, generalmente, se asienta* aquí, paga impuestos como todos nosotros, trata de asimilar la cultura anglo-sajona, aprenden inglés. Todos los miembros de la familia: padre, madre, hijos, son consumidores, compran carros, muebles, televisores, utensilios electrodomésticos, en fin, cuanto es necesario en un hogar.

Otra rama inmigratoria que se ha desarrollado extraordinariamente es la del sur de la Florida. ¿Qué era Miami hace cuarenta años? Una aldea* casi. Hoy es una de las ciudades más desarrolladas y conocidas en el mundo entero. Y esto se debe, en su mayor parte, a la oleada* de miles y miles de cubanos que, huyendo de la persecución del gobierno comunista implantado por la revolución encabezada por Fidel Castro, buscaban refugio en tierras americanas.

Estos son dos ejemplos, nada más, que ponen en evidencia los beneficios, los valores, la dinámica que impulsa, en todas las facetas de la vida, el desarrollo y la riqueza de la nación americana.

La inmigración es negativa y perturbadora

Esta inmigración latina o hispanoamericana, como quiera llamársela, es una plaga que ha invadido nuestro suelo. Como plaga al fin es necesario ponerla bajo control, dominarla, reglamentarla,* si es que ya no se puede eliminarla de raíz.

Los Estados Unidos se ha visto profundamente convulsionado con la entrada descomunal,* agobiante* y perturbadora de estas personas que han usado y siguen usando, toda clase de medios para lograr su propósito de venir a vivir a estas tierras de promisión.

Las autoridades americanas se han visto confundidas y agobiadas con tantos y tantos problemas que estas muchedumbres han creado a la nación. Decenas de leyes, reglamentos, ordenanzas y disposiciones se han puesto en vigor* para tratar de encontrar una solución al conflicto.

Este éxodo de individuos provenientes de Centro y Sur América presenta una fisonomía heterogénea. Su principal objetivo es hacer dinero por cualquier medio. México, Guatemala, El Salvador, Honduras, Nicaragua, Costa Rica, Panamá, Venezuela, Colombia, Perú, Ecuador, Bolivia, Chile, Brasil, Argentina, Uruguay, Paraguay, en su gran mayoría países pobres, con gobiernos poco escrupulosos, ineptos, corruptos, con gobernantes que no intentan servir a sus pueblos sino a ser servidos y a enriquecerse. Los pueblos que los componen son pueblos con escasas y difíciles oportunidades de alcazar un nivel de vida económico de clase media bajo. La gran mayoría, más de un ochenta por ciento, es la masa con una alta tasa de desempleo y los demás con míseros salarios que a penas alcazan para mal comer.

La frontera que separa a México y los Estados Unidos se ha convertido en una de las trampas más trágica y mortal que existe en la actualidad. Últimamente un crecido número de seres humanos pretenden* entrar en suelo americano valiéndose de una serie de individuos que se conocen con el nombre de "coyotes" que cobran hasta dos mil dólares por cada persona. En muchos casos estos "coyotes" dejan abandonados a estos infelices, a los que llaman "indocumentados" y los cuales mueren tratando de atravesar las tierras desérticas a causa de la deshidratación que origina el intenso sol y calor. Otros mueren ahogados en las aguas turbulentas del río. No hace mucho tiempo, unos "coyotes" dejaron encerrados en un camión-tráiler a más de cien indocumentados, muriendo asfixiados por el calor más de treinta de ellos.

El costo de la vigilancia de la frontera es astronómico, ascendiendo a miles de millones de dólares. Sinceramente, no hay razón válida para que tengamos que pagar tan alto precio en el control de esta calamidad.

ACTIVIDADES Y DISCUSIÓN

- ¿Por qué debemos o, al contrario, no debemos limitar la inmigración a este país?

- Si imponemos límites a las entradas de inmigrantes, ¿será un modo efectivo de detener el terrorismo?

- ¿Consideran Uds. que las fronteras de este país se deben controlar más? ¿Cómo?

- ¿Por qué hay más problemas con la frontera con México que con la del Canadá?

- Cuéntanos un ejemplo positivo y otro negativo de tu experiencia personal de algún aspecto de la inmigración o algún inmigrante.

- ¿Puedes hablar y comentar sobre cómo vino tu familia a este país como inmigrantes? ¿Era difícil su inmigración?

- En tu opinión, ¿qué grupo de inmigrantes ha contribuido más a la cultura de este país? ¿Por qué opinas eso?

Vocabulario

agobiante
que molesta y causa problemas

albor (el)
comienzo, principio, primera luz del día

aldea (la)
ciudad pequeña, pueblo

amplitud (la)
extensión

asentar (ie)
sentar o poner en un lugar como una silla

coadyuvar
ayudar, cooperar, colaborar

conllevar
llevar una cosa con otra(a)

descomunal
no común, irregular, no normal

en vigor
que tiene fuerza legal

enfocar
ver bien, estudiar

flujo (el)
movimiento, corriente

inclusive
también, que incluye, además

llevar a cabo
terminar, realizar, lograr, completar

odisea (la)
viaje difícil

oleada (la)
ola grande, movimiento grande o en masa

pretender
querer, tener la intención

regadío (el)
efecto de echar agua en alguna tierra para ayudar en su cultivo

reglamentar (ie)
sujetar a la ley o a las reglas, hacer legal un acto

rendir (i)
ofrecer, dar

suceso (el)
evento

11

La salud y la medicina

Opiniones de la gente de la calle

Estar sentada durante ocho horas frente a una máquina de coser me produce dolores en la espalda. Mi médico me ha recetado algunas medicinas, pero sin buenos resultados. Voy a tratarme con un quiropráctico como un remedio alternativo.
—Ester, obrera de una fábrica de confección de ropa.

Mi profesión exige condiciones físicas óptimas. Cuido mucho mi dieta. No fumo, no bebo, duermo ocho horas diarias. Mi salud es una prioridad en mi vida y siempre estoy bajo el cuidado y supervisión de mi médico.
—Luis, jugador profesional de baloncesto.

Nosotros no creemos en los médicos, ni en la medicina. Solamente Dios es capaz de curarnos cuando nos enfermamos y así es. Tengo un buen amigo que, aunque no pertenece a nuestra religión, me dice siempre que el 99 por ciento de las enfermedades se curan solas y el otro 1 por ciento no las cura ni el médico más sabio del mundo.
—Iván, miembro de una secta religiosa.

Para mí no hay mejor medicina que las hierbas. Dios nos ha proporcionado esas maravillosas plantas para que las usemos en nuestras dolencias. Son fantásticas y no tienen ningún efecto secundario, como lo tienen todas las medicinas químicas.
—Rosa, mujer de cincuenta años, ama de casa.

Les estoy muy agradecido a los médicos cirujanos. Hace unos meses sufrí un accidente en mi trabajo que por poco me cuesta la vida. El cirujano que me operó me la salvó, y hoy estoy totalmente restablecido y de nuevo en mis labores.
—Manuel, obrero de la construcción.

¿La acupuntura? ¡Nunca! Me horroriza pensar que me estén metiendo agujas en todo mi cuerpo. Afortunadamente gozo de buena salud y muy pocas veces siento algún malestar. De todas maneras tengo a mi médico y, regularmente, me hago un chequeo para comprobar si estoy bien.
—Diana, oficinista, veinte años.

La salud–medicina: convencional o alternativa

Todos queremos ser sanos, es decir, tener buena salud, o, en otras palabras, no padecer enfermedades o dolencias de ninguna clase. Sin embargo, podríamos asegurar que no existe ningún ser humano que no haya experimentado, en algún momento de su vida, una dolencia o enfermedad. Todos, en alguna ocasión, nos hemos sentido enfermos. Niños, jóvenes, viejos, hombres y mujeres, hemos padecido una enfermedad.

¿Qué hacemos cuando nos sentimos enfermos? Pues de inmediato nos viene a la mente el doctor, el médico. Tenemos que ver al médico, mejor dicho, que él nos vea, nos examine, nos ausculte, nos haga preguntas y, en definitiva, diagnostique qué enfermedad o dolencia estamos padeciendo. De inmediato nos recetará un medicamento, que se supone curará la enfermedad y nos devolverá la salud perdida. ¡Qué sencillo y simple es todo esto! Una visita al doctor, una medicina, y ya. Recuperamos la salud y todo está bien. Pero, realmente, ¿es así? Muchas veces las cosas se complican.

La historia de las enfermedades, de la medicina, de los tratamientos, de los sistemas curativos, es milenaria. Desde que el hombre es hombre, ha habido enfermedades, las cuales, en la mente del ser humano primitivo eran achacadas a la cólera de los dioses o a embrujamientos, y trataban de combatirlas con perfumes, amuletos y otras modalidades. Surgieron los curanderos, los brujos. Siglos después llegó Hipócrates, el padre de la medicina, y con él su famoso juramento, el cual, por cierto, se duda que realmente fuera él quien lo enunciara. De todos modos, sus principios y postulados se han seguido a través de la historia de la medicina moderna convencional.

Por otra parte, hoy está tomando mucho auge la llamada medicina alternativa. Entre los profesionales que practican esta medicina alternativa se encuentran los quiroprácticos, los herboristas, los que dan tratamiento de acupuntura, los terapeutas masajistas e, inclusive, muchos médicos convencionales que están aceptando, entre otros, los beneficios de las hierbas.

En general, todos usamos alguna clase de medicina. Sin embargo, hay personas que no creen en médicos ni en medicinas. Creen que sólo Dios puede curarlas. En los ensayos que siguen vamos a tratar en particular, un caso de éstos, y el conflicto que puede presentarse al buscar una solución.

Discusión

En grupos de tres o cuatro estudiantes, opinen sobre estos temas de la salud y las distintas clases de medicina que se están usando en el presente. Hablen de sus experiencias personales en relación con su salud: enfermedades, operaciones quirúrgicas, etc. Comenten sobre los médicos en general. Se dice que los médicos se han comercializado. Hablen de las operaciones innecesarias. Discutan y opinen sobre la quiropráctica, la acupuntura, los tratamientos a base de hierbas, la terapia de masajes. ¿Qué piensan Uds. del poder de la mente y del hipnotismo en la curación de enfermedades?

Un caso de emergencia

EL MÉDICO DEBE OPERAR

Estamos en la sala de emergencias de un hospital. De repente se oye el sonido de una sirena y luego aparece una ambulancia. Las puertas se abren y los encargados descargan una camilla donde se ve tendido a un niño de unos diez u once años. Lo encontraron desmayado de dolor en la calle, sufriendo un ataque de apendicitis.

El médico de guardia ordena que lo lleven a la sala de operaciones para intervenirlo quirúrgicamente. Pero en camino a la sala de operaciones, una enfermera mira al muchacho y lo reconoce como el hijo de los señores Fulano, miembros de una estricta secta religiosa cuyas doctrinas prohiben toda intervención médica, hasta la aspirina. Para ellos Dios es la única cura. Es la primera vez que el médico se encuentra en esta situación, en este dilema. Si notifican a los padres, es posible que el niño muera. Si operan, el hospital y el médico podrían verse acusados. ¿Qué hacer entonces?

En este caso no hay más que pensar. El derecho del niño a vivir trasciende cualquier otro derecho y consideración. ¿Qué ley es más natural y trascendente que la de conservar la vida? El muchacho, bajo estas circunstancias, no podría contestar, pero no hay duda que querría vivir, y él tiene este derecho natural. ¿Pueden los padres negárselo? No, porque sería igual que matarlo, y nadie tiene el derecho a matar. Ningún estado o persona puede decirle a otro que tiene que morir, a menos que por algún crimen merezca la ejecución oficial de la pena de la muerte. Las creencias de los padres interfieren con los derechos naturales del niño, y en este caso tienen menos fuerza. No niego que los padres tienen el derecho a seguir su conciencia, pero en este caso una creencia personal niega a otro un derecho más fundamental. Además el médico tiene la responsabilidad de salvar una vida; esto lo juró cuando se hizo médico, y sabe que el niño morirá sin su ayuda.

Siendo práctico, yo diría que debe operar y luego comunicarse con los padres, diciéndoles que el caso era tan grave que no había otra alternativa sino operar para salvarle la vida, aunque no tuviese el permiso de ellos.

EL MÉDICO NO DEBE OPERAR

Aunque a veces sea triste y hasta trágico, hay ciertos derechos en la vida que no se pueden negar, no importan las consecuencias. Uno de estos es el de los padres a decidir sobre sus hijos menores.

En nuestra sociedad el núcleo principal es la familia, la base de nuestra civilización; y en los asuntos familiares los que deciden por la familia son los padres. Como bien sabemos, somos débiles, ignorantes y aun crueles, pero así vivamos en el palacio más lujoso o en la barraca más pobre, ningún otro puede mandarnos en nuestro hogar. Ni el Estado, ni la Iglesia, ni un dictador, ni un abogado, ni un médico, por sabios que sean, tienen derecho a intervenir. El padre es rey en su casa, y en la triste emergencia a que nos hemos referido en el tema anterior, el padre es quien tiene la responsabilidad para con sus hijos. A veces va a decidir mal, pero nadie le puede negar el derecho a seguir su conciencia, aun cuando esté equivocado. En este caso, si el médico no llama a los padres, está invadiendo la casa de los Fulano, asumiendo derechos que no son suyos.

¿Permitiríamos que alguien entrara en nuestro hogar y nos dijera que no le gustaba como criábamos a nuestros hijos? ¿O que no debiéramos haber comprado ciertos muebles porque no eran tan buenos? ¿O que tuviéramos que ver un determinado programa de televisión? Claro que no, porque tenemos la libertad de criar a nuestros hijos como queramos o de comprar los muebles que nos gusten, aunque no sean del gusto de otros, o de ver el programa de televisión que nos agrade.

En cualquier aspecto de la vida siempre habrá alguien que sepa más que otros, pero al final somos nosotros los que decidimos por nosotros mismos, sea la decisión buena o mala. Si nos equivocamos, tenemos que sufrir las consecuencias. En el caso que estamos estudiando, tal vez los padres se equivoquen por sus creencias religiosas, pero tenemos que darles el derecho a decidir lo que crean justo y adecuado.

DISCUSIÓN

En grupos pequeños, discutan el caso hipotético y analícenlo, teniendo en cuenta los derechos de la familia, de los doctores, del hospital y del niño. Relaten algún caso similar que conozcan por experiencia personal o que han conocido a través de un libro, un programa, una película, etc.

Vocabulario

a menos que
excepto

achacar
imputar, atribuir

agradar
gustar

amuleto
objeto portátil al que se le atribuye
poderes mágicos y sobrenaturales

barraca
casa pobre y humilde

brujo
persona con poderes mágicos

camilla
cama ligera y móvil para transportar
enfermos de un lugar a otro

cirugía
proceso de curar enfermedades por
medio de operaciones

curandero
persona no médica que se dedica a
curar enfermedades

curar
sanar

de repente
inmediatamente, sin aviso

débil
de poca fuerza, no fuerte

descargar
quitar la carga

desmayarse
perder el conocimiento o el sentido

embrujamiento
efectos de ejercer sobre una persona
poderes mágicos

encargado
alguien que tiene que hacer algún deber
o tiene alguna responsabilidad

equivocarse
cometer un error

estar de guardia
estar alerta en espera de alguna
emergencia o peligro

expuesto
explicado, manifestado

impedir (i)
interferir, poner obstáculos

juramento
forma de promesa, palabra de honor

lujoso
rico, acomodado

médico de guardia
el primero que atiende los casos de
emergencia

quirúrgico
relativo a la cirugía

recetar
prescribir el médico una medicina

supuesto
caso hipotético

tender (ie)
extender

trascendente
lo que traspasa los límites

trascender (ie)
traspasar los límites de cierta cuestión

Repaso gramatical

LOS PRONOMBRES INDETERMINADOS O INDEFINIDOS *ALGUIEN* Y *NADIE*

- Estos dos pronombres pueden ser sujetos u objetos de verbos y, también, objetos de preposiciones. **Alguien** se refiere a una persona indeterminada o indefinida, y su uso implica que la acción es de carácter afirmativo o positivo. **Nadie** tiene un sentido negativo e implica que la acción verbal no se lleva a cabo. Estos pronombres son de tercera persona y se usan solamente en forma singular.

  > **Alguien** trajo a la niña al hospital. (sujeto de verbo)
  > **Nadie** puede cambiar las creencias religiosas de los otros. (sujeto de verbo)
  > Vimos a **alguien** en el hospital. (objeto de verbo)
  > Ayer no operaron a **nadie** de apendicitis. (objeto de verbo)
  > La médica discutió el problema con **alguien.** (objeto de preposición)
  > No pudimos hablar con **nadie.** (objeto de preposición)

- En los casos del uso de **nadie** como pronombre sujeto, es común en español usar la palabra **no** para enfatizar el sentido negativo de la acción. En este caso se antepone el verbo al pronombre.

  > **Nadie** quiso ver al médico.
  > **No** quiso **nadie** ver al médico.

A. **¿Quién?** Usando los pronombres **alguien** o **nadie,** según sea afirmativa o negativa la oración, cambie los sujetos de las siguientes oraciones.

Modelos: **La enfermera** llamó al médico.
　　　　　Alguien llamó al médico.
　　　　　El abogado no llamó al médico.
　　　　　Nadie llamó al médico.

1. **El niño** sufrió un ataque de apendicitis.

2. **Las enfermeras** reconocieron al muchacho.

3. **Los padres** tienen el derecho de decidir.

4. En este caso, **el médico** no debe operar.

5. No puedo creer que **el niño** muriera durante la operación.

6. **El padre** no permitió que hablaran del asunto.

B. ¿Alguien o nadie? Cambie los objetos de verbos u objetos de preposiciones usados en las siguientes oraciones por los pronombres indefinidos **alguien** o **nadie,** según requiera el caso.

Modelos: Vimos al **padre** en la sala de emergencias.
*Vimos a **alguien** en la sala de emergencias.*
El médico no operó a **Tomás.**
*El médico no operó a **nadie.***

1. El médico quiere ver a **la enfermera.**
2. El cirujano no debe consultar con **los padres.**
3. La enfermera no llamó al **padre.**
4. El médico está invadiendo la casa de **los Fulano.**
5. El hospital le notificó el caso a **la policía.**
6. No tengo el derecho de criticar a **la enfermera.**

LOS INDEFINIDOS *ALGUNO* Y *NINGUNO*

- Estos dos indefinidos se usan como adjetivos o pronombres. Como adjetivos, concuerdan en género y número con el nombre que modifican, y cuando se anteponen a un nombre masculino singular, pierden la vocal final **o.** Normalmente estos adjetivos se usan anteponiéndolos al nombre.

  Algunas preguntas son difíciles de hacer.
  No respondieron a **ninguna** pregunta.
  ¿Tienen ustedes **algún** derecho que reclamar?
  No tenemos **ningún** derecho que reclamar.

- Como pronombres, pueden ser sujetos u objetos del verbo, y su género depende del antecedente nominal a que se refieren. **Alguno** puede tomar la forma plural, aunque **ninguno,** por ser un negativo, generalmente se usa sólo en singular.

  ¿Vinieron hoy las **enfermeras** a trabajar? (antecedente nominal)
  Algunas vinieron. (pronombre sujeto)
  Ninguna vino. o **No** vino **ninguna.** (pronombre sujeto)
  ¿Has visto a **los pacientes** hoy? (antecedente nominal)
  He visto a **algunos.** (pronombre objeto)
  No he visto a **ninguno.** o A **ninguno** he visto. (pronombre objeto)

- Puesto que **ninguno** es negativo y da la idea de no existencia, se usa en la forma singular. Cuando **ninguno** tiene función adjetival, el nombre también se emplea en singular. Sólo en casos poco frecuentes se usa en la forma plural. Por ejemplo, se dice:

  No tengo **ningunas** ganas.

Y a menos que se espere una respuesta negativa, tampoco se usa ninguno en preguntas.

¿No le queda **ninguna** pregunta más que hacerle a la médica?

C. ¿Cuántos? Haciendo uso de **alguno** o **ninguno** como adjetivos, cambie las siguientes oraciones.

Modelos: Mi médico me ha recetado las medicinas.
*Mi médico me ha recetado **algunas** medicinas.*
Las medicinas no son malas.
Ninguna medicina es mala.
No es mala **ninguna** medicina.

1. **El enfermero** no puede sustituir a la médica.

2. **Las** creencias religiosas son buenas.

3. **Las** hierbas no tienen efectos secundarios.

4. **Muchos** padres son ignorantes y crueles.

5. **Todos los** seres humanos han experimentado una enfermedad seria.

6. **Las** sociedades no son perfectas.

7. **El** Estado no debe decidir por nosotros.

8. Afortunadamente, muy pocas veces siento **un** malestar.

D. ¿Alguno o ninguno? Conteste las siguientes preguntas negativamente con pronombre y luego afirmativamente.

Modelos: ¿Algunos padres tienen derechos sobre la vida de sus hijos?
*No, **ninguno** tiene derechos sobre la vida de sus hijos.*
*Sí, **algunos** tienen derechos sobre la vida de sus hijos.*

1. ¿Algunas personas creen que el médico no debió operar?

2. ¿Son difíciles de resolver algunas situaciones?

3. ¿Algún derecho es más importante que el derecho a vivir?

4. ¿Deben algunos gobiernos intervenir en estos casos?

5. ¿Algunos médicos se han comercializado?

6. ¿Son malas algunas medicinas?

LOS INDEFINIDOS *ALGO* Y *NADA*

- **Algo** es afirmativo, mientras que **nada** es negativo, y ambos vocablos dan una idea indefinida o indeterminada. **Algo** y **nada** sólo se usan en singular y tienen funciones de pronombres o de adverbios. Como pronombres, pueden ser sujetos u objetos de verbos, y como adverbios, generalmente modifican un adjetivo.

Algo está pasando en la sala de operaciones. (pronombre sujeto)
Nada tiene más importancia que la vida. (pronombre sujeto)
¿Tiene usted **algo** para mí? (pronombre objeto)
No tengo **nada** para usted. (pronombre objeto)
La operación fue **algo** complicada. (adverbio)
El médico actuó en forma **nada** científica. (adverbio)

E. **¿Qué piensa Ud.?** En forma afirmativa primero y negativa después, conteste las siguientes preguntas.

1. ¿No haría usted nada antes de llamar al hospital?

2. ¿Hay algo mejor que salvar una vida?

3. ¿Nada pudo decir el médico después de que el paciente murió?

4. ¿Está sucediendo algo en el hospital?

5. ¿Nada pudo hacer el abogado para defender al médico?

F. **Los adverbios.** Modifique las siguientes oraciones, añadiendo los adverbios **algo** y **nada.**

Modelo: Esa religión es antigua.
   *Esa religión es **algo** antigua.*
   *Esa religión no es **nada** antigua.*

1. El hospital tiene una sala de emergencias moderna.

2. La ambulancia llegó tarde.

3. El médico está nervioso.

4. El niño está mejor.

5. Este caso de emergencia ha sido difícil.

USO DE LOS ADVERBIOS *ALGUNA VEZ, NUNCA* Y *JAMÁS*

- **Alguna vez** y su forma plural **algunas veces** son afirmativos; **nunca** y **jamás** son negativos y prácticamente sinónimos. **Alguna vez** se suele usar para preguntar acerca de la realización de una acción. Al responderse a tal pregunta en sentido afirmativo, no debe repetirse o usarse esta expresión en su forma singular, aunque sí es posible usar su forma plural. Si la respuesta es negativa, se puede usar **nunca** o **jamás.** Cuando la respuesta que se espera es negativa, **nunca** o **jamás** pueden usarse también para formular preguntas: ¿Nunca has estado en un hospital? ¿Jamás has tenido un accidente?

Pregunta: ¿Has recibido **alguna vez** tratamiento de acupuntura?

   Respuestas Posibles

   Afirmativas: Sí, lo he recibido una vez.
   Sí, lo he recibido varias veces.
   Sí, lo he recibido **algunas veces.**
   Sí, lo he recibido tres veces.

   Negativas: **No, nunca** lo he recibido.
   No, jamás lo he recibido.
   No, no lo he recibido **nunca.**
   No, no lo he recibido **jamás.**

G. **¿Qué opina?** Conteste las siguientes preguntas en forma afirmativa y negativa.

   1. ¿Ha ingresado usted alguna vez en un hospital?

   2. ¿Nunca ha estado usted bajo el cuidado y supervisión de un médico?

   3. ¿Nunca se ha tratado usted con un quiropráctico como un remedio alternativo?

   4. ¿Han visitado sus padres alguna vez la Clínica de los Mayo?

   5. ¿Ha sufrido usted alguna vez un accidente en su trabajo?

H. **¡Trabajando en grupo!** En grupos de tres o cuatro, completen primero individualmente las siguientes frases para expresar su propia opinión sobre el tema sugerido. Después de que todos hayan dicho una oración, que defienda cada persona la idea u opinión que ha expresado.

   1. Si alguien tiene un niño que está muy enfermo...

   2. Algunos quiroprácticos...

   3. Ningún cirujano...

   4. En cuestiones de salud, ninguna creencia religiosa...

   5. Para algunas personas gravemente enfermas, la fe en Dios...

   6. Algunas veces las hierbas...

   7. En casos de emergencias médicas, nadie de la profesión legal...

   8. En algunos casos la acupuntura...

   9. No es nada ética una madre que...

   10. Si alguien cree que sólo Dios lo/la puede curar, pero su médico(a) le dice que va a morir sin una operación, esta persona...

11. Algunas operaciones...

12. Todos los médicos son algo...

13. Los abogados no son nada...

14. Cuando hay un conflicto entre la medicina y la religión, nunca se puede justificar...

15. Jamás puedo creer...

Ejercicios de vocabulario

A. ¿Qué palabra es? Complete cada oración con una palabra lógica y correcta.

1. En la sala de emergencias de las ciudades _____ se puede ver a muchas víctimas de accidentes y crímenes.

2. El médico de guardia en la sala de emergencias generalmente es _____ sin mucha experiencia.

3. Algunas _____ religiosas prohíben el uso del alcohol.

4. El _____ a vivir es algo fundamental.

5. El médico tiene la responsabilidad de _____ la vida de su paciente.

6. En los casos morales debemos seguir lo que nos dice nuestra propia _____.

7. En general, los padres deben _____ sobre los asuntos de sus hijos.

8. En su propia casa los padres son como los _____ en su palacio.

9. Los padres tienen la libertad de criar a sus propios _____.

10. Nadie puede _____ a nuestra casa y mandarnos.

B. Yo pienso que... Complete cada oración con su propia opinión.

1. Algunos creen que las sectas religiosas que prohíben el uso de la medicina están equivocadas porque _____.

2. Los médicos deben pensar primero en salvar la vida que en cuestiones legales porque _____.

3. Nadie puede mandarme en la crianza de mi propia familia porque _____.

4. Si en este caso de emergencia el niño muriera, _____.

5. Aunque el derecho de los padres sea fundamental, _____.

C. Opiniones. Con un(a) compañero(a), decidan si están de acuerdo con las siguientes afirmaciones. Explíquenle sus razones con claridad al resto de la clase.

1. Algunos líderes de las sectas religiosas son fanáticos que pueden poner en peligro la vida de su gente.

2. Con todo lo que sabemos hoy en la ciencia y en el mundo natural, las religiones no deben mantener ciertas creencias anticuadas.

3. El médico de hoy no puede pensar sólo en salvar la vida de su paciente, pues vivimos en un mundo muy complicado legalmente.

Desafío de palabras

Busque las palabras del segundo grupo que son sinónimos de las del primero.

I.

sala	luego	tendido
trascender	contestar	salvar
grave	alternativa	lujoso
sabio	quitar	agradar

II.

después	rescatar	traspasar
rico	serio	posibilidad
acostado	responder	inteligente
tomar de	satisfacer	cuarto

12

La censura

Opiniones de la gente de la calle

Necesitamos hacer frente a esta corriente de basura que ha invadido nuestros hogares a través de la televisión, y ahora por el Internet. Es increíble lo que los niños pueden ver ahora a cualquier hora del día; escenas de sexo, charlas con perversos y toda la violencia que se ve en los canales de música.
—Rosa, maestra, madre de tres hijos.

No me gusta todo lo que veo ni en el cine ni en la televisión, pero es el precio que pagamos por la sociedad libre que tenemos. Es mejor permitir esos excesos que restringir demasiado la libertad de expresión.
—Cecilia, abogada y feminista.

Mis películas favoritas y los programas que veo más son los que tienen mucha acción y violencia. Me gusta ver la sangre y las matanzas porque me emocionan. Yo sé que a los padres no les gusta, pero es lo que está pasando en las calles todos los días; no podemos evitarlo.
—Jaime, adolescente.

Puedo simpatizar con la gente que piensa que algunos discos que hemos hecho han sido ofensivos, pero eso es lo que quiere oír mucha gente, y tenemos el derecho y el deber de complacer al público. Si hay gente que no quiere oír este material, no tiene que comprarlo.
—R. L. Sims, ejecutivo de una empresa de música.

Me gustaría poder complacer a toda la gente que quiere parar todo el material ofensivo que está entrando en las casas hoy, pero nuestra constitución dice muy claramente que la libertad de expresión es un derecho básico y elemental en nuestra sociedad.
—Enrique Villanueva, político.

Si un artista no tiene la libertad de expresarse, su arte no vale nada. No me sorprende que la sociedad quiera limitar al artista, porque siempre ha sido así. Nadie quiere saber de la realidad y cómo los artistas la representan.
—Benjamín, artista joven.

La censura y la nueva tecnología

Por siglos la batalla entre la persona que quería decir algo y la otra que quería censurarle se ha luchado sin que se pueda declarar el ganador. En principio todos están de acuerdo en que el derecho de libertad de expresión existe, pero al mismo tiempo todos reconocen que se tiene que defender el bien público y el derecho de no permitir la expresión de lo que puede dañar y amenazar la existencia de la sociedad. En el siglo XX se ha visto crecer casi en forma desmedida la continuación de esta lucha, gracias a los nuevos inventos de esta época. La única diferencia hoy es que los artistas o los que quieren expresar sus ideas tienen más medios de efectuarlo, y su posible audiencia puede recibirlo en forma más fácil y accesible. Hoy no es sólo la idea escrita en papel o hablada en público lo que se trata de censurar sino lo que vemos en los cines o en los televisores caseros en los programas populares y lo más reciente: lo que aparece en el Internet, y por si acaso, lo que oímos en los CDs o cassettes que compramos.

Los temas sexuales y las escenas de violencia son los principales objetos de ataque de los defensores del bien público. En los guiones de las películas, los programas de televisión y las letras de la nueva música popular se oyen repetidamente tantas referencias al sexo y la violencia que éstas parecen normales y dignas de imitación. Están acabando con la moralidad de toda la sociedad, pero particularmente con la de los jóvenes, que fácilmente se pueden impresionar. ¿Cómo podemos controlar o limitar estas formas de expresión que dañan y acaban con la moralidad colectiva?

El Internet y los programas de televisión entran a nuestros hogares de una forma muy fácil. Un programa de una red grande lo puede ver a cualquier hora un niño que no es capaz de distinguir lo que es real y lo que es una ficción violenta. Algunos dicen que es fácil apagar el aparato y no permitir que se vea esa transmisión, pero hay muchas veces cuando los padres no están en casa o no se han dado cuenta del contenido del programa. Así, los niños pueden estar mirando programas que hablan de lo bonito que es el sexo o lo emocionante que es la violencia sin que lo sepan los padres.

El Internet ha abierto nuevos mundos de información para todos, pero particularmente para los jóvenes. Casi podemos decir que cada familia que ha comprado una computadora tiene al mismo tiempo una biblioteca llena de libros e información. Sin embargo, hay los que han aprovechado esta maravilla para transmitir otra forma de información que puede ser de valor negativo en muchos lugares. La curiosidad del niño puede vencer las lecciones de moralidad que los padres le han enseñado. ¿Cómo se puede resolver el problema? Algunos extremistas proponen que censuremos cuidadosamente el material que se transmite por el Internet, pero muchos insisten en que los padres asuman la autoridad en sus casas de no permitir material que pueda ofender.

Los derechos de varios individuos se ponen en juego en esta cuestión: los del artista que quiere expresar su idea, los de la familia que no quiere tener este material en su casa, los de la audiencia que quiere recibir este material y los de la sociedad en general que no quiere verse en conflicto. Hace falta que aparezca un juez con la sabiduría de Salomón que decida este asunto, pero somos nosotros los que hemos creado este problema y tendremos que ser nosotros los que lo resolvamos.

DISCUSIÓN

En grupos pequeños, discutan los nuevos problemas que ha creado el invento del Internet. ¿Hay forma de limitar y controlar el material que se transmite por él? ¿Cuál es este remedio? ¿Cuáles son los límites al derecho de libre expresión si controlamos el Internet? Hablen de los programas que se transmiten por las redes grandes y por los canales más pequeños del cable. ¿Hay demasiado énfasis en material sexual y violento en muchos programas? ¿Cómo afecta esto a la sociedad en general?

Apoyo la censura

Aunque básicamente estaría en contra del concepto de la censura, veo en ella algo esencial en cualquier sociedad: la necesidad de proteger al público de la mentira, del libelo, de la indecencia. El objetivo de la censura no es el de sofocar ni coaccionar al verdadero artista, científico o periodista que trata de buscar la verdad y formas nuevas de expresión, sino el de prohibir la obra de los artistas falsos, de los pseudocientíficos, de los vendedores de la suciedad y la pornografía, de los que abusan y se aprovechan de la sociedad.

¿No tenemos regulaciones y leyes en cualquier nación, aun en la más democrática y libre? Claro que las tenemos, porque son necesarias para el orden público y la protección del ciudadano. Tenemos leyes civiles, federales, estatales, municipales y más fundamentalmente, leyes morales y naturales, porque sólo con ellas se puede tener una vida más o menos tranquila y ordenada. Sin ellas, lo que nos espera es la confusión y el libertinaje, que trae como resultado que el bien común se deteriore, se debilite, se vea en peligro.

Sin duda que hay regímenes opresivos que abusan del poder de la censura pero, lógicamente, lo útil y necesario no se debe eliminar por el hecho de que unos cuantos hagan un mal uso de ella. La libertad es el don más preciado del hombre, ¿no abusan muchos de ella? Por eso, ¿vamos a eliminarla? Naturalmente que no.

Un ejemplo de esta eliminación de la censura lo tenemos en Dinamarca, donde se ha abolido por completo, lo cual ha traído como consecuencia una proliferación de "literatura" que podríamos considerar pornográfica, así como ilustraciones, fotografías y películas en las que se presenta la sexualidad en todas las manifestaciones imaginables. En los Estados Unidos, en los últimos tiempos, ha aumentado considerablemente también esta clase de producción, aunque existe cierta censura y se trata de controlar su distribución. ¡Pero hay que ver los escaparates de algunas tiendas de Nueva York, Los Ángeles, Chicago y otras principales ciudades! ¡Cómo exhiben esa clase de "literatura"!

Claro que la censura es una medida de excepción y, como tal, debe ser aplicada con mucho tacto y prudencia, pero no hay duda de que es necesaria para proteger a la sociedad de los desmanes y las insolencias de unos cuantos malintencionados e irresponsables.

Sin censura

En mi opinión la palabra censura quiere decir "falta de libertad": la falta de libertad de expresión para el periodista, para el escritor, para el artista, lo que es, en suma, la supresión de la verdad o la realidad. ¿No me creen? Pues, ¿cuál es el objeto de la censura sino el de anular a los que tienen el derecho de expresar lo que quieren decir? No me hablen de la protección o la vigilancia del público, porque ésa es la misma razón que dieron las autoridades de la Santa Inquisición, las de la policía de Hitler, de Stalin y de todos los gobiernos autocráticos de la historia. "¡Oh, sí! Son sentimientos nobles para proteger al público de Galileo, de Zola, de Jefferson, de los escritores capitalistas, de las ideas democráticas, de nuevas formas artísticas, de los frutos de las imaginaciones más fértiles que ha producido este mundo", comentaba irónicamente un amigo mío cuando conversábamos sobre este asunto.

Lo que resulta de todo ello es la supresión de estas grandes facultades creadoras, suprimidas por hombres y fuerzas opresivas que, precisamente, carecen de lo que quieren amordazar: el poder intelectual de saber la verdad o el anhelo de buscarla. Para ellos la fuerza física o legal (muchas veces mal ganada) reemplaza la imaginación, el arte, la ciencia y la verdad. Haciéndose pasar por "los perros guardianes" de la sociedad, tratan de conformar a los que buscan sendas nuevas.

Según ellos, todo el mundo tiene que ser del mismo molde, tiene que tener las mismas creencias, tiene que obedecer al mismo líder de turno, poniéndose como pretexto la seguridad del Estado, de la Iglesia, del comunismo, del fascismo, del patriotismo o tal vez de la democracia. ¿Qué libertad hay? Pues, la "libertad" de seguir lo que dice el gobierno, o el dictador, o la Iglesia. Si uno no quiere conformarse, puede ser que su suerte sea la de un Galileo o la de un Sócrates. ¡Qué horror!

Después de años de investigaciones científicas, de labor incansable, de búsquedas interminables, un genio alcanza por fin un hecho, un pequeño grano de la realidad, y su premio es la persecución, que a veces le hace contradecir aquello a lo cual ha dedicado toda una vida. No creo que haya peor consecuencia para el que busca la verdad.

DISCUSIÓN

En grupos, debatan los pros y los contras de la censura. Apoyen sus opiniones con hechos históricos para que todos vean lo eficaz de sus conclusiones.

Vocabulario

amenazar
darle a entender a otro que quiere hacerle mal

amordazar
callar, imponer silencio

anular
cancelar, borrar

aprovecharse
emplear bien alguna cosa o situación

asumir
tomar control

búsqueda
investigación

carecer
no tener, faltar

coaccionar
forzar, obligar

contradecir
decir lo contrario, negar

desmán (el)
exceso

desmedido
excesivo

don (el)
talento especial, habilidad natural

efectuar
realizar, lograr

en suma
en resumen

erradicar
eliminar

escaparate (el)
ventana o cristal de una tienda que muestra lo que se vende

estatal
del Estado

funesto
fatal

genio
persona de gran inteligencia

guión (el)
texto de un programa o película

hecho
acción, obra, realidad

incansable
que no se cansa nunca

libelo
escrito en que se difama a alguien

libertinaje (el)
libertad sin límites

medida
medio, recurso

medio *(adj.)*
común, ordinario

mentira
irrealidad, algo falso

ordenado
en orden, organizado

pleito
contienda o disputa legal entre dos partes

premio
remuneración, ganancia

red (la)
organización con ramas o partes en muchos lugares

reemplazar
sustituir

resucitar
salvar, revivir

restringir
limitar

senda
camino, caminito estrecho

sofocar
impedir, dominar

suprimido
omitido, prohibido

Repaso gramatical

EL INFINITIVO

- Cuando nos referimos al infinitivo, por lo general expresamos la forma verbal en su estado abstracto, impersonal y básico. Por ejemplo, cuando decimos **amar, comer** o **vivir,** expresamos una acción sin indicar persona, tiempo o modo. Pero no es ésta la única función gramatical del infinitivo. Además de verbo, puede emplearse como nombre o sujeto de una cláusula, como objeto de otro verbo y como objeto de una preposición. En cualquiera de sus funciones, el infinitivo va acompañado de otro verbo y, como sujeto, normalmente del artículo **el.**

> El **deber** del artista es **ir** adonde su creatividad lo lleve.
> **Censurar** los programas de televisión es la responsabilidad de los padres.
> Nadie quiere **saber** de la realidad y cómo los artistas la representan.
> Necesitamos **hacer** frente a esta corriente de basura que ha invadido nuestros hogares a través de la televisión y ahora por el Internet.
> Si un artista no tiene la libertad de **expresarse,** su arte no vale nada.
> **Supervisar** el uso de la computadora en casa es una práctica de muchos padres.
> En general, **el censurar** no es bueno.

A. Los infinitivos. Cambie el nombre o sujeto a la forma del infinitivo.

Modelo: **La vigilancia sobre** la computadora no era nada fácil.
   Vigilar la computadora no era nada fácil.

1. **La obediencia a** las leyes de la censura ayuda a mantener el poder de una dictadura.
2. **El rechazo de** lo malo y pornográfico en la literatura es un derecho del individuo.
3. **La creación de** discos que complacen al público es el negocio de las empresas de música.
4. En el periodismo, **la decisión de** publicar una crítica al gobierno no es discutible.
5. **El control de** lo que veían los niños por televisión era una tarea difícil para la madre.
6. Según los religiosos y otros muchos, **la erradicación de** la pornografía es esencial.
7. **La compra de** material ofensivo es la opción del consumidor.
8. **La eliminación de** tanta violencia en sus programas es una responsabilidad de las grandes redes de televisión.

9. **La protección de** nuestra libertad de expresión es un fundamento de la democracia.

10. **La selección** entre lo bueno y lo malo está al arbitrio del individuo.

USO DEL INFINITIVO DESPUÉS DE UNA PREPOSICIÓN

- En español, cuando una forma verbal es objeto de una preposición, se usa el **infinitivo.**

    Hay personas que piensan que algunos de nuestros discos son ofensivos, pero tenemos el derecho **de complacer** al público.
    Hay los que se han aprovechado del Internet **para transmitir** información que puede ser de valor negativo.
    Mucha gente dice que la censura es necesaria **para proteger** a la sociedad de unos cuantos malintencionados e irresponsables.
    ¿Por qué tiene la gente miedo **de ver** algo tan lindo como el cuerpo humano?

B. Verbos. Sin usar el mismo verbo más de una vez, complete las siguientes oraciones con un infinitivo lógico.

Modelo: Sin _____ la televisión, será imposible quitarle el sexo y la violencia a este medio de comunicación.
*Sin **censurar** la televisión, será imposible quitarle el sexo y la violencia a este medio de comunicación.*

1. La prensa libre le sirve a una democracia para _____ a los ciudadanos.

2. Para _____ la censura, es necesario proteger la primera enmienda de la Constitución.

3. No me gusta todo lo que veo en el cine ni en la televisión, pero es el precio que pagamos por _____ una sociedad libre.

4. Los que apoyan la censura tienen la libertad de _____ sus ideas sobre este tema.

5. En vez de _____ la censura, necesitamos proteger la libre expresión, cueste lo que cueste.

6. Según la mayoría de los religiosos, debemos luchar constantemente para _____ el cáncer de la pornografía.

7. Sin _____ algunos excesos, nos arriesgamos a restringir demasiado la libertad de expresión.

8. Antes de _____ medios de comunicación sin control ninguno, nuestra sociedad tiene que descubrir alguna manera de proteger a los jóvenes.

9. Al _____ su novela, su drama o su poema, el escritor o la escritora necesita sentirse libre de cualquier censura oficial.

10. Todavía no se ha descubierto una manera de _____ por completo la pornografía infantil.

PALABRAS QUE TERMINAN EN -MA Y QUE SON DE GÉNERO MASCULINO

- Hay un buen número de palabras en español que terminan con la sílaba **-ma** y que son de género masculino.

  La censura es **un tema** muy complicado.
  ¿Te gustan **los poemas** líricos?
  Él ha dicho varias veces que tiene **muchos problemas** con la cantidad de **programas violentos** en la televisión.

  A continuación se citan las de uso más común:

anatema	enigma	problema
cablegrama	esquema	programa
clima	fantasma	síntoma
diagrama	idioma	sistema
dilema	lema	telegrama
dogma	panorama	tema
drama	poema	teorema

C. **Del singular al plural.** Cambie las siguientes oraciones al plural.

Modelo: Es **un tema** largo.
  *Son **unos temas** largos.*

1. El problema de la censura es muy grave.

2. Es un bonito idioma.

3. El drama era muy trágico.

4. El sistema para la censura es sencillo en los países autocráticos.

5. ¿Te gusta el clima frío?

6. Es el enigma artístico.

7. El programa violento es malo.

8. El dogma era católico.

9. Es el dilema humano.

10. Apareció el fantasma.

D. ¡Trabajando en grupo! En grupos pequeños, que complete cada persona las siguientes oraciones según su opinión personal. Después, cuando todos hayan expresado su opinión, que siga una conversación sobre las distintas ideas y opiniones presentadas.

1. El expresarse libremente tiene límites porque _____.

2. Para resolver el problema de la pornografía, sería necesario _____.

3. Muchas personas tienen miedo de mirar el cuerpo humano porque _____.

4. Los padres no pueden saber el contenido de los muchos programas de televisión sin _____.

5. La Biblia contiene temas sexuales, incluso poemas eróticos, y escenas de violencia, pero poca gente quiere censurarla porque _____.

6. Poder usar el Internet libremente es importante para _____.

7. Ver escenas de violencia es peor que ver las de sexo porque _____.

8. Para proteger a los muy jóvenes de las escenas de sexo y violencia que son tan accesibles hoy en día por los medios de comunicación de masas, tenemos que _____.

Ejercicios de vocabulario

A. ¿Qué palabra es? Complete cada oración con una palabra lógica y correcta.

1. La _____ es una forma de restricción de la libertad de expresión.

2. Muchas personas _____ la censura por estimarla necesaria para _____ a la sociedad.

3. La pornografía está _____ en todos los países del _____.

4. Cuando la libertad no está controlada, se convierte en _____.

5. La libertad es el don más _____ del hombre.

6. ABC, CBS y NBC son tres _____ grandes de EE.UU.

7. Los guiones de muchas películas y programas tienen _____ de contenido _____.

B. Yo pienso que... Complete cada oración con su propia opinión.

1. La censura nunca es recomendable, porque _____.

2. La pornografía, en todas sus manifestaciones, es peligrosa porque _____.

3. Las naciones gobernadas por una dictadura hacen uso de la censura, porque
_____.

4. En los Estados Unidos nunca ha funcionado la censura, debido a que
_____.

5. En los países dictatoriales siempre ha habido censura, debido a que
_____.

6. Si tratamos de censurar el Internet, _____.

7. A menos que protestemos del material ofensivo de los programas de hoy,
_____.

C. **Opiniones.** Con un(a) compañero(a), decidan si están de acuerdo con las siguientes afirmaciones. Explíquenle sus razones con claridad al resto de la clase.

1. La pornografía, en general, no constituye un peligro para la sociedad.

2. A veces, la censura de prensa es necesaria para evitar caer en el libertinaje.

3. Dinamarca es uno de los países donde existen menos crímenes de origen sexual.

4. El derecho a expresar lo que uno quiere decir no debe tener excepciones.

5. Las dictaduras hacen uso de la censura porque tienen miedo a la verdad.

6. El sexo y la violencia son los temas principales en los filmes, los programas de televisión y las canciones populares de hoy.

Desafío de palabras

Busque las palabras del segundo grupo que son sinónimos de las del primero.

I.		
amordazar	acción	verdad
desmán	pretexto	restringir
omitido	fatal	pseudo
camino	abolir	orientar
forzar	esencial	exhibir

II.		
senda	suprimir	dirigir
limitar	falso	mostrar
coaccionar	callar	primordial
excusa	obra	realidad
funesto	exceso	suprimido

13

El suicidio

Opiniones de la gente de la calle

Un amigo mío se suicidó el año pasado. Él estaba muy deprimido y frustrado por su trabajo y no podía hacer nada. Yo traté de animarlo, pero no quiso escucharme. Es una gran pérdida de talento, pero lo peor es que todos lo extrañamos mucho.
—**Gonzalo, artista joven.**

Ya tres de las amistades mías me han hablado de haber pensado en el suicidio. Nunca lo habría creído de una de ellas porque lo tiene todo. Es bella, viva, inteligente y le espera un gran futuro, pero me dijo que, a pesar de su radiante sonrisa, se dormía llorando muchas noches, sin saber por qué.
—**Tomás, estudiante diecinueve años.**

Perdí a mi hija cuando se suicidó a causa de la fuerte depresión que sufría. Ella siempre hablaba de lo triste que se sentía y que no veía el valor de vivir. No le hicimos mucho caso porque pensábamos que todo pasaría, pero un día no volvió a casa y el próximo día la encontraron muerta en la playa.
—**Mirta, oficinista y madre.**

La vida puede ser frustrante, pero es la única que nos dieron y tenemos que hacer algo con ella. Hay que gozar porque no sabemos cuando todo esto se acaba.
—**Ana Luisa, compositora.**

Yo siento que algún día tendré que suicidarme. Ha habido tres en mi familia, comenzando con mi abuelo hace quince años, un tío poco después y un primo joven hace tres años. Es inevitable.
—**Miguel, técnico de computadoras de veinticuatro años.**

Escena triste y diaria

Todos los días en los Estados Unidos se ve repetida más de 80 veces una escena que nadie quiere ver, el encuentro del cadáver o del cuerpo casi muerto de una persona que decidió suicidarse. Es una escena que puede horrorizar a cualquiera, aún al policía que la ha visto muchas veces. En la sección de obituarios de cualquier periódico de cualquier ciudad, podemos leer, a veces entre líneas, de la muerte inesperada de alguien, muchas veces de edad muy joven, víctima del suicidio.

Sus familiares y sus amigos cuentan casi la misma cosa, que no lo pueden entender, que tenía toda la vida por delante, una vida con mucha promesa, con mucha esperanza y mucho amor. Pero siempre hay uno o dos que sabían del lado oscuro de esa vida tan prometedora, el lado que sólo expuso el difunto a pocos. En ese lado nos enteramos de la angustia, de los tormentos y de los problemas que el pobre no pudo controlar, dándole razón para matarse y acabar con lo incontrolable.

¿Por qué hay tantos que a diario se suicidan y por qué muchos de ellos son jóvenes que apenas han comenzado a vivir? No hay respuesta fácil, pero hoy muchos que han estudiado el problema pueden asegurar que la solución está en el cerebro humano, y que el problema es más biológico que psicológico. Es decir, que en muchos casos, la condición se puede curar con un tratamiento de drogas de tipo antidepresivo. Siempre se ha pensado que la causa de los suicidios ha sido un golpe severo que todos hemos sufrido en la vida, como la muerte de un familiar, una relación perdida, un fracaso en el trabajo o sencillamente una vida que no satisface. Pero estos golpes se pueden vencer si el individuo tiene un cerebro sano físicamente.

Sólo ha sido en años recientes que los científicos han descubierto que el cerebro es un órgano bien complejo. Ahora estamos aprendiendo algo de esta complejidad, y hablamos de la serotonina que se encuentra en el cerebro y de los neuroreceptores que la necesitan para que el cerebro mantenga su funcionamiento sano. La condición externa, como la pérdida de un ser amado, es como una chispa que enciende el fuego que sólo arde porque había materia combustible. Sin el nivel adecuado de serotonina, el cerebro no tiene la resistencia necesaria para luchar contra la invasión de afuera, tal como un golpe triste que todos sufrimos en la vida. Este golpe es como un virus o un microbio que ataca al cuerpo debilitado, que algunas veces se derrumba ante el ataque. El cerebro no tiene con qué luchar contra las fuerzas que lo invaden. Todavía se le llama a esta condición "depresión", pero esta palabra sigue connotando algo psicológico y no una condición física. Podemos compadecer a las víctimas del cáncer y de las otras enfermedades letales. Sin embargo, si alguien está deprimido y quiere morirse, a veces pensamos que es débil y que puede curarse si quiere.

Antes, a la depresión se le llamaba "melancolía," una condición que fue tema de muchos libros y películas. En cierto sentido podíamos admirar a la persona que no había podido vencer la tristeza que sentía al haber perdido, en una forma u otra, a un ser querido. Esto fue lo que le pasó a la desafortunada Carlota de México, que no pudo entender que su amado Maximiliano hubiera sido ejecutado. La depresión o locura de Carlota es comprensible, pero hay otros casos que no son tan obvios.

Hace pocos años que el joven músico de rock, Kurt Cobain, se suicidó a pesar de todo lo que tenía y todo lo que iba a tener. Su muerte y muchas más siguen siendo misterios porque aparentemente los suicidas fueron personas que lo tenían todo menos, posiblemente, un nivel adecuado de esta substancia, la serotonina.

Ahora los psiquiatras y los psicólogos nos aconsejan que prestemos atención a nuestros familiares o amigos que parezcan estar deprimidos. Tenemos que ayudarlos y apoyarlos en sus horas de crisis para que sientan que su vida vale algo y que son amados. No debemos ignorar los síntomas de esta condición patológica porque puede ser fatal. Nunca se puede presumir que esta persona doliente va a salir de su "depresión". Hay muchos que no son capaces de lograrlo. Podemos debatir el derecho al suicidio, pero no debemos ignorar a los que no tienen defensas para resistir su condición enfermiza.

Tengo derecho al suicidio

Yo no quiero matarme ni sugiero que otro lo haga, pero estoy convencido de que toda persona tiene el derecho a decidir si quiere vivir o morir. Sé que técnicamente es un crimen, un pecado y una tragedia, pero también, filosóficamente, es un derecho personal que podemos ejercer si queremos.

Los que condenan el suicidio sólo lo contemplan desde el punto de vista negativo, la pérdida de la vida o el gasto de talentos o recursos personales. No hay duda de que tiene un aspecto negativo, pero todo aspecto de la vida lo tiene. No hay nada completamente feliz ni completamente infeliz.

La gloria o nobleza del suicidio se ve en el control que tiene el individuo sobre su vida y si quiere sostenerla. Si alguien no quiere seguir viviendo una existencia inútil, ¿quién puede decirle que necesita persistir en ese empeño deprimente que es su vida? Claro que podemos animarle para que vea lo bueno de ella, pero al mismo tiempo tenemos que afirmar su derecho a controlar su propio destino.

¿Cómo es que podemos glorificar el sacrificio que hicieron los mártires de la religión o los héroes de causas políticas y sociales, y al mismo tiempo condenar el suicidio de otros? Si alguien arriesga su vida con pocas probabilidades de salvarse, está haciendo algo igual a suicidarse, pero en este caso es un héroe, un mártir, no un suicida.

Si creemos que el suicidio es tan malo, debemos tratar de eliminar las causas que ayudan a provocarlo: la frustración, la miseria, las enfermedades mentales, las vidas inútiles y vacías. En efecto, tenemos que mejorar las condiciones de vida para todos los seres humanos, a fin de evitar más suicidios.

No debemos juzgar las razones ni los motivos por los cuales algunos toman la decisión de no prolongar su pena y sufrimiento. Ayudémoslos si podemos, pero no los condenemos si no hemos pasado por la misma situación. Como dice el refrán: "Es mi vida y yo la viviré". También tenemos que aceptar lo contrario: "Es mi vida y yo no la viviré".

Nadie tiene derecho a suicidarse

La vida es preciosa y nunca se debe desperdiciar. Por muchas razones, rechazo por completo que el suicidio sea la solución para una vida difícil. Veámoslas una por una.

Muchos piensan en suicidarse porque han tropezado con una barrera que les parece insuperable. Estas barreras son, sin excepción, vencibles si buscamos la ayuda de otro que como testigo imparcial pueda ver la salida o solución. Es cuestión de paciencia, no de dispararse una bala en la cabeza.

¿Qué se resuelve con el suicidio? Yo afirmo que nada, porque el problema, real o imaginario, sigue existiendo filosóficamente. Por ejemplo, alguien que quiere morir por haber perdido en el amor, a través de su muerte sigue perdiendo, o mejor dicho, definitivamente ha perdido sin esperanzas de remediar la situación. Si hubiera seguido insistiendo, quizás habría podido cambiar el parecer de su ser amado, o con sólo vivir habría podido encontrar otro amor. Lo único que hizo con su muerte fue cortar la posibilidad de cambiar su mala suerte.

Además, si mantenemos y afirmamos el derecho al suicidio, ¿qué pasará con la vida de este planeta? ¿Cómo afectaría a la sociedad si todas las personas decidieran matarse? La sociedad se debilitaría porque los problemas no se resolverían; al contrario, nos destruirían uno por uno. Es un verdadero fatalismo con el cual la sociedad no puede vivir.

Por otra parte, si no podemos quitarle la vida a otra persona (salvo en defensa propia), ¿cómo podemos justificar quitárnosla a nosotros mismos? Si no podemos matar a otro, tampoco podemos matarnos a nosotros mismos porque el resultado es el mismo, una vida perdida.

¿Podrías concebir el caso de matar a alguien por haber perdido en el amor? Seguro que no, pero por la misma razón, ¿cómo puede matarse una persona engañada en el amor? ¿No sería una razón caprichosa, leve, sin fundamento?

Ya podemos ver que desde los puntos de vista social, psicológico, familiar y religioso, el suicidio no es ninguna respuesta a los problemas serios de la vida. Lo único que hará un suicidio, será crear más angustia y sufrimiento para los familiares y amigos del difunto, ya que generalmente produce una reacción en cadena. El suicidio crea un sentido de desesperación en el círculo familiar del muerto, que puede producir más tragedias.

Sólo se vive una vez, y la vida es un don precioso de Dios. ¿Para qué sofocar una vida que puede ser fructífera y satisfactoria si sabemos que todos tenemos que pasar vicisitudes, fracasos, engaños, derrotas, cambios y frustraciones?

Discusión

Reúnanse en grupos pequeños y discutan la cuestión del suicidio y qué tipo de persona es propensa a ser suicida. Analicen la relación entre la depresión y el suicidio y qué se puede hacer para evitar los 32.000 casos de este fenómeno en este país cada año. Es obvio que será difícil hablar de casos personales, pero si puede hacerlo, esto puede ser de ayuda para Ud. o para otro en su grupo. Hablen de la actitud de las religiones al respecto. ¿Creen que, de veras, hay personas que no pueden controlar estos impulsos al suicidio? Discutan el "derecho" al suicidio. ¿Existe de veras o es simplemente una justificación filosófica que hemos adoptado?

Vocabulario

aguantar
sostener, sufrir, tolerar

animar
confortar, incitar, apoyar

arder
quemar, consumir con fuego

arriesgar
exponerse a un peligro

ayudar
dar asistencia o auxilio

bala
proyectil que sale de un arma de fuego

barrera
obstáculo, impedimento

caprichoso
frívolo

debilitado
con poca resistencia

defraudado
engañado, frustrado

derrotado
vencido, que ha perdido

derrumbar
ganar, vencer

desengaño
descubrimiento del error en que se estaba por el cual uno no conocía la verdad

desgracia
adversidad

desperdiciar
perder, usar algo mal

difunto
persona muerta

doliente
que sufre, con pena

empeño
insistencia por hacer algo

engañar
mentir, falsificar

fracaso
derrota, algo que sale mal

inmolar
ofrecer una víctima en sacrificio

leve
ligero, de poca importancia

parecer (el)
opinión

pecado
violación de las leyes morales

rechazar
resistir, refutar

regalo
presente, obsequio

salvo
excepto, fuera de

sofocar
oprimir, apagar, ahogar

sostener
mantener, tolerar, apoyar

suerte (la)
fortuna

tropezar (ie)
dar con los pies en algún obstáculo

vacío
sin contenido, nada

Repaso gramatical

LOS PRONOMBRES REFLEXIVOS OBJETOS DE PREPOSICIONES

- Los pronombres reflexivos objetos de preposiciones son: **mí, ti** (para la primera y segunda persona singular, respectivamente), **sí** (para la tercera persona, singular y plural) y **nosotros(as)** y **vosotros(as)** (para la primera y segunda persona plural, respectivamente). El adjetivo **mismo** y sus formas se añaden frecuentemente para dar énfasis a la expresión.

  Los que contemplan el suicidio se concentran **en sí mismos,** no **en nosotros.**

  Cuando pienso en el suicidio como solución a mis problemas, tengo que luchar **por mí** y **por ti.**

  Las personas que piensan en suicidarse necesitan buscar ayuda, pero al fin y al cabo, tienen que decidir **por sí mismas.**

  Si un político examina un problema social, generalmente habla **de sí mismo.**

A. ¿Por uno o por el otro? Conteste las siguientes preguntas a favor o en contra de la primera o de la segunda alternativa, si hay dos.

Modelo: ¿Se preocupa ella **por sí misma,** o se preocupa **por nosotros**?
   *Se preocupa **por sí misma** y no se preocupa **por nosotros.***
   *No se preocupa **por sí misma**; se preocupa **por nosotros.***

1. Al hablar del derecho al suicidio, ¿quieres hablar por ti mismo(a) o por mí?

2. ¿Tenemos, tú y yo, el inalienable derecho a tomar una decisión sobre el suicidio por nosotros mismos?

3. ¿Puede una persona decidir por sí misma su propio futuro?

4. Si vuestro hijo se hubiera suicidado, ¿habría pensado él sólo en sí mismo o en vosotros también?

5. Al referirse al suicidio, ¿están ustedes hablando de mí o de todos nosotros?

LOS PRONOMBRES REFLEXIVOS *MÍ, TI* Y *SÍ* COMO OBJETOS DE LA PREPOSICIÓN *CON*

- Cuando son objeto de la preposición **con,** los pronombres **mí, ti** y **sí** adoptan las formas **-migo, -tigo** y **-sigo,** que van unidas a dicha preposición, formando una sola palabra: **conmigo, contigo** o **consigo.**

  Mi mamá fue **conmigo** al consultorio de una buena psiquiatra.

  Deseo hablar **contigo** sobre este problema tan serio.

  El esposo de Hilda se suicidó porque ella lo abandonó y se llevó a los hijos **consigo.**

B. **¿Conmigo, contigo o consigo?** Conteste las siguientes preguntas con oraciones completas.

Modelo: ¿Quieres hablar de estos problemas **conmigo**?
   *Sí, quiero hablar de ellos **contigo**.*

1. ¿Tiene el médico consigo toda la información sobre la depresión de Alberto?

2. ¿Quieres que yo vaya contigo a hablar con el psiquiatra de tu obsesión con el suicidio?

3. ¿Estás de acuerdo conmigo en que el suicidio es la solución del cobarde?

4. ¿Tienes contigo el folleto sobre la serotonina que encontramos en el consultorio del Dr. Álvarez?

5. Olivia es tan bella, viva e inteligente. ¿Por qué no está contenta consigo misma?

EL ADJETIVO NEGATIVO

- Hay muchos adjetivos en español que no admiten los prefijos **in-, des-** o ningún otro para formar el negativo. En estos casos se hace uso de la palabra **no** seguida del adjetivo, y en ocasiones pueden usarse **poco** o **nada.**

   El suicidio es una decisión **no** fácil de tomar.
   Muchos opinan que el suicidio, en los casos de enfermedades incurables, es un acto **no** trágico.
   Felipe cree el suicidio de Hemingway fue una acción **nada** valiente.
   En la mayoría de las situaciones, vivir la vida es una decisión **poco** difícil de tomar.

- La mayor parte de los adjetivos que tienen su forma negativa propia pueden también admitir los vocablos **no** o **nada,** aunque esta opción no es de uso frecuente.

   Muchos piensan en suicidarse porque han tropezado con una barrera que les parece **insuperable** (**no** superable, **nada** superable).
   La ayuda al suicidio es ilegal (**no** legal, **nada** legal).

C. **¿Nada o no?** Cambie las siguientes oraciones, usando las formas negativas del adjetivo dadas en el modelo.

Modelo: Aquélla fue una actitud sensata.
   *Aquélla fue una actitud **no** sensata.*
   *Aquélla fue una actitud **nada** sensata.*

1. El suicidio es una solución correcta.

2. El problema tuvo un final satisfactorio.

3. A veces el deseo de suicidarse tiene una razón biológica.

4. La joven tenía una vida productiva.

5. El suicidio es un derecho reconocido.

6. La muerte del joven músico de rock fue una acción trágica.

7. Para algunos, combatir el impulso de suicidarse es una lucha fácil.

8. El consejo fue inoportuno.

D. ¡Trabajando en grupo! Reúnanse en grupos pequeños y decidan, individualmente, si están de acuerdo o no con las siguientes afirmaciones. Que cada persona del grupo explique sus razones lo más claramente posible a ver si se ponen de acuerdo todos.

1. Todo el mundo piensa en sí mismo y en sus propios problemas casi exclusivamente.

2. Hay tantos suicidios anualmente en los Estados Unidos que gran parte del público se ha puesto algo indiferente y cree que es un problema nada evitable.

3. Si mi hermana o hermano se suicidara, yo me echaría a mí mismo(a) mucha de la culpa por su muerte.

4. Las personas que viven solas se preocupan más por sí mismas y están más dispuestas a suicidarse.

5. En este país tenemos tantas posesiones que pensamos más en ellas que en las personas, y cuando pensamos en estas personas, por lo común pensamos en nosotros mismos.

6. Hay que hacerle mucho caso a alguien que hable de matarse a sí mismo(a).

7. Suicidarse es una acción un poco cobarde.

8. Si los Estados Unidos no fuera una nación nada pobre, habría menos suicidios aquí.

Ejercicios de vocabulario

A. ¿Qué palabra es? Complete cada oración con una palabra lógica y correcta.

1. Nadie puede _____ si quiere nacer.

2. El suicidio es un pecado _____ en muchas religiones.

3. Algunos se suicidan después de un(a) _____ perdido(a).

4. Es fácil contemplar el suicidio si hemos perdido _____ de la vida.

5. Las _____ de la vida causan muchos suicidios.

6. Un suicidio puede producir otros, como una reacción en _____.

7. Si no podemos matar a otro, tampoco podemos matarnos a nosotros _____.

8. Muchos afirman que la vida es un don _____ que no se debe malgastar.

9. Se puede pensar que el suicidio es un _____ personal que tenemos.

10. Muchos piensan en suicidarse, pero pocos lo _____.

B. Yo pienso que... Complete las oraciones con su propia opinión.

1. Podemos ayudar a los que intentan el suicidio, pero _____.

2. Es difícil aceptar el suicidio como solución porque _____.

3. Si alguien habla siempre del suicidio, _____.

4. En tiempos de guerra y miseria hay muchos suicidios porque _____.

5. Si un amigo mío hablara de matarse, _____.

6. Aunque el suicidio pueda resolver un problema inmediato, _____.

C. Opiniones. Con un(a) compañero(a), decidan si están de acuerdo con las siguientes afirmaciones. Expliquen sus razones con claridad.

1. Muchos jóvenes contemplan el suicidio porque no pueden aceptar las vicisitudes de la vida.

2. La verdadera tragedia del suicidio es el sufrimiento que causa en los familiares del suicida.

3. Hay situaciones en las cuales se puede justificar el suicidio.

Desafío de palabras

Busque las palabras del segundo grupo que sean sinónimos de las del primero.

I.

regalo	escoger	comúnmente
derrotado	deprimido	remedio
grave	delito	sugerir
contemplar	persistir	vicisitud
fracaso	difunto	resolver
afectar	provocar	precioso
desperdiciar	barrera	real

II.

crimen	influir	recomendar
derrota	solucionar	seleccionar
malgastar	obstáculo	verdadero
valioso	seguir	considerar
serio	triste	solución
suceso	motivar	vencido
muerto	normalmente	presente

14

Las armas de fuego

Opiniones de la gente de la calle

¿Qué opino yo de las armas de fuego? Pues, que su uso debe ser estrictamente regulado y aún más su adquisición. Nosotros, los policías, tenemos que llevarlas para proteger a la ciudadanía y a nosotros mismos contra las agresiones criminales.
—**Joaquín Pintado, policía de una gran ciudad cosmopolita.**

Me siento muy preocupada. Por la prensa he sabido del caso de un niño de once años que llevó una pistola a su escuela y disparó contra sus compañeritos y su maestra. Esto es horrible.
—**Ana Rosa, joven madre de tres niños, de nueve, diez y once años.**

Me atraen las armas de fuego. Durante mis vacaciones, me gusta salir a cazar, y casi siempre voy a las Carolinas a matar venados. La carne de estos animales es deliciosa.
—**Miguel Angel, de treinta años, conductor de autobús.**

Mi papá tiene una pistola en casa. Él dice que es para protegernos de los criminales. A mí, muchas veces me dan ganas de cogerla y comenzar a disparar, como en las películas: ¡pum..., pum..., pum!
—**Pedrito, adolescente de once años.**

Estoy indignada al ver cómo muchos de mis compañeros de año llevan armas de fuego a las clases. Afortunadamente, hasta hoy no se ha producido ningún derrame de sangre, pero temo que cualquier día se produzca un acto de violencia en la escuela y salgan a relucir las armas. ¡Qué horror!
—**Gloria, estudiante del grado doce en la Escuela Superior.**

Nosotros, los policías de Londres, no llevamos armas de fuego. No las necesitamos. La ciudadanía de esta ciudad nos respeta, y todos cooperamos en la seguridad de nuestras calles y lugares públicos.
—**John Smith, policía londinense.**

Uso de las armas de fuego—crisis mundial

La Constitución de los Estados Unidos de América garantiza al pueblo el derecho de tener y llevar armas. Un arma de fuego es, primordialmente, un objeto de destrucción que mata, aniquila, arruina, rompe y consume.

Aunque los chinos inventaron la pólvora en el siglo IX, no fue hasta el siglo XIV que aparecieron las primeras armas de fuego en Europa. Desde entonces, el uso de estas armas mortíferas ha ido en aumento incontenible, y su perfección y eficacia ha sido tan tremenda que se hace difícil imaginárselas.

Millones y millones de vidas han caído bajo el fuego de estas armas. Desde su aparición se han venido usando en todas las guerras de este mundo. Estas armas han llegado a manos de cualquier persona. Su adquisición, al menos en este país, es fácil, y también lo es en casi todas partes. Y hoy se mata indiscriminadamente. El revólver y la pistola han llegado a las casas; desde el hogar más humilde hasta la mansión más fastuosa. Es tan fácil disparar un revólver o una pistola que hasta los niños pequeños lo pueden hacer. La vida hoy parece valer poco porque nos están presentando el matar, a través de las películas y los juegos electrónicos, como algo tan natural, tan sencillo, como tomarse un vaso de agua. Esto, en particular, es muy alarmante y perjudicial para la mentalidad infantil, que por su inmadurez no es capaz de aquilatar su trascendencia.

Y así vemos la proliferación del uso de armas de fuego entre adolescentes y estudiantes de escuelas primarias: un niño de once o doce años disparando contra sus propios compañeros y maestros.

Muchos abogan por el derecho y la necesidad de llevar armas, con el fin de defender su vida y su propiedad de manos de los criminales. Los amantes de la caza y los vendedores de armas se resisten a las regulaciones gubernamentales sobre la venta y adquisición de las mismas.

El tópico es controversial y, a continuación, presentamos en dos breves ensayos las dos caras de la moneda.

Abogamos por el control de las armas de fuego

¡Qué cantidad de armas de fuego existen en el mundo! Tremendo negocio el de la venta libre de armas. Aquí, en los Estados Unidos, donde la Constitución reconoce el derecho a tener armas, es fabuloso este comercio. Cualquiera, muy fácilmente, puede comprar un artefacto mortal, desde el más simple hasta el más sofisticado; una pistolita 22 o una metralleta automática de mayor calibre.

Los crímenes contra la vida causados por armas de fuego siempre han sido los más numerosos, tanto por la facilidad de obtener el arma como por su efectividad. No queda más remedio: o se deroga el precepto constitucional o se regula muy firmemente la compraventa de este material bélico. Creemos que el precepto constitucional que reconoce a todo ciudadano el derecho a llevar un arma es total y absolutamente anacrónico y obsoleto.

Cuando nuestros antecesores redactaron la Constitución, hace ya más de doscientos años, la nación estadounidense se encontraba en el inicio de su desarrollo y desenvolvimiento. La conquista del lejano oeste, con sus enormes y vastos territorios, con los peligros que acechaban a cada paso debido a los animales salvajes, los indios, los aventureros y cazadores de fortuna, los buscadores de minerales preciosos como el oro; todo ello creaba un medio hostil donde casi siempre dominaba la ley del más fuerte. La necesidad de vivir armado era imperiosa. Muchas veces había que matar para que no lo mataran a uno.

Hoy en día el panorama es distinto. Los ciudadanos gozamos de la protección de las fuerzas policiales y estamos más amparados y más seguros, ayudados por los medios de comunicación y de transporte y por los sistemas de seguridad. Sin embargo, hay que tomar medidas para que los individuos que viven al margen de la ley, es decir, aquéllos que tratan de vivir del robo, del asalto, del asesinato, de la amenaza, no dispongan de un arma de fuego, la cual les hace más fácil la perpetración del crimen.

Todos los días hay docenas de tragedias fatales en cualquier lugar de los Estados Unidos, causadas por la fácil compra de armas de fuego. La historia no es difícil de contar: dos individuos discuten, riñen y para resolver su disputa uno de ellos esgrime un revólver u otra arma, y con un disparo una sencilla riña doméstica termina en otro homicidio insensato. Se ha comprobado, con evidencia en forma de cifras y estudios, que en múltiples ocasiones el arma que compramos para defendernos se usa contra un familiar, y en un momento de pasión, termina con la vida de alguien que amamos. Esto sin contar los múltiples casos de niños que encuentran el arma de su padre en casa, se ponen a jugar con ella y matan a un hermanito o amiguito que los acompaña en esos momentos. Todos fueron accidentes pero, al mismo tiempo, tragedias que hubieran podido evitarse.

Claro que el control de las armas, para ser efectivo, tendría que ser a nivel mundial. Si esto fuera posible—y creemos que lo es—se reducirían notablemente las actividades de la mafia, del narcotráfico y de los grupos guerrilleros, pues sabemos que todas estas organizaciones hacen un uso muy amplio y fuerte de las armas de fuego. Tal vez la solución sería, al menos en teoría, muy fácil. Sólo los gobiernos y el Estado serían los que autorizaran la fabricación de armas. Su distribución y venta sería totalmente controlada, determinando asimismo los fines para los cuales las armas serían usadas, qué personas las podrían llevar, y en qué situaciones podrían usarlas.

En fin, el control habría de ser absoluto, general y sin excepciones. En la práctica, el sistema no sería perfecto. Nada lo es. Sabemos que habría ineficiencias, descuidos, filtraciones pero, con todo, se lograrían grandes beneficios y resultados positivos.

Armémonos

El derecho, aun más, la necesidad de poseer un arma de fuego es indiscutible. Los autores de nuestra Constitución vieron la necesidad de que el ciudadano se defendiera contra la tiranía de algún corrupto líder, y así es que no se olvidaron de incluir la Segunda Enmienda, que le garantiza a cualquier ciudadano el derecho a llevar armas y a defenderse contra las incursiones y los ataques de otros.

Además, ¿en qué mundo vivimos hoy en día? Un mundo de miedo, de zozobra, de angustia, de incertidumbre. ¿Por qué todas estas cosas? Porque estamos rodeados y amenazados por los maleantes, los facinerosos, los violadores, los asesinos, los drogadictos, los perturbados mentales. Si usted quiere o necesita salir a la calle y caminar por cualquier lugar en horas de la noche, tiene que llevar un arma para defenderse del asalto al que está expuesto por parte de algún malhechor que pueda exigirle el dinero que lleva, e inclusive pueda matarlo después.

Pero es que no estamos seguros ni en nuestras propias casas. Los ladrones son los violadores que fuerzan una puerta o una ventana y entran en nuestro hogar mientras dormimos. ¿Qué podemos hacer contra estos intrusos si no tenemos con qué defendernos? Nada. Nos roban, nos violan, nos matan y hasta luego. ¡Ah! Pero si tenemos un arma de fuego podemos defendernos y, si es menester, matar antes de que nos maten. Esto suena algo duro, pero es la triste y amarga realidad. Vivimos en un mundo de violencia. Tenemos que defendernos. Nos acechan peligros por todas partes: en las calles, en nuestros hogares, en los establecimientos públicos, en los medios de transporte. En cualquier lugar podemos ser víctima de un crimen. Si llevamos un arma de fuego podemos defendernos y evitar que el crimen se consuma.

Cuando los criminales vean que ya no es tan fácil cometer un asalto, un robo, un asesinato o una violación, porque saben que se exponen a una resistencia por parte de la posible víctima que habrá de defenderse, entonces con seguridad el crimen habrá de disminuir considerablemente, pues éste no podrá cometerse con la impunidad de antes. No queda otra alternativa, o nos defendemos o perecemos. Es evidente que la policía es insuficiente, inadecuada e inepta para evitar el crimen. Lo más que hace es, después que el crimen se comete, tratar de arrestar al criminal y ponerlo a la disposición de los tribunales de justicia. ¡Pues vaya qué remedio, qué ayuda, qué consuelo! Después que asesinaron al pobre viejito o violaron a la hermosa jovencita, llevamos al asesino o al violador ante el juez. Éste lo condena a prisión, si es que no lo deja en libertad, bien porque no pudo probársele el crimen, bien por haber sido declarado incompetente por razón de locura. En el mejor de los casos este individuo, un valor negativo totalmente para la sociedad, al cabo de algún tiempo vuelve a la calle a reanudar sus fechorías. ¿Es este sistema una solución al grave problema? Naturalmente, no lo es.

Si las autoridades no saben o no pueden defendernos, nosotros tenemos que hacerlo. Esto es tan evidente que es reconocido por todos los Códigos Penales. Quien hiere, lastima o mata en defensa de su propia vida o de su propia integridad y seguridad, está exento de responsabilidad criminal. Esto tiene que ser así por ser la forma de preservar y asegurar la existencia del individuo contra los ataques injustificados de otros.

DISCUSIÓN

En sus grupitos, conversen sobre las armas de fuego en general, su uso y abuso, el poder mortífero de estas armas, las distintas clases, desde el pequeño revólver calibre 22, hasta los enormes cañones de los buques de guerra. Hablen sobre el acceso a las armas de fuego y las formas o vías para obtenerlas. Discutan la posesión de las armas de fuego en las casas de familia y el uso de estas armas por jóvenes y adolescentes, especialmente en los centros escolares. Opinen sobre la caza, los vendedores de armas de fuego y las medidas impuestas por las autoridades gubernamentales para regular su venta.

Vocabulario

abogar
hablar a favor de algo o alguien
acechar
observar, mirar a escondidas
amargo *(fig.)*
causante de pena o sentimiento
desagradable
aniquilar
reducir a la nada
aprehender
detener, poner prisionero a alguien
apuntar
dirigir un arma contra una persona
o cosa
aquilatar *(fig.)*
determinar el mérito de una persona
o cosa
arruinar
destruir
buscador
persona que hace diligencias para hallar
o encontrar algo
cabo
final
cárcel (la)
lugar destinado a prisión
caza
acción de buscar o perseguir a los
animales para matarlos
cazador
persona que caza
derogar
dejar sin validez una ley o disposición
desarrollo
acción de amplitud o crecimiento
descuido
omisión, olvido
desenvolvimiento
acción de impulsar la actividad de algo
disparo
acto de hacer funcionar un arma de
fuego
a fin de cuentas
en resumen, en conclusión
facineroso
persona que comete acciones
criminales
fechoría
acción mala

hogar (el)
casa donde vive la familia
idóneo
conveniente, propio para una cosa
inmadurez *(fig.)* **(la)**
falta de madurez, poco juicio
maleante (el)
persona que comete acciones malas
malhechor (el)
persona que comete crímenes
margen (el/la)
orilla o borde de algo
menester
falta o necesidad de una cosa
montón (el)
mucho
piedra
materia dura que forma la roca
pólvora
sustancia explosiva, usada en las armas
de fuego
portar
llevar
poseer
tener uno algo en su poder
puntería
dirección del arma apuntada
reanudar
volver a empezar
redactar
escribir, componer
reñir (i)
luchar, disputar
riña
lucha, disputa
salvaje (el)
no doméstico
tergiversar
desfigurar la relación de los hechos
tirar
disparar un arma de fuego
tiro
acción de tirar
triste
deplorable
valerse
servirse, hacer uno mismo uso de algo
zozobra
inquietud, ansiedad

Repaso gramatical

La forma impersonal *HAY*

- **Hay** es la forma impersonal, especial, de la tercera persona singular del verbo **haber** en el tiempo presente del indicativo. Se usa siempre en singular, aun cuando el sujeto sea plural y exprese la idea de existencia. En los otros tiempos se usa la forma normal: **hubo,** para el pretérito; **había,** para el imperfecto; **habrá,** para el futuro, etc. En la lengua inglesa no existe para estos casos una forma singular con una sola palabra.

> **Hay** muchísimos tipos de armas de fuego.
> **Había** muchos jóvenes que llevaban armas de fuego a la escuela.
> El año pasado **hubo** varios muertos en las escuelas a causa de las armas de fuego.
> Sin mayor control de las armas, ¿**habrá** más tragedias en las escuelas en el porvenir?
> En las últimas dos décadas, **ha habido** muchos crímenes en los Estados Unidos.
> Cuando **hay** armas de fuego en casa, es muy posible que **haya** un accidente trágico.

- **Hay,** seguido de **que** más un infinitivo, da la idea de obligación o necesidad en forma impersonal.

> **Hay que tener** mayor control de las armas.
> **Hubo que emplear** policías en muchas escuelas.
> Durante la conquista del Oeste Lejano, muchas veces **había que matar** para que no lo mataran a uno.

A. Las armas. Empleando oraciones completas, conteste las siguientes preguntas.

1. En su opinión, ¿hay que combatir las armas con más armas?

2. ¿Por qué hay muchos más muertos en los Estados Unidos por armas de fuego que en Inglaterra y en toda Europa?

3. ¿Hay que tener una pistola u otra arma en casa para proteger a la familia?

4. ¿Por qué ha habido tantos asesinatos políticos en los Estados Unidos?

5. ¿Hay que cazar a los animales con armas de fuego?

6. ¿Habría más crímenes violentos o menos de ellos en los Estados Unidos si hubiera mayor control de las armas de fuego?

7. ¿Hay razón para poner en prisión a los niños que matan a otros niños con armas de fuego?

8. ¿Por qué hay tanta violencia en nuestras escuelas públicas hoy en día?

9. ¿Por qué hubo tanta oposición en contra de proyectos de ley, como el de Brady, que intentaban aumentar el control de las armas?

10. ¿Habrá mucho más control de las armas de fuego en el siglo XXI?

OTRO USO DEL VERBO HABER: *HABER DE* + INFINITIVO

- Además de usarse el verbo **haber** para la forma impersonal **hay** y como auxiliar en los tiempos compuestos (pretérito perfecto, condicional perfecto, etc.), se usa también para expresar cierta clase de obligación o probabilidad. En este caso va seguido de la preposición **de** más un verbo en infinitivo.

> El Congreso **ha de pensar** mucho en mayor control gubernamental de las armas.
> En el próximo siglo, **hemos de reexaminar** la Segunda Enmienda de la Constitución de los Estados Unidos.
> Para ser efectivo, el control de las armas tendría que ser a nivel mundial y **habría de ser** absoluto.
> Cuando los criminales vean que las posibles víctimas **habrán de defenderse** con armas de fuego, el crimen **habrá de disminuir** considerablemente.

B. ¿Deber o probabilidad? Usando la construcción **haber de + infinitivo,** cambie las siguientes oraciones para que expresen obligación o probabilidad.

Modelo: Los cazadores no ven la necesidad de mayor control de las armas de fuego.
*Los cazadores no **han de ver** la necesidad de mayor control de las armas de fuego.*

1. Los policías de Londres no llevan armas de fuego.

2. Las tragedias causadas por el uso de armas en las escuelas dieron lugar a cambios en los métodos de seguridad.

3. Los padres tendrán más cuidado con los revólveres y otras armas.

4. La manera de presentar la muerte a través de las películas y los juegos electrónicos se cambiará.

5. ¿Veremos una continuación de la proliferación del uso de las armas de fuego entre los estudiantes de escuelas primarias?

6. El disparo de una pistola contra el ladrón le salvó la vida al tendero.

7. Los amantes de la caza prefieren las armas de fuego en vez de otras armas, como el arco.

8. Los vendedores de armas se resistirán a las regulaciones gubernamentales sobre la venta y adquisición de las mismas.

9. Tú piensas en la protección de tus niños.

10. Los acontecimientos recientes producirán más reflexión sobre la accesibilidad de las armas de fuego.

USO DE LOS PRONOMBRES REFLEXIVOS PARA FORMAR LOS VERBOS REFLEXIVOS

- El uso más importante de los pronombres reflexivos (**me, te, se, nos, os, se**) es la formación de los llamados verbos reflexivos. Éstos, generalmente, expresan la idea de que la persona o sujeto que realiza o ejecuta la acción también recibe los efectos de ella. Es decir, que el sujeto y el objeto del verbo son la misma persona.

  Yo **me armé** con una pistola calibre 45.
  Nosotros tenemos que **defendernos** de los asesinos.
  El criminal **se mató** de un tiro en la cabeza.
  Vosotros no **os asustáis** fácilmente.

C. **Uno o varios.** Cambie las siguientes oraciones al singular o al plural, según el caso.

  Modelos: **Nos olvidamos** de traer el revólver.
  Me olvidé de traer el revólver.
  Usted **se defendió** muy bien.
  Ustedes se defendieron muy bien.

1. Los jueces **se ponen** de parte de las víctimas.

2. **Me asusté** cuando vi al ladrón.

3. Los asesinos **se exponen** a que la víctima resista el ataque.

4. Los facinerosos **se suicidaron** cuando **se vieron** rodeados por la policía.

5. La mujer **se escapó** de las manos de los violadores.

6. El año pasado, dos niños de nuestro pueblo **se mataron** accidentalmente mientras jugaban con un arma de fuego.

7. Yo **me armé** para **defenderme.**

8. Tenemos un rifle en casa para **protegernos.**

9. **Me siento** muy preocupada por los casos en las escuelas de niños que disparan contra sus compañeritos y las maestras.

10. Uso un revólver cuando **me encuentro** de servicio.

D. ¡Trabajando en grupo! En grupos pequeños, que una persona del grupo les haga las siguientes preguntas a los otros. Después de que éstos las contesten, que el/la que hizo preguntas las conteste también.

1. ¿A qué hora te acostaste anoche?

2. ¿Te has dormido alguna vez pensando en la posibilidad de que un ladrón entrara en tu casa?

3. ¿Cómo te defenderías de un ataque criminal?

4. Para protegerte de las acciones violentas de otra persona, ¿eres capaz de matar a esta persona con un arma de fuego?

5. ¿Te atreverías a tener una confrontación con un loco violento?

6. ¿Se arrepintieron nuestros abuelos de la Segunda Enmienda de la Constitución?

7. ¿Se controlan las armas de fuego en los Estados Unidos?

8. ¿Quiénes se arman mejor, la policía o los malhechores?

9. ¿Has tenido ocasión de quejarte de la protección de la policía?

10. ¿Conoces una situación en que alguien haya tenido que defenderse del acto violento de un policía?

Ejercicios de vocabulario

A. ¿Qué palabra es? Complete cada oración con una palabra lógica y correcta.

1. La Segunda _____ de nuestra Constitución garantiza el derecho a llevar armas.

2. Aun en países pacifistas, _____ ciudadanos poseen armas.

3. Es _____ tener armas de fuego en casa porque siempre hay accidentes.

4. Es bueno tener un arma para su propia _____.

5. En el bosque, lejos de la ciudad, es bueno tener un arma para _____ animales.

6. Muchos malhechores usan armas para cometer _____ de toda clase.

7. No es tan necesario hoy tener armas porque tenemos la _____ de la policía.

8. El gobierno debe _____ la fabricación de armas mortíferas.

9. A veces, una sencilla riña doméstica resulta en un _____ trágico.

10. La compraventa de armas es muy _____ en este país.

11. La cantidad de armas _____ si hay más control gubernamental.

12. No queremos ver las armas en las manos de los _____.

B. Yo pienso que... Complete las oraciones con su propia opinión.

1. Muchos quieren llevar armas de fuego porque _____.

2. Yo (no) usaría un arma de fuego si _____.

3. Si yo hubiera vivido en el oeste de los Estados Unidos en el siglo XVIII, _____.

4. Todos los días hay accidentes trágicos en este país, pero _____.

5. Muchos dicen que se debe regular la fabricación de las armas porque _____.

C. Opiniones. Con un(a) compañero(a), decidan si están de acuerdo con las siguientes afirmaciones. Expliquen sus razones con claridad.

1. Con el mayor control de las armas ha habido más crimen.

2. La regulación de las armas no afecta al criminal.

3. La posesión de armas tiene más desventajas que ventajas.

4. Todos debemos llevar armas para evitar los abusos de un gobierno despótico.

Desafío de palabras

Busque en el segundo grupo de palabras lo opuesto a cada palabra del primero.

I.

destruir	seguridad	prohibido
fracasar	privado	reducir
inicio	sofisticado	compra
distinto	lejano	salvaje
incluir	amargo	corrupto

II. primitivo	aumentar	incertidumbre
cercano	igual	fin
construir	manso	excluir
conseguir	dulce	inocente
permitido	público	venta

Busque las palabras del segundo grupo que sean sinónimos de las del primero.

I. llevar	modificar	seguridad
faceta	subsistir	garantizar
delito	propietario	fusil
alimentarse	moderar	tenencia
cantidad	artefacto	enorme
miedo	exigir	disminuir
riña	tiro	maleante
II. temor	malhechor	posesión
crimen	portar	cambiar
aspecto	disparo	demandar
disputa	reducir	certidumbre
comer	máquina	dueño
asegurar	vasto	templar
escopeta	número	seguir

15

Las naciones unidas

La Organización de las Naciones Unidas está atravesando en los tiempos actuales, si no de crisis, un período de incertidumbre,* de confiabilidad, de controversia, que pudiera traer, esperamos que no, su desaparición o disintegración.

Esta entidad internacional fue creada a la terminación de la Segunda Guerra Mundial, en el año 1945, con el propósito de mantener la paz y la seguridad en el mundo. Su antecedente fue la Sociedad de Naciones o Liga de las Naciones, institución que, en definitiva, fracasó por inoperante.*

La vida de la Organización de las Naciones Unidas ha sido bien activa, con un buen número de otros organismos mundiales que están incluidos a ella como, por ejemplo, el Banco Mundial, el Fondo Monetario Internacional, la Agencia Internacional de Energía Atómica, etc. Durante su existencia, ha tenido sus altibajos*: buenos éxitos, fracasos, triunfos a media, actividades inocuas* y resoluciones al parecer contradictorias. Últimamente se ha visto plagada de conflictos internacionales que se han agudizado* notablemente, por ejemplo, el conflicto árabe-judío, los palestinos y hebreos no se ponen de acuerdo, todos los días se producen hechos armados entre ambos, causando muertos y heridos. La Guerra entre Irak e Irán, la Invasión de Afganistán por los ejércitos rusos, no se pudieron evitar. Las guerras, a pesar de todos los esfuerzos que se realizan, continúan sin descanso. No puede afirmarse que haya sólo un día en el mundo entero que no se produzca un acto bélico* con pérdida de vida.

Todo esto ha traído la división de opiniones y criterios sobre la efectividad de la Organización de las Naciones Unidas para lograr la paz mundial.

Eliminemos La Onu

Esta organización sufrirá la misma suerte que tuvo la Liga de las Naciones: la de fracasar ignominiosamente. La razón es sencilla. Es, como dijeron los chinos, "un tigre de papel", es decir, parece fuerte, pero en realidad es debilísima. Su fracaso se debe, principalmente, al hecho de que no tiene fuerzas armadas y, como bien sabemos, la palabra sólo es eficaz hasta cierto punto.

Muchas veces no hay otro recurso sino el de actuar. A través de la historia de la ONU se ha comprobado que sus remedios no han sido muy eficaces. Veamos, sus sanciones económicas y morales no detuvieron a Corea del Norte en su invasión de Corea del Sur. Fue necesario que los Estados Unidos interviniera militarmente en el conflicto para detener la agresión comunista del norte. Las Naciones Unidas se ha visto impotente para resolver la terrible tragedia que vienen viviendo palestinos y judíos. La tensión en el Oriente Medio se agudiza* más y más, en vez de aflojarse.* Entonces, ¿para qué sirve esta organización?

Las dos guerras del Golfo son ejemplos de la debilidad de la ONU. Los hechos han comprobado que es el poderío militar el que decide los conflictos. En el primero de éstos fue necesario que el gobierno de los Estados Unidos interviniera militarmente y expulsara por la fuerza al ejército iraquí que había invadido y ocupado Kuwayt. En el año 2003, después de múltiples debates, confrontaciones y argumentos, inspecciones y entrevistas, todo esto a través de la ONU, el gobierno estadounidense, bajo el liderazgo de George W. Bush, estimó que era necesario e imprescindible para la seguridad del mundo la intervención militar del territorio de Irak y el derrocamiento* del régimen tiránico de Saddam Husayn, que amenazaba a la humanidad con el uso de armas de destrucción masiva.

Consecuentemente, es obvio que hay que llegar a la triste realidad que "el derecho de la fuerza" es lo único que, desgraciadamente, resuelve, aunque sea en parte, los problemas del mundo, comprobándose así que es una gran verdad que "no hay redención* de causa sin derramamiento* de sangre".

Mantengamos a La Onu

A pesar de las vicisitudes* de la ONU, es necesario e indispensable la subsistencia* de esta entidad porque es la única esperanza para lograr la paz mundial. Pero aún, cuando se llegue a la conclusión de que este ideal nunca sea una realidad a través de ella, no empece* para que la mantengamos viva y trabajando. Siendo un cuerpo donde las naciones se comunican unas con otras, es el lugar que da a cualquier miembro la oportunidad de explicar su posición oficial. En el seno* de ella todos sus participantes gozan del derecho de exponer sus intenciones, sus objetivos, sus temores. No vamos a negar que, a veces, algún participante va a mentir, tratando de engañar a los demás, pero por sus acciones vamos a conocerlas, y por las Naciones Unidas sabremos si se puede confiar en esa nación.

No olvidemos, tampoco, que la ONU también ha hecho mucho con sus otras agencias, como la UNICEF (Fondo Internacional de las Naciones Unidas para el Socorro a la Infancia), y la UNESCO (Organización de las Naciones Unidas para la

Educación, la Ciencia y la Cultura), que han contribuído tanto en cuestiones económicas, agrarias,* científicas y médicas. ¡Quién sabe a cuántos pobres ha ayudado en su miseria!

¿Acabar con la ONU? Nunca, mientras nos deje la puerta por la cual podamos lograr la pacífica convivencia* de todas las naciones del orbe.*

ACTIVIDADES Y DISCUSIÓN

Comenten y discutan la situación actual de la ONU. ¿Ha cambiado algo en estructura en años recientes? ¿Confronta en estos momentos algún otro conflicto parecido o similar al que originó la segunda Guerra del Golfo entre los Estados Unidos e Irak?

¿Cuál es la situación presente de esta nación árabe después de la caída de Saddam Husayn? ¿Se han encontrado armas de destrucción masiva en este país, tal como lo vaticinó la nación americana?

¿Qué futuro pronosticas para la ONU? ¿Fortelecerá su situación o habrá, en definitiva, de desaparcer y dejar de existir?

Vocabulario

aflojarse
  perder fuerza o intensidad
agrario
  relativo a la agricultura
agudizar
  hacer más intenso o hacer peor
altibajos (los)
  éxitos y fracasos de la vida, extremos
  de la vida
bélico
  de la guerra, violento
convivencia (la)
  efecto de vivir con otro(s)
derrocamiento (el)
  caída, efecto de hacer caer algo o
  alguien
empecer
  impedir, hacer daño

incertidumbre (la)
  algo no cierto, duda
inocuo
  que no es eficaz, poco interesante
inoperante
  inefectivo, que no sirve
orbe (el)
  planeta, círculo
redención (la)
  salvación, rescate
seno (el)
  pecho de la madre, lugar seguro
subsistencia (la)
  permanencia, existencia
vicisitud (la)
  problema, conflicto

16

La pena capital... muerte

Opiniones de la gente de la calle

Estoy a favor de la pena de muerte. Hay crímenes tan horrendos e inhumanos que merecen y justifican plenamente la pena capital.
—**Lic. Roberto Hernández, abogado fiscal.**

La pena capital es primitiva y salvaje. Se ha comprobado estadísticamente que ni elimina ni reduce el crimen. Es verdad que hay asesinatos y matanzas abominables. Impongamos la pena de cadena perpetua para esos criminales, sin derecho a ninguna reducción.
—**Lic. Andrés Santamaría, abogado criminalista.**

Los traidores a la patria que espían a favor del país enemigo en guerra merecen sólo una pena: la muerte. Deben ser ejecutados sin compasión ni misericordia alguna.
—**Coronel Tomás Castillo, miembro del ejército de un país latino.**

Jesucristo fue condenado a la pena de muerte, sin haber cometido delito alguno. Me opongo a la pena capital porque es inmoral, inhumana y anticristiana. ¡Cuántos seres inocentes han sido ejecutados en este mundo!
—**Rev. Tomás Batista, pastor protestante.**

Dios nos da la vida. Sólo Él tiene potestad para quitárnosla. A aquéllos que matan y asesinan, Dios los juzgará por sus crímenes, pero nosotros, los seres humanos, no podemos justificar una muerte con otra muerte. Esto sólo está en manos del Creador.
—**Rosa María, mujer misionera religiosa.**

Aunque estoy en contra de la pena de muerte, considero que hay hechos de sangre tan horrendos y execrables que merecen esa pena tan drástica y final.
—**Teresa, ama de casa.**

La pena de muerte

Siempre ha sido tema de conversación y, por cierto, muy controversial este asunto de la pena capital. Desde los tiempos bíblicos de la ley de "ojo por ojo, diente por diente", hasta nuestros días, se ha discutido este dilema.

Claro, que la pena capital, que es una muerte legal u oficializada, es decir, impuesta por las autoridades de una nación o un organismo, es un castigo que se impone a una persona por haber cometido un acto ilegal que, casi siempre, ha sido quitarle la vida a otra persona.

Las luchas religiosas, el sectarismo, el dinero, la pobreza, los crímenes sexuales son motivaciones que ocasionan o determinan que un individuo mate a otro u otros. Por ejemplo, a causa del terrorismo muchas personas, víctimas inocentes, mueren destrozadas por la detonación de artefactos explosivos. Estos actos de terrorismo son ejecutados por miembros de sectas o grupos religiosos, políticos o de otra índole. El conflicto entre musulmanes y judíos ha traído numerosos casos de terrorismo donde, a veces, han muerto cientos de personas. El ataque terrorista del once de septiembre, aquí en los Estados Unidos, produjo la muerte de miles de personas. ¿Por qué se cometió este acto de destrucción tan horrendo? ¿Se le debe imponer la pena de muerte a quien lo cometió?

Otros crímenes, preconcebidos, planeados y ejecutados, con el propósito de apoderarse de dinero, han ocasionado la muerte de padres a manos de sus propios hijos. ¿Pena capital para los ejecutores? El narcotráfico ha traído una cantidad tremenda de crímenes, también. ¿Merecen la pena de muerte los zares de la droga?

La pena capital ha sido siempre tema de debate porque existen dos vertientes totalmente opuestas: los que siguen la corriente a favor de ella y los que siguen la corriente en contra. ¿Existe una tercera vertiente ecléctica? Parece que sí. Muchas personas creen que hay casos excepcionales en los cuales la pena de muerte es correcta y justificable. En los Estados Unidos, en la mayoría de los estados, existe la pena de muerte. En México no está aprobada. Las naciones del orbe están divididas. Unas la aceptan y otras no la reconocen.

Las razones que se aducen por los "pro" y los "contra" son muchas y variadas y, a continuación, vamos a exponer algunos de los argumentos discutidos por ambos bandos.

Es necesaria

El derecho fundamental de todo ser viviente es el de conservar y continuar su vida o existencia; de ahí que pueda tomar cualquier acción en su propia defensa. Nadie duda que un individuo pueda salir en su propia defensa en caso de ser atacado; la vida nos lo exige porque sólo con este instinto primordial ella se perpetúa.

La sociedad también tiene su vida y el instinto que la hace continuar. La pena de muerte es parte de esto; es un principio básico que muchas sociedades han adoptado para la defensa de sus miembros. La pena de muerte es, sobre todo, un castigo por un ataque personal a uno o más de sus componentes.

También se debe considerar el sistema de valores que tenemos. ¿Cuánto vale una vida? ¿Cinco años de encarcelamiento? ¿Diez años? Si uno ha tomado la vida de otro, ¿no debe ser castigado? Si el castigo es de diez años, de quince años, ¿no estamos diciendo que la vida del difunto valía diez años de encarcelamiento del matador? Una vida vale una vida. Si alguien se la quita a otro, deben quitársela a él también. Sí, la antigua ley de "ojo por ojo, diente por diente" es legítima. Llámenlo venganza o no, para mí es el castigo justo para alguien que se ha querido imponer a la ley. Al terminar con la vida de un semejante, el asesino dice, en efecto, que para él las leyes de la sociedad no valen nada y algo más grave, que la vida es algo que se puede tomar cuando se quiera. Bueno, si la vida tiene tan poco valor para él, afirmemos nosotros su gloria, diciéndole al homicida que la vida que él tomó tiene que ser pagada con un precio alto. Este precio no puede ser otro que el de su propia vida. Sólo así tendremos el valor real. Una sentencia ligera sería igual que aceptar que la vida de la víctima valía muy poco.

Es injusta e inútil

Uno de los vestigios más antiguos de las civilizaciones primitivas es el de la pena de muerte. Aún se conserva en muchas sociedades modernas, pero poco a poco las más civilizadas ven la contradicción inherente en tal ley: la de decir que la vida es sagrada, mientras el Estado tiene el derecho de quitarla. ¿Cómo podemos mantener tal estupidez en nuestra sociedad sabiendo que ni evita más homicidios ni nos hace estimar más nuestra preciosa existencia?

Sí, es verdad que el acto de matar a un semejante es repugnante pero, ¿desde cuándo se puede justificar una matanza por otra? Si la primera fue tan mala, ¿cómo puede ser buena la segunda? Si se estima tanto la vida, ¿cómo se puede quitar la de un ser humano, aunque éste sea un miembro menos meritorio? Hable usted con alguien que haya sido testigo de una ejecución por el Estado y pregúntele si se sintió protegido o más civilizado, o si se sintió en la presencia de un acto sagrado. La matanza de cualquiera, ya sea la del hombre más noble o del tipo más cruel, no tiene gloria alguna.

Desde otro punto de vista, bien se sabe que un homicidio es, por lo general, un crimen de pasión, mientras que la pena de muerte es deliberada y bien pensada. Los actos de pasión son irrazonables y nunca podrán ser controlados por una ley. No hay ninguna reflexión en tal acto y, por eso, la pena capital no va a evitarlo. De ahí que, en realidad, no logra su objetivo de reducir los homicidios, siendo más un sentido de justificación y venganza para la sociedad.

Si Dios nos dio la vida, ¿cómo podemos nosotros quitársela a otro? Ya es hora de que actuemos más como seres razonables y compasivos, en vez de actuar como animales brutales.

Discusión

En sus pequeños grupos, expresen y discutan sus puntos de vista sobre la pena capital y sobre la eficacia/ineficacia o la utilidad/inutilidad de la aplicación de esta medida drástica. Hablen de casos específicos en que se ha impuesto esta sentencia y si, en la opinión de ustedes, fue merecida y justa. Comenten sobre los distintos tipos de ejecuciones: silla eléctrica, ahorcamiento, inyecciones o gases letales y fusilamiento. Discutan la posición de las religiones respecto a la pena capital. Busquen información sobre países y naciones que la aceptan y sobre los que no la aceptan, y cuáles son sus razones en relación con este asunto. Conversen sobre el resultado de sus búsquedas.

Vocabulario

abolir
derogar, eliminar

ahorcamiento
quitarle la vida a uno colgándolo del cuello

anciana
mujer de muchos años

apoderarse
hacerse dueño o propietario de algo

cámara de gas
sala donde se ejecuta por medio de gas

campaña
todas las acciones que se pueden aplicar para lograr un fin

cargos
acusaciones

castigo
pena que se impone al que ha cometido una falta o crimen

conmutar
cambiar una cosa por otra

corriente (la) *(fig.)*
movimiento de las tendencias o sentimientos

cuchillada
ataque o herida por un cuchillo o espada

de ahí que
consecuentemente

destrozar
destruir

detonar
iniciar una explosión

detonación
acción y efecto de detonar

difunto
persona que murió

ejecución (la)
acto legal por el cual se le quita la vida a uno, ajusticiamiento

encarcelamiento
acción y efecto de estar en la cárcel o prisión

esposas
pulseras de hierro para sujetar las manos de los presos

evitar
escapar, eludir, evadir

fiscal (el)
abogado representante del estado

fusilamiento
acción de ejecutar a alguien por arma de fuego

fusilar
matar por tiros o disparos de armas de fuego

homicida (el/la)
persona que causa la muerte de otro ilegalmente

homicidio
crimen de matar a otro ilegalmente

imponerse
enfrentarse forzosamente con pretensiones de superioridad

lucha
combate, violencia

matanza
acción de matar o quitar la vida de otro

medida
medio

nocivo
malo, perjudicial, ofensivo

patria
nación o país donde uno nace

primordial
primero, fundamental

principio
fundamento

reo
persona acusada de un crimen

sagrado
divino o religioso

semejante
prójimo, vecino

traición
deslealtad, infidelidad

venganza
satisfacción que toma uno de un daño recibido

vertiente *(fig.)*
manera de presentar o enfocar una situación o asunto

vestigio
señal, signo o lo que queda de alguna cosa o suceso

viviente
que vive, vivo

Repaso gramatical

PRONOMBRES DE OBJETO DE VERBOS

- Los pronombres de objeto de verbos son aquellos pronombres que, como su nombre lo indica, son objetos de una forma verbal, ya sea en forma directa o indirecta. En la oración simple *Ella me ama,* el pronombre **ella** es el sujeto de la forma verbal **ama,** mientras que el pronombre **me** es el objeto de la forma verbal **ama,** ya que es quien recibe la acción del verbo **amar.** Así, se puede decir que **me** es un pronombre de objeto directo de la expresión verbal **ama.** Por regla general, los pronombres de objeto de tercera persona vienen a sustituir al nombre, objeto del verbo, evitando así la necesidad de repetir este nombre.

> Escribo **una carta.**
> **La** escribo ahora.

- En la primera de estas expresiones, se usa la frase nominal **una carta** como objeto directo de la forma verbal **escribo.** En la segunda, se usa el pronombre **la** en sustitución de la frase **una carta,** evitando así su repetición. Es evidente que la palabra **la,** en este caso, tiene la función de pronombre de objeto directo de la forma verbal **escribo,** puesto que la acción de éste se ejerce directamente sobre dicho pronombre. Normalmente el objeto directo de un verbo responde a la pregunta *¿Qué...?* En el ejemplo dado, la pregunta sería *¿Qué escribo?* Obviamente la respuesta será: **Una carta.**

- Se ha dicho también que un nombre o pronombre puede ser objeto **indirecto** de un verbo. En la oración *Escribo una carta a mi novia,* la forma nominal **a mi novia** es el objeto indirecto de la forma verbal **escribo.** Asimismo, esta forma nominal puede ser sustituida por un pronombre, con igual función de objeto indirecto del verbo, y con la finalidad de no repetir la forma nominal.

> Escribo una carta **a mi novia.**
> **Le** escribo una carta cada día.

En la segunda oración, la palabra **le** es un pronombre que sustituye a la forma nominal **a mi novia.** Así, se puede decir que un nombre o pronombre de objeto indirecto de un verbo es el que representa la persona o cosa a la cual, sin ser objeto directo, afecta la acción del verbo. Con frecuencia, responde a las preguntas *¿A quién...? ¿Para quién...? ¿A qué...?* o *¿Para qué...?*

A continuación se dan los pronombres de objeto de verbos que se agrupan en directos e indirectos:

Directos	Indirectos
me	me
te	te
lo, la	le
nos	nos
os	os
los, las	les

- Como se puede ver, los pronombres correspondientes a las primera y segunda personas del singular y plural son los mismos para los directos que para los indirectos, por lo cual en la práctica no es necesario preocuparse si estos pronombres son objetos directos o indirectos. Sin embargo, cuando sea necesario usar los pronombres que corresponden a la tercera persona, sí es importante distinguir si el objeto es directo o indirecto, ya que no son los mismos. A continuación se ven algunos ejemplos para ilustrar el uso de estos pronombres y la función que desempeñan:

> El juez ordenó **la ejecución. (la ejecución,** nom. obj. dir.)
> **La** ordenó en nombre de la ley. (**la,** pron. obj. dir.)
> El criminal **me** lanzó **una cuchillada.** (**me,** pron. obj. ind.; **una cuchillada,** nom. obj. dir.)
> **Me la** lanzó con furia. (**me,** pron. obj. ind.; **la,** pron. obj. dir.)
> Quiero mucho **a mi madre. (a mi madre,** nom. obj. dir.)
> **La** quiero mucho porque ella es muy buena. (**la,** pron. obj. dir.)

- En los casos en que se usan pronombres directos e indirectos en una oración, el indirecto va antes del directo.

> La patria **nos** pide **sacrificio.**
> ¿Por qué **nos lo** pide?
> Ella **te** escribió una **carta.**
> Ella **te la** escribió en inglés.

Muchas personas, principalmente en España, usan los pronombres indirectos **le** y **les** como objeto directo, en vez de usar **lo** y **los,** cuando se refieren a personas masculinas.

En los casos en que se usa un nombre como objeto indirecto del verbo, en español es muy común usar al mismo tiempo el correspondiente pronombre de la misma clase.

El juez **le** conmutó la pena **al criminal.**
Los policías **les** pusieron las esposas **a los ladrones.**

- Cuando se usan pronombres directos e indirectos en una misma oración y ambos pertenecen a la tercera persona, el indirecto **le** o **les** se convierte a la forma **se.**

  Juanita **le** escribió una carta a su **tío.**
  Ella **se la** escribió, en español.

  En general, los pronombres directos e indirectos, objetos de un verbo, preceden al verbo. Solamente en los mandatos afirmativos van unidos a la forma verbal, pero no es así cuando el mandato es negativo.

  Escribo una **carta.**
  Escríba**la.**
  No **la** escriba.

- Pueden también unirse estos pronombres a un infinitivo o un gerundio, cuando dicho infinitivo o gerundio va precedido de otra forma verbal. Sin embargo, en estos casos puede seguirse la regla general de anteponerlos a la forma verbal de que se trate.

  El gobernador quiere dar**nos** una conferencia o el gobernador **nos** quiere dar una conferencia.
  Quiere dár**nosla** porque cree que es útil o **nos la** quiere dar porque cree que es útil.
  El Congreso está suprimiendo la pena de muerte o está suprimiéndo**la** por inhumana o **la** está suprimiendo por inhumana.

- En los casos en que el verbo en uso es reflexivo, el pronombre reflexivo va antes de cualquier otro pronombre objeto del mismo, ya sea directo o indirecto.

  El prisionero **se** cortó la cara. (**se,** reflexivo)
  Se la cortó con una navaja de afeitar. (**se,** reflexivo; **la,** directo)
  El ladrón **se le** escapó al policía. (**se,** reflexivo; **le,** indirecto)

A. **Objeto directo e indirecto.** Conteste las siguientes preguntas, usando los correspondientes pronombres de objeto.

> *Modelos:* ¿Teme usted a la justicia?
> Sí, **la** temo.
> ¿Le conmutaron la pena de muerte al reo?
> Sí, **se la** conmutaron.

1. ¿Ha visto usted una silla eléctrica?
2. ¿Te gustaría conocer al jurado?
3. ¿Le quitaron el revólver al ladrón?
4. ¿Rehusó el acusado contestar la pregunta?
5. ¿Les dieron la pena de muerte a los homicidas?
6. ¿Quiere ver usted al juez?

B. **Más pronombres.** Conteste las siguientes preguntas de acuerdo con el modelo.

> *Modelo:* ¿Vieron (ellos) la ejecución?
> Sí, **la** vieron, pero no querían ver**la**.
> Sí, **la** vieron, pero no **la** querían ver.

1. ¿Abolieron la pena de muerte?
2. ¿Condenaron al asesino?
3. ¿Ejecutaron a la asesina en el estado de Tejas?
4. ¿Le probaron los cargos al acusado?
5. ¿Le conmutaron la pena capital al reo?

C. **La tercera persona.** Conteste de acuerdo con el modelo.

> *Modelo:* ¿Entiendes al juez?
> No, no **lo** entiendo; nunca podré entender**lo** o No, no **lo** entiendo; nunca **lo** podré entender.

1. ¿Apruebas la pena de muerte?
2. ¿Conoces al abogado Johnnie Cochran?
3. ¿Has visto la prisión de Alcatraz?
4. ¿Defenderás a los asesinos?

Ahora conteste las siguientes preguntas de acuerdo con el modelo.

> *Modelo:* ¿Estabas leyendo la sentencia?
> *Sí, estaba leyéndola* o *Sí, **la** estaba leyendo.*

1. ¿Continuaba el fiscal acusando al criminal?

2. ¿Estaba rebatiendo el defensor los cargos del fiscal?

3. ¿Seguía el jurado deliberando el caso?

4. ¿Le estaban siguiendo el juicio al acusado?

D. **¡Trabajando en grupo!** En grupos pequeños, háganse las siguientes preguntas, que se contestan naturalmente con el uso de pronombres de objeto de verbos. Después de cada respuesta, sea afirmativa o negativa, que la defienda o explique la persona que la dio.

1. ¿Crees que Dios nos da la vida y que sólo Él debe quitárnosla?

2. ¿Merecen la pena de muerte los crímenes de traición a la patria?

3. ¿La pena capital reduce el crimen violento?

4. ¿Hemos ejecutado a seres inocentes a veces en este país? ¿Recuerdas el caso específico (los casos específicos)?

5. Si piensas que la pena capital es inhumana, ¿debemos hacer una campaña para abolirla?

6. ¿Merecen la silla eléctrica u otra forma de pena capital los zares de la droga?

7. ¿Firmarías tú la ejecución de una persona que había maltratado y matado a un niño?

8. ¿Debe recibir la pena de muerte un hombre que ha violado a una mujer?

9. ¿Recuerdas la explosión de Oklahoma, que produjo la muerte de cientos de personas? ¿Qué forma de castigo le habrías dado tú a Timothy McVeigh, el terrorista?

10. ¿Debemos quitarles la vida a todos los terroristas como los de 9/11?

11. ¿Aceptas la creencia de que la pena capital es, principalmente, un acto de venganza?

12. Como parte de un jurado, ¿serías capaz de darle la pena capital al que estaba acusado de muerte premeditada?

Ejercicios de vocabulario

A. ¿Qué palabra es? Complete las oraciones con la palabra adecuada.

1. Un derecho primordial es el de defender y conservar nuestra _____.

2. Nadie tiene el derecho a _____ la vida de otro.

3. La pena de muerte es un remedio _____ de la sociedad.

4. Algunas sociedades emplean la pena de muerte por crímenes muy _____.

5. El _____ de un crimen serio debe ser muy severo.

6. Para muchos la pena de muerte es simplemente la venganza que quiere tomar el _____.

7. Las ejecuciones han causado mucho(a) _____ en este país.

8. Las ejecuciones del Estado han producido la muerte de mucha gente _____.

9. Nadie puede decir los efectos _____ que ha tenido la pena de muerte en la reducción de crímenes.

B. Yo pienso que... Complete las oraciones con su propia idea.

1. Muchas sociedades tienen y emplean la pena de muerte porque _____.

2. Aunque sea brutal, la pena de muerte es _____ porque _____.

3. Quiero que la pena de muerte sea _____ porque _____.

4. En los Estados Unidos muchos dicen que la pena de muerte es una ley racista porque _____.

5. Los ricos que cometen homicidios no son castigados con la pena de muerte porque _____.

C. Opiniones. Con un(a) compañero(a), decidan si están de acuerdo con las siguientes afirmaciones. Expliquen sus razones con claridad.

1. La pena de muerte no ha logrado reducir el número de crímenes capitales.

2. El perpetrador de un crimen raramente piensa en las consecuencias de su acto.

3. Los que apoyan el uso de la pena de muerte sólo quieren vengarse de los criminales.

4. Yo pensaría que la pena de muerte sería un castigo justo, si la víctima fuera un familiar mío.

Desafío de palabras

Complete las siguientes oraciones con una palabra lógica de las que figuran al final del ejercicio.

1. Todo problema tiene su _____.

2. Todos tenemos el instinto y el derecho de nuestra propia _____.

3. El castigo de pena de muerte es muy _____.

4. Para algunos la pena de muerte es la _____ que quiere tomar la sociedad.

5. La vida de cada individuo tiene su propio _____.

6. Si no castigamos severamente a un asesino, estamos diciendo que la vida de la _____ vale poco.

7. Todavía tenemos y conservamos _____ primitivos.

8. Si la vida es _____, el Estado no tiene el derecho a quitársela a nadie.

9. Algunos mantienen que la pena de muerte no ha prevenido más _____.

10. Muchos homicidios son actos de _____.

11. Algunas sociedades modernas han abolido la pena de muerte porque han visto la_____ inherente en ella.

12. Debemos tratar de _____ el número de homicidios más razonablemente.

13. Algunos _____ de una ejecución por el Estado han dicho que fue repugnante.

14. ¿Qué forma de ejecución es menos humana, la silla eléctrica o la _____ de gas?

pasión	remedio	severo
contradicción	cámara	reducir
valor	homicidios	testigos
defensa	víctima	sagrada
venganza	vestigios	

17

La herencia y el medio ambiente

Opiniones de la gente de la calle

En dos semanas vamos a mudarnos a una casa más amplia en una ciudad con mejores escuelas y menos crimen. Además, está más cerca de mi tienda, reduciendo el viaje de cuarenta minutos a quince.
—**Lorenzo, hombre de familia, padre de cuatro, dueño de su propio negocio.**

La clonación es un proceso natural que hemos usado con las plantas y los animales, mejorando la vida para todos. Es inevitable que lo hagamos con los seres humanos.
—**John Wells, científico y profesor de biología.**

Si comenzamos a clonar los seres humanos, vamos a estar en un camino muy peligroso desde un punto de vista moral. Jugamos con la propia naturaleza y leyes divinas.
—**María Fermín, teóloga y profesora de teología.**

Me desanima ver a todas esas modelos y actrices superdelgadas porque sé muy bien que nunca podré ser así.
—**Ednita, recién casada, cajera en un supermercado.**

Todas las mujeres de mi familia son un poco bajas, con la tendencia de engordar. No hay forma de evitarlo. Me gustaría ser más flaca pero, no puedo.
—**Carla, estudiante de diecinueve años.**

Es triste saber que la mitad de mis alumnos no se graduarán en diez años porque la calle los va a devorar. Las drogas, el crimen y la falta de incentivo familiar los desmoralizarán. Merecen la misma oportunidad que tienen los niños de los suburbios buenos, pero no la tendrán.
—**Ana Villas, maestra del tercer grado de una escuela en un barrio pobre.**

La clonación

El ser humano siempre ha tratado de dominar o, por lo menos, controlar su medio ambiente y, en menor grado, su herencia. Es fácil ver hasta qué extremo intentamos modificar y alterar el medio ambiente que nos rodea. Construimos casas, negocios, escuelas, hospitales y lugares de recreo para que la vida nos sea más amena y menos amenazante. Si no nos gusta donde vivimos, nos mudamos siempre en busca de mejor vida, es decir que queremos controlar el medio ambiente y no nos conformamos con las circunstancias de vida que se nos dieron.

En cuanto a la herencia, no tenemos tanto dominio aparente. Es verdad que nos casamos con una persona más o menos compatible biológicamente, pero es difícil decir que lo hagamos con propósitos o fines biológicos, porque parece que las intenciones son de mejorar la vida personal o de controlar el medio ambiente. Sencillamente pensamos que podemos vivir mejor con otro en el estado familiar del casado. Ha habido experimentos científicos y políticos para controlar la herencia humana en los cuales se ha tratado de forzar el matrimonio y la procreación de personas que sean biológica y genéticamente del mismo tipo. Algunos han soñado con crear una raza superior que sólo produzca ejemplares o seres perfectos, o por lo menos sin características negativas, igual a lo que se ha logrado con algunas especies de animales, como perros, gatos, ganado, etc.

La verdad es que no podemos cambiar con mucha facilidad nuestra herencia, porque genéticamente hemos heredado los genes de nuestros padres. A pesar de tratar de teñir el color del pelo o cambiar con cirugía la estructura de la nariz, vamos a quedarnos igual que antes.

En marzo de 1997 unos científicos escoceses lograron clonar una oveja, lo cual inició una época nueva que podemos llamar de clonación, o sea un paso muy importante en el proceso de influir o cambiar radicalmente la herencia o estructura genética de los animales y, después, la de los seres humanos. Estos experimentos han indicado que podemos pensar en alterar la raza humana. Poco después los filósofos, los teólogos y aun los políticos hablaron de los grandes peligros inherentes al alterar la naturaleza y el plan divino. No se podía hablar de prohibir que algunas personas procrearan y otras no, como se hace con los animales. En manos de un gobernante fanático, no es difícil prever que sólo los "mejores" de la especie humana continuarían la raza y las personas "inferiores" serían forzadas a no perpetuar o contribuir a la carga genética. Así, sólo los más fuertes, inteligentes, guapos y creativos podrían sobrevivir y seguir produciendo criaturas, que serán también como sus antecesores, réplicas perfectas. ¿Se podría justificar este proceso? No sería muy fácil decidir quién podía vivir y quién no. ¿Qué haríamos con un artista alcohólico, feo y desagradable con grandes talentos creativos, o con un tipo perfecto físicamente a la vista pero sin talento apreciable? Esta ingeniería genética en cierto sentido nos daría poderes divinos. Hay quienes responden que cuando nos casamos y procreamos, ya hemos actuado en forma divina porque estamos mandando que otro ser humano viva.

La clonación es una cuestión filosófica que sólo ahora estamos enfrentando. Las generaciones siguientes tendrán que resolverla, y por el momento nadie sabe cuál será la solución. A veces, es fácil pensar que los científicos no deben pisar en ciertos terrenos que no parecen ser de su dominio, pero al mismo tiempo, es evidente que la mente humana siempre está buscando e investigando para satisfacer esta curiosidad inherente que tenemos, que se dice que es parte de nuestra naturaleza.

La herencia

Todos sabemos que a través de la herencia los organismos vivientes, como el hombre, los animales y las plantas, transmiten a sus generaciones por vía de reproducción ciertos factores o características que determinan, en mayor o menor grado, un parecido con sus progenitores. De ahí que la herencia siempre haya tenido una gran influencia en la evolución y desarrollo de la humanidad, que es a la que en particular nos hemos de referir.

¿Hasta qué punto ejerce la ley de la herencia influencia en el hombre, no tan sólo en el aspecto físico y biológico, sino también en el campo de las características mentales, de las emociones y de las reacciones que en general determinan la conducta o su manera de ser?

Es evidente que las características hereditarias de índole física y biológica son de gran importancia en el hombre. Por ejemplo, la determinación de la raza, ya sea negra, blanca, amarilla o la mezcla de algunas de ellas, influye muchas veces en el hombre.

La estatura y los rasgos fisionómicos son también relevantes. Tomemos, por ejemplo, el caso de una mujer sumamente bonita y hermosa. Su apariencia física puede dar lugar a que desarrolle en ella sentimientos de orgullo, vanidad y soberbia que posiblemente no encontraríamos en una mujer con poca belleza. Un hombre alto, fuerte, con características físicas no comunes, puede desarrollar un carácter agresivo y violento, mientras que un hombre bajito, débil, enclenque, puede ser invadido por un complejo de inferioridad que posiblemente lo anule en la gran lucha por la vida.

En otro aspecto, la inteligencia, ciertas aptitudes naturales para el ejercicio y el desarrollo de las artes, como la pintura, la música, la escultura, pueden ser rasgos que se adquieren por herencia, y los cuales seguramente han de influir en aquéllos que los posean. No hay duda, pues, que la herencia es de una extraordinaria importancia en la vida de la humanidad.

El medio ambiente

Desde el mismo instante en que un ser humano nace, va a encontrarse con el medio ambiente, que ejercerá sobre él, durante el resto de su existencia, una influencia extraordinaria. Pensemos, por ejemplo, en un muchachito, hijo de padres pobres, sin educación, que vive miserablemente en una pequeña habitación que carece de las cosas más simples para cubrir las más elementales necesidades. Pensemos ahora en un niño, hijo de padres ricos, con buena educación, rodeado de todas las comodidades, de todo el confort y de las ventajas que da una posición adinerada. En general, esos dos niños, ¿pueden tener la misma conducta, las mismas ideas y reacciones ante iguales problemas? Seguramente que no.

El hombre que ha vivido siempre en el campo o en una pequeña aldea o pueblo y el hombre que ha vivido en una gran ciudad, que trabaja en una fábrica o industria, ¿tendrán, en general, los mismos puntos de vista sobre un asunto en particular? ¿Serán sus reacciones semejantes? Es muy posible que no.

La mentalidad de un hombre que ha vivido siempre en la opulencia, que no ha conocido o que no ha vivido en un medio de miseria, de calamidades, de penurias, no será igual a la de aquél que ha sentido en su carne el aguijón del hambre, que no ha podido satisfacer sus necesidades, que no ha visto hecha realidad ni la más simple de sus ambiciones.

El medio ambiente, sin lugar a dudas, determina en gran parte el destino y la vida del hombre, no obstante las excepciones naturales que siempre se encuentran en toda regla de carácter general.

DISCUSIÓN

Deben reunirse en grupos pequeños para discutir el asunto de la herencia y el medio ambiente y las nuevas investigaciones de la clonación. ¿Qué factores de la vida están determinados por la herencia y cuáles por el medio ambiente? ¿Qué parte de nuestro ser está determinada por cada uno, y cuál es más difícil de controlar? ¿Somos nosotros más producto de nuestra herencia o del medio ambiente? Describan lo que han leído sobre la clonación, y digan si Uds. la consideran la gran amenaza a la vida humana como nos advierten algunos filósofos y teólogos.

Vocabulario

a despecho de
a pesar de, contra la voluntad o gusto de uno

a medida que
mientras, al mismo tiempo que

adinerado
que tiene mucho dinero, rico

aguijón (el)
punta, extremo, sensación

ambiente (el)
conjunto de circunstancias que acompañan a una persona

anular
cancelar, abolir, borrar

ascendiente (el)
antecesor

avaro
que oculta lo que posee para aumentar su riqueza, tacaño, no generoso

carecer
faltar, no tener

comodidad (la)
conveniencia

corriente
tiempo actual, ahora

dadivoso
generoso

dar lugar a
causar, permitir

debilidad (la)
falta de fuerza

desarrollar
desenvolver

despecho
disgusto originado por un desengaño

ejercer
realizar, actuar; practicar los actos de un oficio o profesión

enclenque
débil, enfermizo

feo
no bonito

forjar
formar, dar forma

fortaleza
fuerza, vigor

gama (la)
escala, panorama

gravitar
pesar sobre alguien una influencia

herencia
el fenómeno de recibir características biológicas de los padres

índole (la)
tipo, clase

lejano
distante

medio ambiente (el)
circunstancias físicas, psicológicas y sociales de la vida

penuria
escasez, falta de las cosas necesarias

pequeñez (la)
calidad de pequeño

progenitor
antecesor en línea recta; padre biológico

rasgo
característica notable

raza
grupo de humanos caracterizados por el color de la piel u otras condiciones físicas

rodear
estar algo alrededor de una cosa o persona

semejante
que se parece, similar

soberbia
exceso en magnificencia, el creerse mejor que los demás

ventaja
superioridad de una persona o cosa respecto de otra

vicio
mala costumbre, defecto moral

Repaso gramatical

LOS ADJETIVOS POSESIVOS

- Los adjetivos posesivos que existen en español son **mi** o **mío, tu** o **tuyo, su** o **suyo, nuestro** y **vuestro.** Todos concuerdan en número con el nombre que modifican, y los que terminan en **-o** concuerdan en género también. Nunca concuerdan con el poseedor. Algunos se usan antes del nombre al que se refieren, y otros después de este nombre. Las formas más usadas son **mi, tu** y **su,** que solamente se usan antes del nombre, mientras que **mío, tuyo** y **suyo** se usan después. **Nuestro** y **vuestro** pueden usarse antes o después del nombre modificado.

  > **Su** opinión sobre la herencia tiene valor, porque ella es bióloga.
  > **Mis** opiniones sobre la herencia valen muy poco.
  > **Nuestros** padres son inteligentes y nos dicen que nosotros lo somos también.
  > **Tus** amigos viven en un barrio pobrísimo; prefiero que no vayas allí.

- El uso de los adjetivos posesivos después del nombre tiene más bien una función enfática, y todos estos adjetivos tienen formas femeninas y plurales que concuerdan con el nombre.

  > La tía Petrona y yo nos parecemos mucho; ella es buena amiga **mía.**
  > Los criterios **suyos** sobre la clonación no me convencen.
  > Todas las primas **nuestras** son bonitas.
  > ¡Dios **mío!** ¡Qué sucia es esta vecindad!

  También, en algunos casos, es posible usar estas formas antes o después del verbo **ser.**

  > La decisión es **mía.**
  > **Mía** es la decisión.
  > El problema es **tuyo.**

- Debido a que el adjetivo posesivo **su** o **suyo** no determina con precisión al poseedor (pues puede referirse a **él,** a **ellos,** a **ella,** a **ellas,** a **usted** o a **ustedes**), en frases u oraciones aisladas en que el contexto no clarifica a quién se refiere, se usan frases preposicionales como **de él, de ella, de Marta, de los herederos,** etc., en lugar del adjetivo posesivo.

  > La insatisfacción **suya** es enorme. (de Lorenzo)
  > La insatisfacción **de Lorenzo** es enorme.

A. **Los adjetivos.** Cambie las siguientes oraciones, colocando los adjetivos posesivos antes del nombre.

Modelo: El descontento **tuyo** es triste.
  Tu descontento es triste.

1. Los experimentos **suyos** con la clonación han tenido éxito.

2. Al hacer las investigaciones **tuyas,** juegas con las leyes divinas.

3. La decisión **suya** hizo posible los triunfos.

4. El objetivo **mío** es mejorar el medio ambiente de esta gente tan pobre.

5. No podemos cambiar con mucha facilidad la herencia **nuestra.**

6. El ser humano siempre ha tratado de controlar el medio ambiente **suyo.**

7. Desafortunadamente, me parezco mucho a varios antecesores **míos** bastante feos.

8. ¡Anímate! ¡La situación **tuya** no es nada irremediable!

9. Algunos dictadores fanáticos han soñado con un plan grandioso: el de hacer del pueblo **suyo** una raza superior.

10. Ana sabe que muchos de los alumnos **suyos** nunca se graduarán de la escuela secundaria, porque viven en un barrio pobrísimo.

B. **Clarificando.** Para ver quién es el poseedor, sustituya el adjetivo posesivo utilizado en las siguientes oraciones por la frase preposicional dada entre paréntesis.

Modelo: **Su** deseo de mejorarse a sí mismo es muy importante. (del hombre)
  El deseo del hombre de mejorarse a sí mismo es muy importante.

1. **Sus** programas son buenos para los que viven en los barrios bajos. (del presidente)

2. Los experimentos **suyos** son necesarios. (de los científicos)

3. **Su** opinión sobre la clonación es muy interesante. (de los políticos)

4. **Su** alto costo es criticable. (de las investigaciones científicas)

5. El anhelo de buscar e investigar es parte de **su** naturaleza. (de los seres humanos)

6. Las ideas **suyas** sobre el medio ambiente son un poco vagas. (de los políticos)

7. En muchísimos casos las ambiciones **suyas** no se realizan. (de los muy pobres)

8. **Su** decisión es muy mala para el medio ambiente de nuestro país. (de ustedes)

C. ¡Trabajando en grupo! En grupos pequeños, que cada persona exprese sus propias ideas y opiniones al completar, a su manera, las siguientes oraciones. Será mejor que todos completen una oración antes de que se haga la que sigue. Después de que se hayan hecho todas las oraciones, que siga una conversación general, con preguntas entre sí, sobre las varias ideas y opiniones expresadas.

1. En cuanto al medio ambiente de los Estados Unidos, nuestro gobierno _____.

2. En mi familia, se pueden ver las muchas influencias de la herencia porque _____.

3. En mi opinión, la clonación es algo _____.

4. Cuando pienso en los religiosos y las reacciones suyas hacia los experimentos sobre la clonación, yo _____.

5. Si alguien le echa la culpa a su medio ambiente por una falta de éxito personal, esto _____.

6. Todas las personas no pueden controlar su medio ambiente, porque _____.

Ejercicios de vocabulario

A. ¿Qué palabra es? Complete las oraciones con una palabra adecuada.

1. La herencia siempre ha tenido una gran influencia en el _____ de la humanidad.

2. Es imposible saber hasta qué _____ la herencia determina la conducta del ser humano.

3. Las características físicas pueden influir en una persona, dándole un _____ de superioridad o inferioridad.

4. El medio ambiente que rodea a alguien ejerce _____ influencia en su actitud hacia la vida.

5. El punto de _____ de una persona cambia con el medio ambiente.

6. Siempre hay excepciones que _____ la regla.

7. Heredamos muchas características _____ de nuestros padres.

8. Es imposible escapar por completo a la _____ del medio ambiente y de la herencia.

B. Yo pienso que... Complete las oraciones con su propia idea.

1. La herencia ejerce más influencia en nuestra vida que el medio ambiente porque _____.

2. Toda persona puede limitar la influencia del medio ambiente porque _____.

3. Es más fácil cambiar la influencia del medio ambiente porque _____.

4. Podemos limitar la influencia de la herencia con tal que _____.

5. El factor de más importancia del medio ambiente es _____ porque _____.

C. Opiniones. Con un(a) compañero(a), decidan si están de acuerdo con las siguientes afirmaciones. Expliquen sus razones con claridad.

1. La herencia determina nuestra vida más profundamente que el medio ambiente.

2. Esencialmente el medio ambiente cambia y altera los efectos de la herencia.

3. Las instituciones pueden ayudarnos a aceptar o rechazar las influencias que ejerce la herencia.

Desafío de palabras

Busque las palabras del segundo grupo que sean sinónimos de las del primero.

I.		
conducta	índole	belleza
enclenque	avaro	anular
aptitud	carecer	adinerado
pensamiento	aldea	solucionar
opulencia	no obstante	dadivoso
camino	penuria	confirmar

II.		
asegurar	propensión	tacaño
generoso	riqueza	pueblo
cancelar	hermosura	a pesar de
resolver	idea	ruta
débil	tipo	rico
faltar	comportamiento	miseria

18

El narcotráfico

Opiniones de la gente de la calle

Mi única experiencia en el asunto de las drogas fue en la escuela superior; yo tenía diecisiete años. Un compañero de una de mis clases, buen amigo mío, me invitó a probarla. Me negué rotundamente a ello. Hoy mi amigo está en el cementerio. Murió de una sobredosis de cocaína, mezclada con alcohol.
—Antonio, joven de veinte.

El tráfico de drogas en esta ciudad es un escándalo. No voy a decir que en todos sus barrios es así, pero en algunas zonas, principalmente las de "bajo fondo", el comercio es libre. La policía tiene muy poco control en estos lugares, y los vendedores y clientes se despachan a sus anchas.
—Magdalena, joven en una ciudad grande.

La batalla que estamos librando en contra de los narcos es formidable. En los últimos días hemos realizado más de mil arrestos, y hemos confiscado drogas de todas clases, con un valor en la calle de más de un millón de dólares.
—Sargento Matías Cisneros, de la unidad de antidrogas.

La campaña "Drogas fuera de la escuela" ha dado algunos resultados positivos, pero todavía en mi escuela no ha sido posible acabar con el problema. No sabemos cómo, pero tenemos evidencia que aún se introducen en el recinto escolar algunas drogas, principalmente marihuana. Hemos sorprendido a algunos estudiantes fumando esta hierba.
—Sr. Joaquín Iglesias, Director de una escuela superior.

Vivo horrorizada con esto de las drogas. Vigilo constantemente a mis tres hijos. Les registro los bolsillos de su ropa para ver si les encuentro algo, como cigarrillos de marihuana, o alguna otra sustancia extraña. Ellos me han dicho que no usan drogas de ninguna clase pero, no obstante, siempre estoy con el temor de que un día la cojan.
—Rosaura, madre de tres hijos adolescentes.

Las drogas—flagelo de la humanidad

Sin duda, el mal más terrible, peligroso y trágico que vive la humanidad en estos momentos es el narcotráfico, o tráfico de drogas. La batalla contra las drogas ha producido, hasta ahora, pocos resultados positivos. Las terribles consecuencias que este flagelo trae consigo son incalculables: asesinato, homicidio, suicidio, violación, robo, chantaje, soborno, corrupción, enriquecimiento indebido e ilegal, pobreza, hambre, enfermedades, odio, venganza, traición. Es el compendio de todos los males.

Existen muchas clases de drogas, unas más poderosas que otras, pero todas fatales para el ser humano: cocaína, heroína, morfina, opio, marihuana y combinaciones de algunas de éstas como, por ejemplo, el *crack*. Mezcladas con alcohol, las drogas son devastadoras.

Las consecuencias de su uso son simplemente trágicas. Las personas que las usan son drogadictas. Hay personas que las usan por primera vez, pero reaccionan y no vuelven a usarlas nunca más. Las que vuelven por segunda, tercera, cuarta vez... están perdidas. Después de un tiempo del uso continuado de la droga, el individuo ya no puede vivir sin ella; se convierte en un drogadicto. Es un paria, un autómata, un desesperado, un esclavo de su vicio, un obsesionado, un criminal. La persona asesina, roba, viola, sin lograr con ello satisfacer la necesidad del vicio que la ha llevado al abismo.

Un aspecto muy importante en este asunto es el de la oferta y la demanda. Se critica fuertemente a los Estados Unidos por ser el número UNO en cuanto a la demanda de drogas. Los países productores de la coca, la marihuana, la adormidera y otras plantas estupefacientes, alegan que si no hubiera fuerte demanda por parte de los drogadictos de nuestra nación, la producción no sería tan prolífera. La solución de todo esto sería, al menos teóricamente, eliminar el consumo.

Dos soluciones extremas se han propuesto para acabar con este flagelo:
a) declaración del uso legal de las drogas, al igual que se hizo con el alcohol;
b) continuación de la batalla, con todos los recursos disponibles, para destruir las drogas.

Legalización del uso de drogas

El imperio de las drogas es el más poderoso de todos los grupos organizados del crimen. ¿Por qué es tan poderoso? Porque el producto o materia prima que lo sostiene se ha declarado ilegal. El día que se declare legal su consumición, ese mismo día el imperio se derrumba. Ya no tiene razón de ser. Los que lo regían no podrán competir con el organismo que el gobierno de la nación habrá de crear para el control de la venta y uso de la materia letal.

Muchas personas se horrorizan al pensar en la posibilidad de que se legalice el expendio y consumo de las drogas, pero otras creen que ésta es la única solución para acabar con la organización de criminales que controlan el narcotráfico.

Se ha comprobado que la lucha contra esta plaga ha resultado hasta ahora casi baldía. No importa que las autoridades de aduana y de policía confisquen grandes cargamentos de droga y pongan en prisión a unos cuantos traficantes. Lo que sobra es el producto y los expendedores se multiplican, estimulados por las fabulosas ganancias que el "negocio" proporciona.

¿Cuánto cuesta esta batalla? Centenares de millones de dólares se invierten en esta contienda, sin resultados positivos, y todo esto sin contar con las vidas que se pierden, con los sufrimientos, las calamidades, las enfermedades y la miseria que produce. La existencia del drogadicto es el motor que trágicamente mueve esta máquina infernal. ¿Cómo podemos terminar con el problema del drogadicto? Curándolo, educándolo. Si no hay personas que usen drogas, el problema está resuelto. Es muy fácil decirlo, pero sabemos cuán difícil es que se convierta en realidad.

¿Quién vendería la droga que ha de declararse legal? No se vendería en los supermercados o en las farmacias de la ciudad. Se vendería en establecimientos especiales, operados por autoridades de los gobiernos estatales, como se hizo cuando se declaró legal el consumo de las bebidas alcohólicas, y a un precio, tal vez, veinte o cincuenta veces más barato de lo que costaba cuando la venta era ilegal y estaba controlada por los narcotraficantes.

Todo esto puede parecer una incongruencia, un absurdo, un contrasentido, pero no lo es. El gobierno desplegaría una publicidad y propaganda masiva constante. Todo el dinero que antes se gastaba en la lucha contra el tráfico de drogas, más lo que se recaude por la venta, se usaría ahora para ayudar, sanar y orientar al drogadicto, y para alertar a toda la ciudadanía en general.

La venta de drogas por parte del organismo gubernamental sería algo muy peculiar, muy *sui generis*. En vez de anunciar y hacer propaganda a favor del consumo, se haría todo lo opuesto, todo lo contrario. En las paredes, en los estantes del local, se desplegarían grandes y bien visibles letreros donde se informaría de las nocivas, terribles y trágicas consecuencias que trae consigo el consumo de las drogas, e incitarían a los consumidores a que dejaran el vicio.

Así, poco a poco, se iría exterminando el monstruo, hasta que llegara el día en que se cerraran esos establecimientos porque ya no habría clientes, no habría parroquianos que acudieran a ellos a comprar la droga maldita.

Guerra al narcotráfico

La legalización de la venta de drogas es un absurdo, un contrasentido, aun cuando esto se haga a través de un control total y absoluto por parte de las autoridades gubernamentales. Esto traería un aumento considerable de drogadictos, debido a lo fácil y barato de obtener la droga.

Al narcotraficante, a los grandes y poderosísimos magnates del multimillonario negocio hay que combatirlos a sangre y fuego. Estos criminales son muy poderosos, están muy bien organizados, gozan de extraordinaria influencia, sobornan a las autoridades, amenazan a los jueces y asesinan, si es necesario, a quienes se les oponen.

Hay un proverbio español que dice "a grandes males, grandes remedios". Para combatir al narcotraficante y vencerlo, no se puede andar con "paños calientes". Hay que usar mano de hierro. Ahora los narcotraficantes se ríen de las autoridades gubernamentales que tratan de detener este tráfico. Se ríen de las instituciones cívicas, religiosas y educacionales que, a través de los medios afines a cada una de ellas, luchan por su erradicación.

Hay sólo un medio para vencer este "cáncer social" que amenaza con destruir todo lo bueno que existe. El único medio es la guerra, pero una guerra en toda la acepción del vocablo. Una guerra donde se movilicen las fuerzas armadas de aire, mar y tierra de la nación. Una guerra donde las fuerzas aéreas bombardeen y arrasen todas las plantaciones de marihuana, de coca, de adormidera. Una guerra donde las fuerzas de mar vigilen las vías marítimas por donde transitan las embarcaciones que transportan la droga, las detengan y, si es necesario, las echen a pique. Una guerra donde las fuerzas de tierra invadan todos los reductos donde se fabrica, se elabora y se envasa el maldito estupefaciente, destruyan todas las instalaciones, y detengan y hagan prisioneros a todos los que se encuentren en el lugar. Posiblemente estas instalaciones estarían defendidas por una tropa mercenaria, bien adiestrada y armada, y haría resistencia y se produciría una batalla donde habría bajas de uno y otro lado. Los prisioneros serían juzgados como criminales de guerra y serían condenados, según su importancia y participación, a prisión perpetua o a la pena de muerte.

Discusión

En pequeños grupos, conversen sobre el mundo de las drogas y el narcotráfico, las causas y los efectos del uso de las drogas, el por qué de la gran demanda en el consumo de ellas y por qué los Estados Unidos son el número uno como cliente de drogas. Presenten, cada uno de ustedes, cual sería la solución para terminar con este flagelo. Hablen de los peligros a que están expuestos todos los que participan en este comercio y también los efectos que causan en las comunidades, en la familia, en la escuela. Hablen sobre las medidas que toman las autoridades para contrarrestar esta epidemia y de los resultados que se obtienen. También discutan la corrupción que provoca este tráfico entre las personas llamadas a frenarlo, y sobre los sobornos, las amenazas y los actos de violencia que sufren muchas personas que están involucradas en este sucio negocio.

Vocabulario

abismo
profundidad muy grande; (*fig.*) cosa inmensa, incomprensible

acabar
terminar, finalizar

acudir
llegar a un sitio o lugar

adormidera
planta de la cual extraen el opio

aduana
lugar donde se inspeccionan las cosas que vienen de otros países

afines
próximos

amenazar
hacer temer un daño o mal

arrasar
destruir

baja
pérdida de un individuo

baldío
ineficaz, inútil

cargamento
conjunto de cosas que se transportan

cerrar (*fig.*) (ie)
poner fin a las actividades de uno

chantaje (el)
acto de sacar dinero de alguien, amenazándolo con el hecho de difamarlo

compendio
resumen

contienda
pelea, disputa

dañino
que hace daño

derrumbarse
caerse

desplegar (ie)
poner en práctica una actividad

echar a pique
hacer que un transporte marino se hunda en el mar

estante (el)
en una tienda, lugar donde se coloca o exhibe la mercancía

flagelo (*fig.*)
calamidad, aflicción

ganancia
utilidad que resulta de una acción

gozar
tener cierta cosa útil o beneficiosa, disfrutar de algo beneficioso

letal
mortal, mortífero, fatal

letrero
rótulo, inscripción

materia prima
substancia original de la cual se obtienen otros productos

paños calientes (*fig.*)
expresión popular que indica que los remedios son ineficaces

paria
persona ínfima, despreciable, sin valores de ninguna clase, hombre despreciado por los demás

parroquiano
cliente

penas
sufrimientos

plaga
abundancia de una cosa nociva y peligrosa

proverbio
frase que expresa un pensamiento de sabiduría popular

recaudar
recolectar cantidades de dinero

retar
incitar a alguien a luchar contra algo o contra alguien

soborno
acción de corromper a alguien con dinero para conseguir algo

sobrar
haber de una cosa más de lo necesario

tienda
lugar de comercio donde se puede comprar algo

venganza
causar daño a quien nos produjo daño anteriormente

vigilar
observar a alguien o algo para evitar que cause daño

violación
forzar a una persona al acto sexual

violar
abusar sexualmente de una persona por la fuerza

Repaso gramatical

Para que y el subjuntivo

- La conjunción **para que** siempre va seguida del subjuntivo porque indica una acción que puede ocurrir, pero no es seguro o cierto que ocurra.

  Tenemos que hacer todo lo posible **para que** la batalla contra las drogas **tenga** éxito.

  Se habla de legalizar el uso de drogas **para que** se **eduquen** y se **curen** los drogadictos.

A. De pasado a presente. Cambie las siguientes oraciones al tiempo presente.

Modelo: Se creó la campaña "Drogas fuera de la escuela" para que no se introdujeran tantas drogas en el recinto escolar.

*Se crea la campaña "Drogas fuera de la escuela" **para que** no se **introduzcan** tantas drogas en el recinto escolar.*

1. Muchos jóvenes usaban drogas para que sus problemas no les parecieran tan malos.

2. El hijo mayor de Judith no fumaba marihuana en casa nunca para que ella no sospechara nada.

3. Las fuerzas armadas de los Estados Unidos y otras naciones necesitaban declarar una guerra formal al narcotráfico para que este mal terrible desapareciera de la faz de la tierra.

4. Algunos políticos querían legalizar el uso de drogas para que no tuvieran compradores los narcotraficantes.

5. En nuestra iglesia, el pastor nos aconsejó en contra del uso del alcohol para que no llegáramos a probar otras drogas.

6. En algunas zonas de esta ciudad, la policía tuvo que ejercer más autoridad para que los vendedores y sus clientes no comerciaran libremente.

7. Eva, drogadicta de diecisiete años, siempre buscaba la manera de obtener dinero y robaba a escondidas para que la policía no la arrestara.

LOS PRONOMBRES COMO OBJETOS DE PREPOSICIONES

- En español, los pronombres que pueden ser objetos de preposiciones son las mismas que se usan como pronombres personales (**usted, él, ella, nosotros-as, vosotros-as, ustedes, ellos-as**), con la excepción de los correspondientes a la primera y segunda persona del singular, que en este caso son **mí** y **ti**. Cuando éstos son objetos de la preposición **con,** forman una sola palabra: **conmigo** o **contigo.**

¿Las leyes en contra del uso de drogas? No sé mucho **de ellas.**

No he usado drogas jamás; lo juraría **ante ustedes** o **ante él.**

Es **por ti** y los otros liberales que hay tanto interés en la legalización de la venta de drogas.

Las drogas son una gran necesidad, casi una obsesión **de ella.**

Ven **conmigo.** Quiero que veas donde abunda el tráfico de drogas en esta población tan amena.

Las leyes en contra del narcotráfico son para todos; son **para mí** y **para vosotros** también.

Faltan leyes que nos protejan **a nosotros,** los ciudadanos buenos, contra los crímenes de los drogadictos.

B. Objetos de preposiciones. Complete cada oración con la forma correcta del objeto de preposición, según los modelos.

Modelos: ¿El narcotraficante que fue arrestado?
   *No sé nada de **él.***
   ¿Sus víctimas?
   *Las leyes no son para **ellas.***

1. ¿Las drogas? Se ha escrito mucho en el periódico sobre _____.

2. ¿Los resultados positivos? La unidad de antidrogas quiere hablar solamente de _____.

3. ¿Sus pobres víctimas? Los narcotraficantes no piensan en _____.

4. ¿La policía? La inmensidad del problema de drogas está en contra de _____.

5. ¿El pueblo? Una solución al grave problema del narcotráfico es por _____.

6. ¿Las fuerzas armadas? Una guerra al narcotráfico necesita de _____.

7. ¿Tú y yo? Las autoridades gubernamentales no se preocupan por _____.

8. ¿Tú? ¡Las drogas no pueden ser de ningún beneficio para _____!

9. ¿Yo? Los vendedores de drogas que le proveyeron de heroína a mi hijo no sabían que tendrían que contar con _____.

10. ¿Los drogadictos? Hace falta mejor tratamiento para _____.

C. ¿Sí o no? Usando el pronombre de objeto adecuado, conteste las siguientes preguntas de manera afirmativa o negativa.

Modelo: ¿Se burlan los narcotraficantes de la **justicia**?
   *Sí, se burlan de **ella.***

1. ¿Confías en **la lucha contra las drogas**?

2. ¿Produce una mala reacción en **ustedes** la situación de hoy día con las drogas?

3. ¿Se ríen los vendedores de drogas de **las leyes**?

4. ¿Se puede ganar la batalla contra el narcotráfico sin **mucho apoyo público**?

5. ¿Se escribe mucho sobre **la legalización del uso de drogas**?

D. ¡Trabajando en grupo! En grupos pequeños, completen la primera parte de las siguientes oraciones que terminan con una cláusula introducida por la conjunción **para que.** La primera parte de todas las oraciones tiene que ver con los jóvenes y las drogas. Por medio de esta tarea, se espera que comprendan ustedes mejor el uso de **para que,** mientras piensan en la seriedad de resolver los problemas producidos por el uso de las drogas.

1. _____ para que no sean adictos a la nicotina.

2. _____ para que no se hagan adictos al alcohol.

3. _____ para que busquen tratamiento, si lo necesitan.

4. _____ para que puedan hablar con otro(a) de sus muchas preocupaciones.

5. _____ para que no sean arrestados por la policía.

6. _____ para que vuelvan a casa si han salido por su dependencia de la droga.

7. _____ para que haya mejor comprensión de sus problemas.

8. _____ para que no tengan que robar ni hacer otras muchas cosas para conseguir dinero.

9. _____ para que no haya necesidad de legalizar el uso de drogas.

10. _____ para que nuestra sociedad se dé cuenta de lo serio que es el narcotráfico.

Ejercicios de vocabulario

A. ¿Qué palabra es? Completen cada oración con la palabra adecuada.

1. Se debe _____ la venta de drogas.

2. Algunas drogas son _____ mezcladas con otras.

3. Las drogas han producido muchos _____ como robos, asesinatos y sobornos.

4. El promedio de adicción es más grande en la clase _____.

5. Un adicto es como un _____ de su vicio.

6. Algunos drogadictos no quieren _____ a su dependencia.

7. Muchos recurren al uso de drogas como un _____ a sus problemas.

8. Si se legalizan las drogas, el _____ necesitará imponer controles estrictos.

9. Una atracción del uso de las drogas es el hecho de que son _____.

10. Si luchamos contra los narcotraficantes, debe ser una _____ completa.

11. En las universidades el consumo de drogas es _____.

B. **Yo pienso que...** Complete cada oración con su propia idea.

1. La legalización de las drogas sería _____ porque _____.

2. Una guerra completa contra los narcotraficantes sería _____ porque _____.

3. Es posible que el uso de drogas disminuya en poco tiempo porque _____.

4. El gobierno no podría vender y condenar el uso de drogas porque _____.

5. Para los ricos el uso de drogas está de moda porque _____.

C. **Opiniones.** Con un(a) compañero(a), decidan si están de acuerdo con las siguientes afirmaciones. Expliquen sus razones con claridad.

1. El consumo de drogas sube porque la vida es insoportable.

2. Si permitimos la venta del alcohol y del tabaco, debemos hacer lo mismo con la marihuana y la cocaína.

3. Intentar controlar la venta de drogas por un gobierno corrupto es inútil.

Desafío de palabras

Busque las palabras del segundo grupo que sean sinónimos de las del primero.

I.

flagelo	droga	consecuencia
compendio	retar	mezclado
escape	pena	desafortunadamente
convertir	satisfacer	poderoso
derrumbar	baldío	letal
sobrar	proporcionar	infernal
desplegar	incitar	parroquiano
combatir	proverbio	vencer
remedio	detener	vocablo
arrasar	transitar	contienda

II.

luchar	caer	desafiar
narcótico	resultado	conquistar
palabra	provocar	cambiar
solución	enseñar	quedar
destruir	parar	cruzar
complacer	cliente	fatal
desgraciadamente	combinado	dolor
resumen	calamidad	inútil
dar	dicho	fuerte
diabólico	disputa	salida

19

Fumar o no fumar

Opiniones de la gente de la calle

Si Dios hubiera deseado que fumáramos, nos habría dado una chimenea como parte de la cabeza.
—**Rosa, mujer de ochenta años.**

Cuando me pongo nerviosa, un cigarrillo me puede calmar más que cualquier otra cosa.
—**Juanita, joven estudiante universitaria.**

A mi parecer, la mayor parte de los fumadores son gente ignorante de bajo rango social.
—**Sr. Smith, director joven de una empresa regional.**

A veces me aparto de los otros y fumo un cigarrillo en silencio, sin decir ni una palabra. ¡Ojalá que otros muchos dejaran de hablar de vez en cuando!
—**Julia, enfermera de edad mediana que trabaja en un hospital grande.**

Se debe trasladar a todos los fumadores a una región muy aislada del país.
—**Ana, de treinta años, madre de tres niños.**

¡Qué estupidez la mía! Si no hubiera fumado durante más de cuarenta años, no tendría que tener siempre a mi lado este tanque de oxígeno.
—**Dr. Álvarez, profesor universitario jubilado.**

¡Lo mejor de la vida: un buen cigarro de Hispanoamérica acompañado de una copa de vino selecto!
—**Humberto, jardinero, de sesenta años.**

Sin mi pipa, me siento impotente intelectualmente.
—**Carlos, estudiante graduado de la Universidad de Florida.**

¡Odio a los fumadores porque su humo es como un violador de mis pulmones vírgenes!
—**Clara, secretaria de veintitrés años.**

¡Al infierno con los fumadores pa' que tengan todo el humo que quieran!
—**Paco, leñador joven del estado de Washington.**

Un campo de batalla

Hoy en día la industria tabacalera es el blanco de mucha crítica y, en algunos casos, de pleitos. Muchas personas que llevan años fumando y, a causa de esto, se han enfermado, buscan remedios legales. La mayor parte de estas personas necesitan ayuda financiera para pagar enormes cuentas médicas. Sus abogados acusan a las compañías de cigarrillos de emplear anuncios, como los de "Joe Camel", que atraen a los jóvenes, porque necesitan nuevos clientes, puesto que los de edad están demasiado enfermos para seguir fumando, o ya se han muerto. Y parece que la campaña de anuncios dirigidos a los jóvenes ha tenido éxito. Entre 1988 y 1996, hubo un aumento del 73 por ciento en el número de jóvenes que fumaban.

Los abogados que defienden a la industria tabacalera dicen que ya hace mucho tiempo que los fumadores se han dado cuenta de los riesgos para la salud presentados por el tabaco. Citan a un rey de Inglaterra que hablaba de los peligros del tabaco en 1604, y se refieren al uso de la expresión, "clavos para los ataúdes", usada en este país por muchas personas hace unos cien años para referirse a los cigarrillos.

Salgan como salgan los pleitos, es evidente que la oposición a fumar ha aumentado muchísimo en los Estados Unidos durante los últimos años. Con razón, los que no fuman dicen que tienen derecho a protegerse contra los peligros del humo de segunda mano. Por otro lado los fumadores, ya en plena retirada, dicen que tienen derechos también y que no es justo que sean objeto de oprobio social.

¿Se puede resolver este problema legal y social? No se sabe todavía. Pero, escuchemos dos puntos de vista completamente contrarios, el de alguien a quien le gusta fumar, y el de otra persona que detesta la práctica. Así, tal vez podamos comprender mejor el problema.

DISCUSIÓN

En grupos pequeños, discutan el problema de los pleitos entre las víctimas del tabaco y las compañías tabacaleras. ¿Quiénes tienen razón? ¿Es la industria del tabaco un negocio como cualquiera o es un negocio cruel e inmoral? ¿Son responsables por sus enfermedades los fumadores mismos o tienen la culpa las compañías de tabaco?

Fumar

Aunque ya no está de moda, me gusta mucho fumar. Tengo un empleo que me produce mucha tensión, y tomar un breve descanso de vez en cuando para fumar un cigarrillo me tranquiliza mucho. A veces me acompañan otros empleados que fuman, y me complace conversar con ellos. Lo único que no me gusta de estos descansos es que ya no podemos fumar dentro del edificio y tenemos que salir al aire libre para hacerlo. Cuando hace o mucho calor o mucho frío, no es nada cómodo fumar afuera. Parece que he sufrido más resfriados después de que se estableció lo de no permitirse fumar adentro.

Me doy cuenta de los varios riesgos para la salud a los cuales se exponen los fumadores, pero ¿qué le voy a hacer? Me gusta fumar. Me gustan el olor y el humo mientras mi cigarrillo se quema, y creo que necesito tener algo en la mano, así con el cigarrillo entre los dedos, me siento mejor. Para mí, es un placer total.

Voy a cumplir treinta y cinco años dentro de dos meses, y todavía puedo usar la ropa que tenía cuando era estudiante universitario. La razón es que el fumar causa que coma menos. Hace unos tres años dejé de fumar por varios meses a insistencias de mi esposa, que estaba preocupada por mi salud. Durante el tiempo en que yo no fumaba, subí mucho de peso porque comía demasiado entre comidas. Poco después de volver a fumar, bajé a mi peso de antes. Si no hubiera empezado a fumar otra vez, me habría puesto tan gordo como muchos colegas míos que no fuman.

También, durante ese período cuando no fumaba, siempre me sentía nervioso; no podía relajarme. Pero ahora el día me empieza bien con mi taza de café y un cigarrillo, sigue así con mis descansos para fumar durante el día laboral, y se termina cómodamente cuando fumo en casa mientras leo el periódico o miro mis programas favoritos de televisión. Dos o tres veces a la semana, doy un paseo con mi señora después de cenar, y disfruto un pitillo mientras camino.

Yo sé que a muchos no les gusta que algunos fumemos pero, por favor, no podemos acabar con todos los vicios de este mundo. Déjennos fumar un poco. Somos gente decente, no monstruos que quieren molestar a todo el mundo.

DISCUSIÓN

En grupos pequeños, hablen de los que fuman. ¿Tienen ellos derechos también? ¿Es justo que tengan que salir al aire libre para fumar? ¿Tiene el fumar algunos beneficios verdaderos? ¿Es el fumar tan malo como beber alcohol? ¿Es verdad que haya una guerra en contra de los que fuman?

No fumar

No fumo porque creo que es algo completamente insensato. Durante mi primer año de estudios universitarios, tenía algunos amigos que fumaban y decidí comprar un paquete de cigarrillos y probarlos. Recuerdo la primera vez que aspiré el humo de tabaco: sentí una quemazón muy fuerte en los pulmones, como si estuvieran diciéndome que no eran capaces de resistir una invasión tan peligrosa. Le regalé el resto del paquete a una de mis amigas y nunca volví a fumar otro cigarrillo.

Además de ser malísimo para la salud, el fumar es una dependencia muy costosa. Conozco a varias personas que gastan más de cien dólares al mes en productos de tabaco. A veces no compran algo que necesitan, como ropa o comida, para sustentar su mal hábito.

¡Y no me hablen del mal olor que llevan consigo los fumadores, cuyo aliento y ropa anuncian que son usuarios de tabaco! A causa de este olor tan fuerte, en la oficina donde trabajo es obvio quienes son los empleados que fuman. También, son las personas que desaparecen frecuentemente para fumar al aire libre. Tienen muchos más descansos que los que no fumamos, lo cual me parece bastante injusto.

Otra práctica de los fumadores que me enfurece es la de tirar colillas por todas partes, como si fuera un derecho suyo. Las vemos echadas en el piso, en la calle y por dondequiera. He oído que muchos incendios en nuestros bosques preciosos son causados por las colillas que fueron tiradas por gente descuidada.

Soy madre y cuando veo a una mamá que está fumando mientras conduce un coche en el que hay niños, me pregunto si ella se da cuenta del daño que su humo puede hacerles a los pequeños. Luego pienso en el hecho de que estos niños, y otros millones como ellos, tienen que respirar este aire contaminado todos los días en casa. Y en muchos casos el padre fuma también, causando que los hijos reciban una dosis doble de humo de segunda mano. ¿Qué pensarán estos padres? ¿No les importa la posibilidad de que sus acciones les ocasionen a los niños serios problemas de salud ahora y cuando sean mayores? ¿O es que los padres son tan adictos a la nicotina que no pueden más? Su mal hábito es un peligro para la salud de sus hijos y para ellos mismos. Por otra parte, hay tantas cosas bonitas y saludables en la vida que no veo la necesidad de fumar. Prefiero disfrutar de estas cosas en lugar del tabaco peligroso.

DISCUSIÓN

En grupos pequeños, hablen de las personas que están en contra del fumar. ¿Es una forma de prejuicio el odio hacia el fumar? ¿Es también odio hacia la persona que fuma? ¿No hacen caso los fumadores de los derechos de los que no fuman? ¿Es justo tirar las colillas por todas partes? ¿Son malos los padres que fuman en el coche y en casa?

Vocabulario

al aire libre
afuera, no dentro de un edificio o una casa

apoyar
mantener

ataúd (el)
féretro, caja en que se entierra un cadáver

basura
desperdicio, residuo

blanco
objeto para practicar tiro y puntería

carecer de
faltarle a uno(a), no tener

césped (el)
hierba, jardín

colilla
cabo de un cigarrillo que ya se ha fumado

compartir
repartir, dar parte de algo, distribuir

complacer
gustarle o darle placer a uno(a)

copa
vaso grande de cristal

dar un paseo
andar, caminar

de moda
popular entre muchas personas, de manera popular

jubilar
retirar, pensionar, dejar de trabajar

leñador(a)
persona que corta árboles grandes

ocasionar
causar, provocar

oprobio
deshonra, ignominia

padecer
sufrir, soportar, ser víctima de

pariente (el)
persona que es parte de la familia extensa

pitillo
cigarrillo

pleito
causa o juicio, disputa legal

pulmón (el)
órgano del cuerpo que controla la respiración

quemazón (la)
sensación de calor, de ardor

rango
clase, categoría, orden

trasladar
mover, mudar

volver a + infinitivo
hacer algo otra vez o de nuevo

Repaso gramatical
El subjuntivo en cláusulas adverbiales que empiezan con *si* o *como si*

- En español es necesario emplear el subjuntivo en cláusulas adverbiales que expresan algo contrario u opuesto a la realidad. Tales cláusulas empiezan con la palabra **si** y requieren el uso del imperfecto del subjuntivo o el pluscuamperfecto del subjuntivo. Se usa el primero si la acción del verbo es contraria a la realidad en el momento actual y el segundo si la acción del verbo es así en el pasado.

  > Si yo **fumara,** trataría de poner fin a esta dependencia.
  > Si yo **hubiera fumado** cuando era joven, habría tratado de poner fin a esta dependencia. (Se dice también: Si yo **hubiera fumado** cuando era joven, **hubiera tratado** de poner fin a esta dependencia.)

- En estas construcciones se usa el condicional simple en la cláusula principal si la situación existe ahora (primer ejemplo), y el condicional perfecto (o pluscuamperfecto del subjuntivo) si tiene que ver con algo en el pasado (segundo ejemplo). A veces se usa el condicional simple en la cláusula principal después del pluscuamperfecto del subjuntivo, si la acción de la cláusula principal ocurre todavía.

  > Si no hubiera fumado durante más de cuarenta años, no **tendría** que tener siempre a mi lado este tanque de oxígeno.

Las mismas reglas gramaticales se aplican a las cláusulas adverbiales presentadas por las palabras **como si.**

  > Sentí una quemazón muy fuerte en los pulmones, como si éstos **estuvieran** diciéndome que no eran capaces de resistir una invasión tan dañina.
  > Mi abuelo dijo que no sabía por qué siempre tenía un dolor del pecho, como si no **hubiera fumado** desde que era joven.

- Por lo general, no se usa el modo subjuntivo en las cláusulas presentadas por **si** que no expresan una acción contraria u opuesta a la realidad. En estos casos, se suele emplear el presente de indicativo.

  > Si **vamos** al restaurante mexicano, tendremos que sentarnos en la sección de no fumar.
  > Si mi esposa **fuma** excesivamente, casi siempre sufre de unos dolores de cabeza tremendos.

Por eso, se puede decir que el presente del subjuntivo se usa raramente (casi nunca) en una cláusula que empieza con **si** o **como si.**

A. ¿Es realidad? Cambie las siguientes oraciones a otras que expresen algo contrario a la realidad en el momento actual.

Modelo: Carmen fuma demasiado.
> *Si Carmen no **fumara** demasiado, no **tosería** tanto.*

1. El fumar ya no está de moda.

2. Muchas compañías tienen la política de no permitir fumar adentro.

3. Pablo se pone nervioso cuando no puede fumar.

4. Los que necesitan cigarrillos gastan mucho dinero.

5. Lo peor que tiene el tabaco es la nicotina.

B. Lo contrario. Cambie las siguientes oraciones a otras que expresen algo contrario a la realidad en el pasado.

Modelo: La primera vez que aspiré el humo de tabaco, sentí una quemazón fuerte en los pulmones.
> *Si no **hubiera aspirado** el humo de tabaco, no **habría sentido** una quemazón fuerte en los pulmones.*

1. En 1997 casi la tercera parte de los adultos de Kentucky fumaban, y el estado produjo mucho tabaco.

2. Los mormones estaban muy en contra del tabaco y, por eso, sólo una séptima parte de los adultos de Utah fumaban en 1997.

3. Varios parientes míos no usaban productos de tabaco y llegaron a la edad de noventa años.

4. Comencé a fumar hace unos siete meses, y ya he bajado mucho de peso.

C. ¡Trabajando en grupo! En sus grupitos, completen primero individualmente las siguientes oraciones para expresar su actitud u opinión sobre el uso del tabaco. Después de terminar cada oración, hablen ustedes entre sí acerca de las opiniones expresadas.

1. Si "Joe Camel" no hubiera existido, mucho jóvenes _____.

2. No fumo, pero si yo fumara, mis padres _____. **o** Si yo no fumara, mis padres _____.

3. Si voy a una fiesta y hay muchas personas que están fumando, yo _____.

4. Si los padres no hubieran fumado, muchos jóvenes _____.

5. Hay personas que no habrían dejado de fumar, si unos amigos suyos no
   _____.

6. Si las compañías de tabaco no existieran, _____.

7. Muchas personas, incluso mujeres, fuman cigarros como si _____.

8. Cada año en los Estados Unidos, 400.000 personas mueren prematuramente de enfermedades causadas por el tabaco. Muchas de estas personas no morirían así, si ellas _____.

9. Si alguien lleva muchos años fumando y se enferma seriamente, él o ella _____.

10. Si una persona es adicta a la nicotina, _____.

11. Muchos de los que no fuman se quejan de los fumadores como si éstos _____.

12. Últimamente se ha descubierto que el fumar puede causar impotencia entre algunos hombres que fuman. Si esto se hubiera descubierto hace años, muchos hombres no _____.

Ejercicios de vocabulario

A. **¿Qué palabra es?** Complete cada oración con una palabra lógica y correcta.

1. Muchos acusan a la industria tabacalera de emplear _____ que atraen a los jóvenes.

2. Durante los últimos años, hubo un _____ notable en el número de jóvenes que fumaban.

3. Es evidente que los que fuman se dan cuenta de los _____ para la salud presentados por el tabaco.

4. En los Estados Unidos hace cuarenta años, muchas personas fumaban, pero ya no es de _____ fumar.

5. Muchas empresas no permiten que sus empleados fumen _____ de las oficinas.

6. Muchas personas que viven en _____ de ancianos no fumaban nunca.

7. Hay muchos que dejan de fumar y entonces suben de _____.

8. Los trabajadores que fuman tienen más _____ que los otros.

9. Es posible que una colilla tirada por la ventanilla de un coche pueda causar un
_____ .

10. Se ha comprobado que el _____ de segunda mano puede ser malo para la salud de los que lo respiran.

B. Yo pienso que... Complete cada oración con su propia idea.

1. Los fumadores que contraen enfermedades serias no deben quejarse porque
_____ .

2. Muchos jóvenes fuman porque _____ .

3. Aunque la mayor parte de los que fuman saben que es un hábito peligroso,
_____ .

4. Es probable que una persona que lleva muchos años fumando _____ .

5. El tabaco es un calmante para muchos fumadores porque _____ .

6. Cuesten lo que cuesten los cigarrillos, los que fuman _____ .

7. Aunque son dañinos los productos de tabaco, cada persona _____ .

8. Por lo general, los choferes que fuman al mismo tiempo que manejan no
_____ .

9. Yo fumo a causa de que _____ .

10. Yo prefiero no fumar porque _____ .

C. Opiniones. Con un(a) compañero(a), decidan si están de acuerdo con las siguientes afirmaciones. Expliquen bien sus razones.

1. Pocas personas inteligentes fuman.

2. A los fumadores no se les trata justamente.

3. Los empleados que no son fumadores deben ser más tolerantes con los que lo son.

4. Fumar una pipa lleva pocos riesgos de salud para la persona que la usa.

5. Los que se ponen muy enfermos a causa de fumar tienen razón en levantar pleitos.

6. La popularidad de los cigarros ahora indica que los cigarrillos ya no están de moda.

7. Los padres que fuman en casa son culpables de maltratar a sus hijos.

Desafío de palabras

Busque las palabras del segundo grupo que puedan ser sinónimos de las del primero.

I.		
hábito	éxito	ropa
aislado	leña	arder
descanso	retroceso	aumento
riesgo	anuncio	comprender
esposa	fuerte	gordo
conducir	insensato	costoso
humo	anciano	peso

II.		
retirada	darse cuenta de	mujer
triunfo	reposo	apartado
acrecentamiento	libras	tonto
vestido	caro	peligro
quemar	manejar	viejo
comercial	costumbre	robusto
obeso	madera	vapor

20

El espanglish

Es normal que haya choques de idiomas y esto es lo que está sucediendo en distintas regiones de los Estados Unidos, pero principalmente, en la zona del Río Grande o Río Bravo, como dicen en México. Además de una nueva cultura, que ni es estadounidense ni mexicana, hay un idioma nuevo que se está llamando "spanglish" o "espanglish" o "espanglés", porque es una combinación del inglés y el español.

Es difícil precisar cuando se originó este idioma o dialecto o forma de hablar, pero es probable que tenga sus antecedentes después de la toma, por parte de los Estados Unidos, de mucho territorio mexicano posterior de la guerra entre estos dos países en 1848. Otro elemento se formó después de la guerra entre España y los Estados Unidos en 1898 cuando los angloparlantes de Estados Unidos fueron a Cuba, Puerto Rico y las islas Filipinas. Claro, en estos lugares como en los estados del oeste, principalmente California, Texas, Arizona y Nuevo México, los dos grupos, los hipanoparlantes y los angloparlantes, tuvieron que comenzar a entenderse, haciendo que cada grupo se viera obligado a aprender el idioma del otro. En el proceso ocurrió una mezcla de los dos idiomas formando lo que ahora se llama el "espanglish".

Este fenómeno no es nuevo porque cualquier idioma se ha sentido influido por contacto con otro, como se ha visto y apreciado en la frontera entre Brasil y Argentina. Se dice que la gente de allí habla "portuñol", una combinación del portugués del Brasil y el español de Argentina. Aún en España el catalán de Barcelona es una mezcla del castellano de España y el provenzal de Francia que está bastante cerca. Para muchos este choque de culturas y lenguas es un problema lingüístico, para otros un proceso natural y para la mayoría una sencilla realidad de la vida.

Caos lingüístico

Cada vez que hago un viaje de negocios a los Estados Unidos, tengo que enfrentar el problema de la comunicación con los que deben saber comunicarse en dos idiomas, el castellano y el inglés. Lo que encuentro es que en muchos casos, hay individuos que no saben bien ninguno de los dos idiomas y tratan de hablar conmigo en lo que ellos piensan que es un español correcto y claro, pero lo que sale me ha causado problemas porque no puedo entender precisamente lo que están diciendo porque es un castellano endiablado.* En muchos casos habría sido más fácil usar el inglés y no esta mezcla del español con el inglés.

Yo estoy de acuerdo con el concepto que una lengua es una fuerza dinámica y está evolucionando constantemente, es decir, que no puede quedarse estática y estancarse,* pero la ruta de la evolución que está tomando mi querido castellano en Los Ángeles, Nueva York, Miami y San Antonio está muy equivocada porque no entiendo bien los cambios que se han hecho al español que yo aprendí desde niño. Uno en Texas me habló de una "aplicación" cuando quería decir una "solicitud"* mientras otro en Miami me dijo algo de "inseguranza" en vez de "seguros". En California me avisaron que "las trokas" tenían problemas con "el clutch" lo que me confundió hasta que me di cuenta que estaban hablando de los camiones y sus transmisiones. En Los Ángeles uno me llamó su "vato"* y terminaba cada frase con "ese". Yo quiero ser moderno o "hip", pero también quiero entender lo que me están diciendo.

Habrá palabras que tendremos que añadir a nuestro vocabulario gracias a los adelantos de la tecnología, pero hay otros malusos que se deben evitar porque, como me pasó a mí, causan lapsos de comprensión y entendimiento. ¿Para qué usamos palabras como "manager" o "principal" cuando hay una buena palabra que se ha usado por años y años como "director" o "gerente"? En una escuela en San Diego, California, me dijeron que "el principal fue por su lonche" en vez que "el director se fue a almorzar".

A mi juicio,* cuando uno se presta* a usar este "espanglish" o como se llama, está diciendo que no sabe ni el inglés ni el castellano muy bien, lo que para mí le va a limitar en su futuro y los posibles avances en su empleo. Si yo fuera un dirigente de una "empresa", y no una "corporación" o "compañía", no querría que mi asociado hablara de un "lonche" sino del "almuerzo" o la "frontera" y no el "borde". El uso del "espanglish" indica una pereza, o tal vez, la inabilidad de aprender bien el castellano y después, confundirlo con el inglés.

En España, tenemos la Real Academia Española que nos guía en el buen uso del castellano, tratando de mantenerlo claro y correcto. Hay gente que no quiere aceptar sus pronunciamentos, pero en cualquier aspecto de la civilización moderna, nos hace falta de reglas que nos indican como la gente educada y culta está usando el idioma y como debemos nosotros usarlo también.

Producto natural, proceso natural

A mi juicio, el fenónemo del "spanglish" es divertido y un proceso muy natural. Dos idiomas se han chocado en el suroeste de los Estados Unidos causando que se haya formado otro idioma que tiene aspectos de los dos idiomas originales. Yo no veo lo malo de esto porque ha ocurrido mucho en la historia. ¿No es el castellano o el español el producto de una evolución natural del latín vulgar? Después, a través de los siglos el mismo castellano ha sufrido más cambios en esta evolución, viniendo algunos de las lenguas que han tenido contacto con él.

Así me da gracia y me hace reír cuando alguien, generalmente una supuesta persona educada, no puede aceptar que esta mezcla de dos idiomas, lo que no es nada nuevo, exista y sea una realidad, un resultado del choque de dos distintas culturas. ¿Qué quiere hacer esta gente que no quiere aceptar la realidad? ¿Quiere que haya un cuerpo policial que ponga multas o encarcele* a los que dicen palabras que no son completamente correctas según el último diccionario de la Real Academia Española?

¿Quiénes componen esta Academia y quién les dió el derecho de hacer sus proclamaciones sobre el uso de ciertas palabras o expresiones? Claro que su autoridad es una reliquia* del pasado cuando una élite, que se presumía superior a la masa, pensaba que tenía el sagrado deber de enseñar a los que no habían tenido el privilegio de una educación como habían tenido ellos. La Academia es obsoleta, especialmente hoy, cuando los medios de comunicación transmiten rápida y diaramente lo que dice la gente que sea en inglés o en español. El mundo se mueve a una velocidad asombrosa y nadie puede detenerlo. La Academia puede decirnos que debemos decir "cual" y no debemos decir "más cual" pero es probable que sólo una pequeña minoría le vaya a hacer caso. La gente que está comunicando en "spanglish" tiene que vivir sus vidas y preocuparse en cosas de mucha más importancia y no tienen tiempo para contemplar el problema de decir o no decir algo. Es decir que para el 98 por ciento de la gente que habla "spanglish", la Academia es irrelevante, un grupo de literarios que tienen un ilusorio control de algo que no se puede controlar. ¿Qué van a hacer a la gente que no habla el debido y "legal" castellano, darle mala nota o privarle* de algún privilegio? Es para reírse.

Es el pueblo quien determina lo que es correcto o, mejor dicho, lo que se acepta lingüísticamente y no un grupito de personas que cree que tiene el derecho de pronunciarse sobre un idioma. Si la gente prefiere decir "carro" y no "coche", no necesita buscar permiso de la Academia. Si quiere hablar de "correr un programa" y no "poner en marcha un programa", similarmente, puede. ¿Por qué hay gente que no quiere añadir otros usos a palabras ya conocidas? Hay verbos como "ser", "estar" y "tomar", nombrando sólo tres, que tienen una lista de usos bien larga, pero hay individuos que no pueden aceptar que el idioma se enriquezca, añadiendo usos nuevos necesarios para describir la realidad de la vida moderna.

Yo personalmente voy a seguir el antiguo dicho de adaptarme a mis circunstancias o "cuando vaya a Roma, haré como los romanos", es decir que en Los Ángeles, voy a tener "vatos" o "carnales"* y en Nueva York, iré a hacer compras en la "marqueta" o en el "grocerí" y no el "mercado" y al mismo tiempo, cuando estoy en Madrid, buscaré un "departamento" y no un "apartamento" porque así habla la gente pero no será porque querré seguir lo que me ha mandado la sagrada Real Academia.

ACTIVIDADES Y DISCUSIÓN

Busca la DVD o la cinta de video de *Stand and Deliver*, la versión española naturalmente, para que oigas como hablan los chicanos en Los Ángeles. También hay telenovelas en los canales españoles como Univisión que, a veces, usan el espanglish. Trata de recordar ejemplos del espanglish, si puedes.

Escribe o graba en video una escena en el español más académico después como sería en spanglish.

Discute el derecho de sobrevivir el espanglish o si en alguna forma, se debe desanimar su uso.

Busca información sobre la Real Academia Española y, si es posible, haz una lista de lo que ha hecho en años recientes.

Describe cómo ha influido el español al inglés haciendo una lista de palabras que usamos y aceptamos todos los días, como "patio", "enchilada" y "rodeo".

Vocabulario

a mi juicio
en mi opinión

carnal (el)
amigo que tiene muchas características similares, usado mucho en el sudoeste de los Estados Unidos

encarcelar
poner en prisión

endiablado
del diablo, diabólico

estancarse
no progresar, no mover

prestarse
tratar de, comenzar a hacer algo

privar
prohibir, quitar, no permitir

reliquia (la)
vestigio del pasado, algo viejo que queda del pasado

solicitud (la)
carta en la cual uno pide algo de otra persona

vato (el)
amigo, carnal en el sudoeste de los Estados Unidos, esta palabra no se acepta en el diccionario

21

Actitud ciudadana

Opiniones de la gente de la calle

¿Héroes? Tengo que pensarlo. No creo que los tenga. No sé, tal vez, el hombre más rico del mundo, ¿cómo se llama ése?
—**Jorge, estudiante de historia, de veinte años.**

Yo tenía héroes pero no sé ahora... creo que no hay. Hoy todos somos egoístas; no hay idealistas, sólo materialistas.
—**Dorotea, madre joven.**

Yo enseño matemáticas. Así mis héroes son los grandes científicos y matemáticos, la gente que de veras contribuyó algo al progreso humano.
—**Luis, maestro de secundaria.**

Mi héroe es Oscar de la Hoya. Es un tipo muy fino, pero es duro y no tiene miedo de nada ni de nadie. Quiero ser como él.
—**Tomasito, chico de once años.**

Mis héroes son todos los soldados de nuestro ejército de la Segunda Guerra Mundial, los cuales murieron en defensa de nuestra patria. Siempre debemos acordarnos de su sacrificio.
—**Russell, granjero jubilado, de setenta y tres años.**

Yo sigo admirando a la princesa Diana. A pesar de todos los privilegios que tuvo, ella llevó una vida muy difícil. Me gusta que no se diera por vencida; siempre buscaba la felicidad.
—**Sarah, azafata de veintisiete años.**

Debo decir Martin Luther King, Jr., pero la verdad es que yo sé muy poco de él. Me gustaría ser como Whitney Houston o Mariah Carey porque son cantantes fantásticas y yo canto también.
—**Lissette, estudiante de secundaria.**

Los héroes y el heroísmo

En la mitología griega y romana había muchos héroes y heroínas. Se deriva el nombre o la palabra "héroe" de una mujer griega, lo que en efecto quiere decir que el primer héroe fue, en realidad, una heroína. Pero hoy la mitología se ha reemplazado por la realidad; las hazañas guerreras de los grandes ídolos de los tiempos antiguos ahora son las victorias deportivas de los atletas ganadores. ¿Tenemos héroes hoy? ¿Los necesitamos?

El concepto de un héroe implica que hay algo en cada uno de nosotros que reconoce la fuerza o el valor o, tal vez, la superioridad de otra persona. Si lo llamamos héroe, estamos diciendo que ha hecho algo que una persona común y corriente no lo podría hacer. ¿Qué es lo que sentimos cuando reconocemos que esta persona es un héroe? Algunos dirían que admiración o respeto profundo pero hay otros que dirían que es una forma de envidia, porque ha hecho algo que quisiéramos realizar nosotros. Sólo tenemos que analizar la definición de "héroe", que dice que es "una persona que ha realizado una hazaña admirable que requiere mucho valor." Todos queremos ser admirados y todos queremos realizar hazañas. Nuestra admiración del héroe puede ser una forma de envidia o tal vez una falta de autoestima, porque estamos reconociendo que otra persona ha logrado algo que nosotros no hemos podido realizar.

Todos admitimos que hemos tenido héroes en la vida, comenzando con los padres cuando éramos pequeños, después los maestros, luego los atletas o estrellas de la tele o del cine y, más tarde, con más madurez, la gente que de veras ha sacrificado mucho por merecer el renombre de ser héroe.

¿Quién es más heroico, la madre que trabaja noche y día para que sus hijos tengan mejor vida que ella, o el cantante que vende millones de discos y vive una vida de lujo y privilegio? Podemos admirar a los dos, pero ¿cuál es héroe y cuál es producto de la buena suerte?

¿Qué le pasa a nuestro héroe cuando descubrimos que no es una persona perfecta? ¿Es menos héroe? El presidente John F. Kennedy inspiró a muchos con su idealismo y su sentido de sacrificio, pero en años recientes, nos hemos enterado de sus vicios, de su flaqueza. Sabemos ahora que no era un hombre perfecto. ¿Deben inspirarnos menos sus palabras y sus sacrificios?

Es igual con muchos de los héroes de nuestra historia: George Washington, Thomas Jefferson, Abraham Lincoln y unos más recientes como Franklin D. Roosevelt, Robert Kennedy y Martin Luther King, Jr. Si ellos fallaron en algo, ¿debemos quitarles el título de héroe, o sencillamente estamos reconociendo que eran seres humanos que tenían sus límites? Podemos citar un caso contrario: Adolfo Hitler, quien causó la muerte horrible de millones de personas. Sin embargo, si leemos sobre su vida, vamos a encontrar que no tomaba drogas, ni se emborrachaba, ni era mujeriego, que trataba a sus empleados de oficina con mucha cortesía, y ni hablar de ser benévolo amo de sus perros.

Esta falta de vicios personales no eleva a Hitler al nivel de los otros que ya hemos mencionado, pero hay los que esperan un grado de perfección en los héroes de hoy, aun en la Madre Teresa.

Volvamos a nuestra pregunta de antes, ¿tenemos héroes hoy? ¿Quiénes son? ¿Se llaman Madonna o Michael Jordan o Lady Di o Bill Gates? ¿Son dignos de nuestra admiración porque no han aceptado las normas, o porque son famosos, o porque son ricos o simplemente porque no les importa si los consideramos héroes o no? ¿Cuál es la nueva definición del héroe?

DISCUSIÓN

En grupos pequeños, prepárense a charlar sobre los héroes y el heroísmo y en particular sobre cómo aplicamos estos conceptos en nuestro mundo moderno. Preparen una definición moderna de un héroe y si han conocido a un verdadero héroe en su vida. Puede ser interesante preparar una lista de nombres para ver si sus compañeros los consideran héroes.

El respeto a la ley

La base fundamental en un estado es el respeto a la ley. Sin este respeto, sin este acatamiento, la convivencia entre los hombres no puede producirse. La anarquía, el caos, la desorganización, el crimen, el pillaje son consecuencias de la falta de respeto a la ley.

Bajo un régimen democrático y liberal, donde los derechos fundamentales del hombre están garantizados, donde todo ciudadano puede expresar su opinión y ser oído por los gobernantes que él eligió, la falta de respeto a la ley no tiene justificación de ninguna clase. Si un grupo de ciudadanos no está de acuerdo con tal o cual disposición gubernamental, tiene el derecho a protestar cívicamente contra ella, empleando los medios legales que sus leyes le garantizan. A pesar de esto no tiene derecho a desobedecer la ley, a realizar actos delictivos que lesionen los derechos de otros, como saqueos de comercios, destrucción de propiedades, incendios, e inclusive rebelión contra las fuerzas públicas (policía, guardia nacional, ejército, etc.) que, en cumplimiento de su deber, tratan de imponer y restablecer el orden alterado.

Contra estos ciudadanos que invocan para sí un derecho determinado pero que, al mismo tiempo, están violando y desconociendo ese mismo derecho, coaccionando a otros y queriendo imponer por la fuerza y la violencia su manera de pensar, contra estos supuestos voceros de derechos que no saben respetar el derecho de los demás, debe caer el peso de la ley. Y los ciudadanos conscientes y respetuosos de las leyes, que velan por el orden, la justicia y el derecho de todos, deben aunar sus esfuerzos para que prevalezca el respeto a la ley, sin el cual se haría imposible la convivencia pacífica, pues prevalecería entonces la ley del más fuerte.

La desobediencia civil

La historia de los pueblos está llena de episodios en los que la desobediencia civil ha jugado un papel decisivo en su futuro. En todos los casos esta actitud de desobediencia ha encontrado justificación, ya que se ha producido contra gobiernos o gobernantes tiránicos y despóticos, que han desconocido los principios y derechos fundamentales del hombre.

No hay duda que cuando estos derechos—tales como la libertad de expresión, de religión, de igualdad de todos ante la ley—no les son reconocidos a los ciudadanos de un país o nación, ellos tienen el derecho natural e inalienable a rebelarse contra las injusticias de los que gobiernan, produciéndose como primera manifestación de esa rebeldía la desobediencia civil, expresión del descontento y la oposición a la tiranía o al mal gobierno.

Casi todas las nuevas naciones de América, por ejemplo, pasaron por ese proceso de desobediencia civil contra los países que las colonizaron y que no tenían más objetivo que explotarlas en su provecho.

De la desobediencia civil se pasa a la guerra, que puede ser una guerra de independencia, como en el caso de los Estados Unidos contra Inglaterra, el de las colonias hispanoamericanas contra España, o una guerra revolucionaria para derrocar a un tirano que oprime a su propio pueblo.

En todos estos casos la desobediencia civil está justificada porque los gobernantes optaron por desconocer las demandas de los ciudadanos que trataron, por los medios legales y cívicos, de protestar contra la falta de libertad y derechos. Cuando, a pesar de las protestas pacíficas y cívicas, la opresión continúa, la experiencia demuestra que ésta sólo termina por medio de la rebelión o la revolución violenta.

DISCUSIÓN

¿Cuándo se puede justificar la desobediencia civil? Contrasten la diferencia fundamental entre las protestas de Gandhi y el doctor Martin Luther King, Jr. y las de los comunistas de 1917 en Rusia. ¿Son capaces los jóvenes de hoy de protestar fuerte y seriamente en contra de un mal político o social? ¿Por qué? ¿Cuánto saben Uds. de las protestas de las décadas de los 60 y los 70 del siglo pasado en los Estados Unidos? ¿Por qué protestaron? ¿Cuáles son las consecuencias malas de protestar contra un gobierno autocrático? ¿Son héroes los líderes de las protestas o son simplemente enemigos del estado? Citen ejemplos de la historia.

Vocabulario

acatamiento
respeto, cumplimiento

azafata
mujer que atiende a los pasajeros de un avión

alterado
cambiado, trastornado

atentado
delito consistente en intentar causar daños

aunar
unir, unificar

caos (el)
confusión, desorden

coaccionar
forzar

convivencia
estado de vivir con otros

cumplimiento
acción de ejecutar con exactitud una obligación

delictivo
criminal

derecho
ley, poder legal

derrocar
derribar, hacer caer un sistema de gobierno o a un gobernante

desconocer
ignorar, no hacer caso de

disentir (ie, i)
tener opinión opuesta a la de otro

fallar
no salir bien, perder, no hacer lo que se intenta

flaqueza
debilidad, vicio, algo negativo de uno

granjero
agricultor

incendio
destrucción de casas, edificios, bosques, etc., a causa del fuego

invocar
llamar a uno en hora de necesidad o auxilio

lesionar
dañar, perjudicar, herir

mujeriego
hombre que siempre va en busca de mujeres

oprimir
sujetar tiránicamente

optar por
escoger

papel (el)
función, posición, parte de una obra teatral que representa cada actor

pillaje (el)
saqueo, robo

prevalecer
sobresalir, ser superior

rebeldía
acto del rebelde

saqueo
acción de robar y destruir propiedades

secuestro
acción de apoderarse de una persona para exigir algo por su rescate

velar
observar atentamente, cuidar

vocero
uno que habla en nombre de otro

Repaso gramatical

LOS ADJETIVOS DESCRIPTIVOS EN ESPAÑOL

- Por lo general, los adjetivos descriptivos o calificativos en español concuerdan en género y número con el nombre que modifican. Normalmente el adjetivo descriptivo sigue al nombre.

  En los Estados **Unidos** hubo una revolución **violenta** contra Inglaterra.

- Hay casos en los que el adjetivo descriptivo se antepone al nombre modificado, cuando se le quiere dar énfasis a una cualidad o cuando esta cualidad es lógica o característica del nombre. Por otra parte, los adjetivos de nacionalidad normalmente siguen al nombre.

  En todos los casos de rebeldía contra el gobierno, la mayor parte del pueblo espera que se logre la tan **ansiada** paz.
  Franklin D. Roosevelt fue un **famoso** presidente **estadounidense.**

- También es posible, en los casos en que dos o más adjetivos calificativos describen un nombre, anteponer unos y colocar otros después del nombre de que se trate. En general, si un adjetivo descriptivo indica una característica del nombre considerada lógica e inherente, este adjetivo se antepone al nombre. A veces, anteponer el adjetivo expresa cortesía, porque da a entender que una cualidad se asocia naturalmente con el nombre calificado.

  La **funesta** guerra **civil,** causada por la secesión de los estados sureños del gobierno de los "Estados Unidos", casi destruyó la nación.
  Ahora tiene la palabra el **distinguido** senador **neoyorquino.**
  Quisiera presentarle a usted al **ilustre** profesor **colombiano,** el doctor Pedro Miranda.

- Otras veces se pueden anteponer dos o más adjetivos al nombre, o colocarlos todos después de éste. A menos que uno de los adjetivos forme con el nombre una unidad de pensamiento, como **guerra civil,** se usa la conjunción **y** para separar dos adjetivos que vienen juntos.

  En la primera parte del siglo XIX, estalló la **inevitable** y **necesaria** guerra **revolucionaria** de las colonias hispanoamericanas contra España.
  Los libertadores más importantes de la América del Sur, Simón Bolívar y José de San Martín, eran héroes **fervorosos** y **valientes.**
  La revolución **iconoclasta** y **sangrienta** de Rusia en 1917 destruyó la tiranía de los zares.
  La **trágica** guerra **civil norteamericana** se inició en el año 1861.

- En realidad, la lengua española ofrece mucha flexibilidad en cuanto a la posición de los adjetivos descriptivos, admitiendo toda clase de combinaciones. Su posición depende más bien de sonido, de ritmo, de un sentido estético y de buen gusto.

A. Descripciones. Agregue a las siguientes oraciones el adjetivo descriptivo que se da entre paréntesis, cuidando que concuerde en género y número con el nombre.

Modelo: Los **líderes** del país abogan por la paz. (religioso)
*Los líderes **religiosos** del país abogan por la paz.*

1. En cualquier nación la revolución violenta es una **amenaza** para el pueblo. (espantoso)

2. Normalmente las **provincias** quieren la paz. (vecino)

3. Mis héroes no se encuentran entre los militares, sino entre los **cantantes;** son Whitney Houston y Ricky Martin, porque a mí me gusta cantar también. (fantástico)

4. Uno de mis héroes es Martin Luther King, Jr., porque sabía usar en una buena **forma** la desobediencia civil. (pacífico)

5. Todos los países quieren alcanzar la **meta** de la paz interna. (glorioso)

6. Una **causa** es necesaria para la rebelión de los ciudadanos contra su propio gobierno. (justo)

7. Salvo algunos **casos,** todos los gobiernos dicen que quieren evitar la desobediencia civil. (extraordinario)

Ahora, agregue a las siguientes oraciones los adjetivos descriptivos que se dan entre paréntesis. Recuerde que los adjetivos descriptivos se anteponen al nombre a veces.

Modelo: Todos los ciudadanos de la nación quieren una época de **paz.** (estable, duradero)
*Todos los ciudadanos de la nación quieren una época de paz **estable** y **duradera.***

1. Nunca se olvidará el **Mensaje de Gettysburg.** (bello, ejemplar)

2. El **ejército** ganó la batalla. (magnífico, norteño)

3. Bajo este **régimen,** donde los derechos fundamentales del hombre están garantizados, la falta de respeto a la ley no tiene justificación de ninguna clase. (democrático, liberal)

4. Quiero ser como mi héroe, el boxeador Oscar de la Hoya, porque es un buen **tipo** que no tiene miedo de nada ni de nadie. (fino, duro)

5. La Madre Teresa fue una **persona** que bien merece ser clasificada como heroína. (humilde, abnegado)

6. La base fundamental en un estado es el **respeto** a la ley. (debido, verdadero)

7. Los gobernantes no pueden continuar si desconocen los **derechos** de los gobernados. (fundamental, inalienable)

LA TERMINACIÓN *-MENTE* PARA LA FORMACIÓN DE ADVERBIOS

- Un gran número de adverbios se forma añadiendo la terminación o el sufijo **-mente** al singular femenino de un adjetivo.

Adjetivo	**Adverbio**
claro	clara**mente**
rápido	rápida**mente**
lento	lenta**mente**

- Si el adjetivo termina en la vocal **e** o en consonante, sencillamente se agreg **-mente** al singular.

Adjetivo	**Adverbio**
triste	triste**mente**
fácil	fácil**mente**
eficaz	eficaz**mente**

- En los casos en que dos o más adverbios de esta clase se usan en sucesión, solamente el último toma el sufijo **-mente,** mientras que los anteriores mantienen la forma adjetival.

  El presidente habló **fuerte** y **enfáticamente.**
  La Constitución determina **clara, franca** y **directamente** los derechos fundamentales del ciudadano.

B. Los adverbios. Usando la forma adverbial del adjetivo dado entre paréntesis, conteste las siguientes preguntas.

Modelo: ¿Cómo debe comportarse la ciudadanía? (respetuoso)
*La ciudadanía debe comportarse **respetuosamente.***

1. ¿Cómo debemos reaccionar contra los que alteran el orden? (fuerte)

2. ¿Cómo podríamos decir que gobierna un presidente que no respeta la Constitución? (tiránico y despótico)

3. ¿En qué forma debe luchar un pueblo contra la opresión de sus gobernantes? (patriótico e inteligente)

4. ¿Cómo actuó la policía durante los desórdenes? (prudente)

5. ¿Cómo se rebelaron las colonias hispanoamericanas contra el despotismo de España? (franco y valiente)

6. ¿Cómo actuaron los gobernantes de Inglaterra cuando las colonias americanas declararon su independencia? (fuerte y violento)

7. ¿Cómo debe ser tratado el individuo que desobedece a la ley? (justo e imparcial)

8. ¿Cómo deben resolverse los conflictos entre el gobierno y el pueblo? (pacífico, imparcial y democrático)

USO DE LA *E* EN VEZ DE LA CONJUNCIÓN *Y*

• Cuando precede a una palabra que comienza con **i** o **hi,** la conjunción **y** se cambia por la vocal **e,** pero mantiene la misma función.

Visitaremos España, Francia **e** Inglaterra.
María Leticia tuvo examen en filosofía **e** historia.

C. **Conjunciones.** Cambie el orden de las palabras unidas por la conjunción **y,** según el modelo.

Modelo: La protesta produjo incendios y saqueos.
*La protesta produjo saqueos **e** incendios.*

1. No creo que nuestro gobierno sea ideal y razonable.

2. Muchos de los que protestan son hipócritas y materialistas.

3. Algunas leyes son injustas y negativas.

4. El gobierno trata de imponer y restablecer el orden.

5. ¡Qué ingratos y bárbaros son esos radicales!

USO DE LA *U* EN VEZ DE LA CONJUNCIÓN *O*

• En los casos donde precede a una palabra que comienza con **o** u **ho,** la conjunción **o** se cambia por la vocal **u,** con la misma función.

No sé si hay siete **u** ocho candidatos.
Nadie sabe si son deshonestos **u** honestos.

D. **¿Uno u otro?** Cambie el orden de las palabras unidas por la conjunción **o,** según el modelo.

Modelo: ¿Qué prefieres?, ¿opresión **o** democracia?
*¿Qué prefieres?, ¿democracia **u** opresión?*

1. Lo que tú dices, ¿es opinión o hecho?

2. Desconocemos si aquello fue obligación o coacción.

3. No sé si el presidente John F. Kennedy merece honor o censura.

4. ¿Debemos organizarnos o desunirnos?

5. La represión de la fuerza pública, ¿fue horrenda o sensata?

FUNCIÓN DEL ADJETIVO RELATIVO *CUYO*

- Un adjetivo relativo es una palabra (o más de una) que conecta o relaciona una cláusula subordinada con la cláusula principal de la oración. La palabra **cuyo** funciona como adjetivo relativo posesivo; presenta una cláusula adjetival y concuerda en género y número con el nombre que modifica.

> Nuestra nación, **cuyos** ciudadanos están acostumbrados a la libertad, no toleraría una tiranía.
> A Francisco, **cuya** madre es senadora, no le interesa la política.

E. Adjetivos relativos. Complete las siguientes oraciones con la forma correcta de **cuyo.**

1. Los rebeldes, _____ fuerzas ya se acercan a la capital, están bien armados.

2. La sociedad, _____ estructura puede ser frágil a veces, debe protestar cívicamente contra una ley poco popular.

3. ¿Es o no héroe un buen gobernante _____ vida personal se caracterizaba por tener muchos vicios?

4. El peso de la ley debe caer contra los rebeldes _____ líderes los convencen de cometer actos criminales.

5. Las colonias norteamericanas, _____ derechos fueron infringidos por Inglaterra, escogieron la forma más fuerte de desobediencia civil, la guerra.

6. Adolfo Hitler, _____ patrimonio es el de muchísima crueldad y violencia, casi no tenía vicios personales.

7. ¿De quiénes es esta bandera? Es la de un ejército norteño _____ victorias se colocan entre las más importantes de la guerra civil de los Estados Unidos.

8. Muchos de los jóvenes _____ padres han hecho grandes sacrificios por su familia creen que éstos son los verdaderos héroes.

F. ¡Trabajando en grupo! En grupos pequeños, completen cada una de las oraciones que sigue con los dos adjetivos descriptivos que, en su opinión, sean más adecuados. Que completen todos una oración y que se comparen las diferentes maneras de terminarla antes de seguir con las otras oraciones. Al comparar las frases, háganse preguntas sobre las razones por haber escogido los adjetivos empleados. Recuerde que en español, los adjetivos descriptivos frecuentemente se colocan después del nombre calificado, pero que también se pueden anteponer al nombre en muchos casos. Por eso, se ha puesto un espacio en blanco delante del nombre igual que después de éste. También, dos adjetivos descriptivos que se usan juntos normalmente requieren el uso de la conjunción **y** (o **e**).

1. El hombre o la mujer que merecen el nombre de héroe o de heroína no es nunca una _____ persona _____.

2. Claramente, la cantante Madonna es una _____ madre _____.

3. Sin respeto a la ley en nuestro país, todos nosotros tendríamos una _____ vida _____.

4. Los que creen que, a veces, la desobediencia civil está justificada son _____ ciudadanos _____.

5. Yo (no) admiro a Bill Gates porque es un _____ hombre _____.

6. Franklin D. Roosevelt y John F. Kennedy eran _____ presidentes _____.

7. En los Estados Unidos hay muchos grupos paramilitares compuestos de _____ personas _____.

8. En París, a causa de un chofer ebrio que manejaba velozmente, Lady Di murió en un _____ accidente _____.

9. En los Estados Unidos de hoy en día, la desobediencia civil es un _____ acto _____.

10. Adolfo Hitler, quien inició la Segunda Guerra Mundial, no es digno de nuestra admiración porque era un _____ hombre _____.

Ejercicios de vocabulario

A. ¿Qué palabra es? Complete cada oración con una palabra lógica y correcta.

1. Debemos _____ una ley injusta.

2. En el siglo _____ hubo muchos episodios de desobediencia civil.

3. El _____ siempre tiene el derecho a protestar ante una ley injusta.

4. Si quieres cambiar una situación intolerable, tienes que _____.

5. Muchos grandes _____ de la historia dirigieron actos de desobediencia civil.

6. Es _____ aguantar un período opresivo.

7. Si desobedeces la ley, a veces tienes que sufrir las _____.

8. Si la ley del más fuerte prevalece, el pobre siempre _____.

9. Es heroico resistir leyes injustas, pero se necesita mucha _____.

10. En los países _____ siempre hay más desobediencia civil.

B. Yo pienso que... Complete las frases con su propia idea.

1. Algunas personas nunca desobedecerían una ley porque _____.

2. En este país ha habido muchas protestas civiles porque _____.

3. Las masas oprimidas siempre han querido protestar porque _____.

4. Muchas veces una protesta pacífica resulta violenta porque _____.

5. El vocero de un movimiento de protesta puede ser de mucha importancia porque _____.

C. Opiniones. Con un(a) compañero(a), decidan si están de acuerdo con las siguientes afirmaciones. Expliquen sus razones con claridad.

1. Muchas personas nunca protestarían en una situación injusta porque tienen miedo de luchar.

2. Si yo viviera en un país despótico, trataría de irme de allí en vez de protestar públicamente.

3. La conciencia del ciudadano debe guiarle en los asuntos de desobediencia civil.

4. Los grandes cambios sociales y políticos han sido el resultado de la desobediencia civil.

Desafío de palabras

Complete lógicamente las siguientes oraciones con una de las palabras que figuran al pie del ejercicio.

1. El ciudadano tiene el _____ de desobedecer una ley injusta.

2. Si no hay leyes, existe la _____.

3. Un ciudadano que respeta la ley, la _____.

4. Sin leyes, no hay _____.

5. Las grandes revoluciones son el resultado de la _____ civil.

6. Los gobiernos _____ han sido la causa de muchas protestas.

7. Los que protestan contra un gobierno, deben hacerlo _____.

8. Los derechos fundamentales están _____ por la Constitución.

9. El _____ es el resultado de la falta de respeto a la ley.

10. Ha habido muchos períodos de desobediencia civil contra _____ malos.

11. El _____ de un grupo es el que expresa sus ideas.

12. La revolución de los Estados Unidos contra _____ es un caso de desobediencia civil.

13. Si un dictador _____ a las masas, pronto recibirá una protesta civil.

14. Muchos grandes idealistas han sido _____ de protestas civiles.

oprime	caos	garantizados
Inglaterra	líderes	cívicamente
derecho	orden	anarquía
obedece	vocero	desobediencia
tiránicos	gobiernos	

22

Explorando el espacio

Opiniones de la gente de la calle

Veo con mucha alegría que cada día aumenta la curiosidad de las personas, principalmente la de los jóvenes, por el estudio y el conocimiento de los descubrimientos interespaciales. Todo esto me ayuda en mi negocio, pues la demanda por la electrónica va en aumento.
—Carmen Salinas, propietaria de una tienda de instrumentos electrónicos.

Estoy estudiando física y astronomía. Me inquieta y me domina el deseo de conocer el cosmos. Nuestro programa espacial es formidable, y me gustaría ser astronauta.
—Arístides García, estudiante universitario.

Que no me hagan cuentos con eso de otros mundos, ni cosas por el estilo. Todo ese dinero que se gastan en esas boberías, mejor pudieran invertirlo para ayudar a los pobres sin trabajo y sin casa, como yo.
—José Serrano, hombre sin casa y sin trabajo.

Las exploraciones espaciales son un portento del conocimiento humano. Debemos acelerar, aún más, esas investigaciones para incrementar nuestras posibilidades de alcanzar otros mundos y comprobar, quizás, que no estamos solos.
—Prof. Julián Sotomayor, físico y matemático.

Me pregunto, ¿qué utilidad tienen las exploraciones del espacio? ¿Nos resuelven algún problema aquí en la tierra? ¿Hay menos crímenes o menos pobreza que antes? Dejémonos de tonterías. Ocupémonos de las cosas de aquí y resolvamos los problemas que en nuestro mundo nos agobian.
—Mirta Campos, joven oficinista.

Tengo mis dudas sobre el aspecto práctico de la exploración del espacio. Me pregunto qué ganamos con eso. No veo los beneficios que pueda brindarnos el saber, por ejemplo, sobre la atmósfera de Marte o la temperatura de Saturno.
—María Valencia, joven maestra.

El programa espacial de la NASA

La NASA (Administración Nacional de Aeronáutica y Espacio) es la agencia gubernamental en los Estados Unidos responsable de la tecnología y exploración del espacio. Este organismo fue creado en el año 1958, aunque sus raíces se remontan al año 1915 en el que se creó un comité nacional de aeronáutica.

Desde su creación la NASA ha tenido sus defensores y sus detractores. Quienes están a favor de las labores de investigación y exploración del espacio y de la aeronáutica estiman que vale la pena y es necesario continuar los trabajos de esta agencia. Sus opositores dudan de la justificación de su existencia, entre otras razones, por el alto costo de su funcionamiento.

La NASA ha tenido algunos éxitos y algunos contratiempos. El alunizaje del *Apolo* en la superficie de nuestro satélite la Luna fue un acontecimiento tan extraordinario que ha pasado a la historia de la humanidad. El fatal y trágico accidente del transbordador espacial *Challenger,* ocurrido el 28 de enero de 1986, que explotó a los setenta y tres segundos de haber sido lanzado al espacio, les costó la vida a sus siete tripulantes, entre los cuales se encontraba una maestra de escuela. Esta tragedia fue un gran revés en las actividades de la NASA y puso en duda la continuación del programa espacial. Pero este siguió y dos años y medio más tarde, un nuevo transbordador, el *Discovery,* fue lanzado al espacio con gran éxito.

El programa espacial de la NASA continúa desarrollándose con grandes proyectos. En octubre de 1997 se lanzó la nave espacial *Cassini,* que se espera alcance el planeta Saturno para el año 2004, y se intenta que una sonda toque en la superficie de la luna Titán, que es una de las varias lunas que giran alrededor de ese planeta. Aún más, cuando escribimos estas líneas, sólo faltan dos días para que el transbordador *Endeavour* y sus seis astronautas despeguen del Centro Espacial Kennedy, en Cabo Cañaveral, Florida, llevando los primeros componentes para ser ensamblados en la unidad de energía, de 20 toneladas de peso, que ya está en órbita y que fue llevada por un cohete ruso dos semanas antes. Todo esto para dar inicio al proyecto más ambicioso de la NASA, la construcción de una estación espacial a 240 millas de distancia de la superficie de la Tierra. Este proyecto es internacional, con un precio total de 76 billones de dólares, de los cuales los Estados Unidos pagarán 52.7 billones de dólares. Esta estación espacial se espera que esté lista para investigaciones científicas en el año 2003.

En 1998 John Glenn, el primer astronauta norteamericano que voló en órbita alrededor de la Tierra en el año 1962, volvió al espacio, a los setenta y siete años de edad, para experimentar los efectos de estos viajes espaciales en las personas de edad mayor. Esta misión ha sido considerada un gran éxito.

A pesar de estos conocimientos y avances llevados a cabo por la agencia NASA, quienes la critican estiman que nada de esto es práctico y que carece de relevancia social. Además, el enorme costo que implica el programa espacial asciende a más de 14 billones de dólares anuales.

Los pros y los contras son de estimarse y considerarse. El tópico es esencialmente controversial y, con toda seguridad, seguiremos conociendo, enjuiciando y comentando sobre él.

Debemos parar el programa espacial

Aunque me maravillé del gran espectáculo del primer descenso del hombre en la Luna y me alegré mucho de que el viaje lunar fuera un completo éxito, no podía dejar de reflexionar y sentir un poco de tristeza por todo el procedimiento. Los locutores de la televisión de vez en cuando daban cifras del costo de este viaje, lo que me hizo meditar en lo que habríamos alcanzado aquí en la tierra con los millones de dólares que costó el llegar a la Luna. ¡Cuánta hambre habríamos podido satisfacer! ¡Cuánta pobreza habríamos podido borrar! ¡Cuántos grandes monumentos, museos, bibliotecas, escuelas podríamos haber construido!

Reflexioné que mientras los astronautas pisaban la superficie lunar en el Mar de la Tranquilidad, millones de hambrientos pisaban su triste senda sufriendo los dolores de su infortunio. Mientras los astronautas regresaban a la Tierra, yo sabía bien que los pobres de este mundo tendrían que continuar en su miserable vida, esperando tener mañana un poco más de comer.

Además, el programa espacial ya ha tenido sus bajas en vidas humanas. Nunca podré olvidar la catastrófica tragedia del transbordador *Challenger,* donde murieron todos sus tripulantes, ni el destroso regreso a la tierra del *Columbia* el primer día de febrero de 2003, el cual costo–la vida de los siete tripulantes. Ya antes habían perecido otros tres astronautas durante unas pruebas que se realizaban en tierra, en preparación para otro vuelo espacial. ¿Valen todos los proyectos y programas espaciales más que la vida de 10 seres humanos? Seguramente que no. Y todo ¿para qué? Nada se gana con estas exploraciones. Creo que debemos dejar que el universo siga el curso que el Creador le asignó, y nosotros limitarnos a vivir en este lindo mundo que Él nos otorgó.

Sigamos explorando el espacio

¡Qué visión tan insuperable, tan gloriosa, tan emocionante fue la de ver las primeras pisadas del hombre en la superficie lunar! Era como un sueño, una maravilla que nunca en mi vida pensé que fuera a suceder. Después de reflexionar un poco, pensaba que podía ponerme en el lugar de un miembro de la tripulación de la *Santa María,* cuando por primera vez se vió la tierra del Nuevo Mundo, pero inmediatamente me di cuenta de que el alunizaje en nuestro satélite era algo más que el descubrimiento de Colón y sus hombres, porque ellos no se enteraron hasta pasado un tiempo de lo que habían hecho, mientras nosotros sabíamos bien, desde el primer momento, la importancia de la proeza realizada por nuestros contemporáneos. La distinción descansa, pues, en el conocimiento de lo que pasó.

Aunque muchos critican el programa espacial por su alto costo, alegando que mejor se podría emplear para resolver los problemas que nos rodean aquí, nunca podría imaginar que dejaran de continuar las exploraciones de otros planetas. ¿Qué es más natural en el hombre que su sentido de curiosidad, su afán de saber, su anhelo de conocimiento? Aun los pobres del mundo se alegraban de saber que uno de ellos, ¿no somos todos seres humanos?, había puesto pie en la Luna, y que más tarde todos los astronautas habían vuelto sanos y salvos a la Tierra. Aun los pobres compartieron el triunfo y la gloria de esta misión, al igual que los españoles sintieron la grandeza del viaje de Colón en 1492. El éxito de los astronautas debía de haberles inspirado, haciéndoles ver que aun lo imposible se puede alcanzar.

DISCUSIÓN

En grupos, expresen sus opiniones sobre el programa espacial de la NASA y discutan los pros y contras de tal programa. Emitan sus criterios acerca de la utilidad de saber más sobre el cosmos. Investiguen y traigan a discusión algunos comentarios de personas documentadas en este asunto y expongan las posibilidades de que, en un futuro más o menos cercano, surja el descubrimiento de la existencia de otros mundos con seres dotados de inteligencia semejante a la humana o extrahumana. Hablen del dinero que se gasta en todo esto y si merece la pena tal gasto. Hablen también de la misión de John Glenn. Hablen de sus recuerdos y las emociones que sintieron cuando oyeron de lo que pasó al *Columbia* el primero de febrero de 2003.

Vocabulario

acontecimiento
evento

afán (el)
anhelo, fuerte deseo

afligir
dar pena o problema

agobiar
causar fatiga o pena

alcanzar
realizar, lograr

alegar
citar, defender con razones un punto o argumento

alunizaje (el)
acción de descender en la Luna

anhelo
deseo fuerte, afán

asombrar
causar gran admiración

aterrizaje (el)
acción de descender sobre tierra

borrar
eliminar, quitar

cifra
número

compartir
dividir, participar en algo

contratiempo
accidente perjudicial y por lo común inesperado

darse cuenta de
saber, enterarse

equipo
grupo de personas que juegan o trabajan juntas

exitante
estimulante, emocionante

hambriento
que siente hambre

imprescindible
que no se puede omitir, necesario

infortunio
mala suerte, mala fortuna

insuperable
lo mejor posible, que no se puede exceder

lanzamiento
acción de arrojar o tirar en el aire

locutor
persona que habla por radio o televisión

llevar a cabo
realizar, lograr

maravillarse
admirarse

perecer
morir, extinguir

pisada
acción de poner el pie sobre algo

pisar
poner el pie sobre algo

plagar
hacer daño, causar calamidad

pobreza
estado del pobre

proeza
acción notable o valerosa

raíz (*fig.*) (la)
origen, principio

sano y salvo
sin enfermedad, peligro o herida

transbordador
nave espacial que transporta

tripulación
los que trabajan en un barco, avión o tren

visión
panorama, lo que se ve

Repaso gramatical

EL PRETÉRITO Y EL IMPERFECTO EN EL MODO INDICATIVO

- En la lengua española existen dos tiempos pasados simples en el modo indicativo: el pretérito y el imperfecto. En general, el pretérito expresa una acción pasada que se considera terminada y completa, mientras que el imperfecto indica una acción pasada con un sentido de continuidad. En casi todos los casos, el uso de un tiempo u otro depende de la idea que desee expresar la persona que habla o escribe. Sin embargo, los dos tiempos no son intercambiables y, por eso, se presenta a continuación, después de un breve repaso de la formación de ellos, una explicación de los usos más importantes del pretérito y del imperfecto.

EL PRETÉRITO DEL INDICATIVO

- Aunque hay muchos verbos irregulares en el pretérito, la mayoría de ellos son regulares. Para éstos, las terminaciones de las conjugaciones son así: **-é, -aste, -ó, -amos, -asteis** y **-aron,** para los verbos terminados en **-ar; -í, -iste, -ió, -imos, -isteis** e **-ieron,** para los verbos terminados en **-er** e **-ir.**

EL IMPERFECTO DEL INDICATIVO

- La formación del imperfecto no presenta dificultad, ya que todos los verbos, menos tres (**ser, ir** y **ver**), se conjugan regularmente en este tiempo. Las terminaciones de las conjugaciones para los verbos terminados en **-ar** son: **-aba, -abas, -aba, -ábamos, -abais** y **-aban.** Para los verbos terminados en **-er** e **-ir,** son: **-ía, -ías, -ía, -íamos, -íais** e **-ían.**

USOS DEL PRETÉRITO Y DEL IMPERFECTO

- La función más importante del pretérito es la de expresar acciones y estados que están terminados. En muchos casos el pretérito se usa para referirse a acciones de duración mínima, las acciones momentáneas que se terminan sólo segundos después de iniciarse.

    Esta mañana **me levanté** a las siete. **Fui** a la cocina, donde **me senté** para tomar un poco de café.

    Puesto que insinúan la conclusión o terminación de algo, los verbos de transformación se usan con frecuencia en el pretérito.

    El día antes de su proyectado lanzamiento al espacio, el astronauta **se puso** muy enfermo.
    Tres astronautas **murieron** en un terrible accidente el 27 de enero de 1967.

- A causa de que el pretérito da a entender que se ha concluido algo, se usa para referirse a condiciones y estados pasados, y también a situaciones que duraron por mucho tiempo antes de terminarse.

  > El astronauta **estuvo** enfermo ayer, pero se siente perfectamente bien hoy. Los tripulantes **se entrenaron** en el Centro Espacial Kennedy por más de un año.

- Debido a su énfasis en el carácter completo de un estado o una acción, el pretérito se emplea para cambiar la significación de algunos verbos que se usan generalmente en el imperfecto.

  > **Conocí** a John Glenn durante una de sus campañas políticas. Su esposa **tuvo** las buenas noticias acerca del vuelo muy poco después de su realización.

  > Al encender el televisor, **supimos** el gran éxito del alunizaje del *Apolo*.

  > Los tres astronautas no **pudieron** escaparse del módulo lleno de fuego.

  > Los físicos no **quisieron** hablar del accidente.

- Lo más importante de las funciones del imperfecto es el hecho de que este tiempo da un sentido de continuidad, sin referirse ni al principio ni a la terminación de un estado o una acción. Esto no quiere decir que algo expresado en el imperfecto ocurra todavía, aunque es posible esto, sino que la persona que emplea este tiempo desea dar énfasis a la continuidad y, a veces, a la repetición de lo que se presenta.

- Se puede decir que el uso principal del imperfecto es la descripción, mientras que el más importante del pretérito es la narración. Por ejemplo, en un cuento el imperfecto presenta información sobre el fondo, y el pretérito dice lo que sucedió. O, empleando una analogía fotográfica, es posible decir que el imperfecto presenta una vista panorámica del pasado, y el pretérito expresa éste en forma de un primer plano. Buenos ejemplos de la diferencia entre el pretérito y el imperfecto son las formas impersonales del verbo **haber. Hubo,** la forma impersonal en el pretérito, se refiere específicamente a algo que pasó; **había,** la forma impersonal en el imperfecto, presenta el fondo descriptivo.

  > **Había** miles de personas en la calle celebrando el alunizaje del *Apolo*.

  > A las once, **hubo** un accidente serio en la bocacalle de Moreland y Memorial.

Tomando en cuenta lo de arriba, examinemos algunos usos específicos del imperfecto.

- Se usa el imperfecto para expresar una acción repetida o habitual en el pasado.

  La NASA siempre **empleaba** la tecnología más moderna para la exploración del espacio.

  Todos los días, los astronautas **se preparaban** bien y **hacían** grandes esfuerzos para perfeccionar sus métodos.

- El imperfecto suele describir en el pasado las características físicas de objetos, animales y personas, y también las características intelectuales y los estados mentales y emocionales de éstas, porque normalmente tales cosas son de duración indefinida.

  El transbordador espacial **era** de tamaño descomunal.

  Todos los tigres **tenían** la piel más hermosa que habíamos visto.

  Lidia **parecía** más bonita que su hermana.

  Todos los candidatos para ser astronautas **tenían** que poseer mucha inteligencia.

  Pensaban en la importancia de la misión y **creían** que tendría mucho éxito.

  Todo el mundo **estaba** muy triste después del trágico accidente del *Challenger* en 1986.

- Por lo general, se emplea el imperfecto para expresar una acción que está en curso en el pasado. Con frecuencia esta acción progresiva es interrumpida por otra acción de duración mínima, expresada en el pretérito.

  El transbordador espacial *Challenger* **subía** muy rápidamente hacia el espacio cuando **explotó** de repente.

- Se usa el imperfecto para referirse a la hora en el pasado y también para describir el tiempo con los verbos **estar** y **hacer.**

  Eran las nueve y media de la mañana cuando la nave espacial fue lanzada al espacio. **Estaba** despejado y **hacía** un poco de frío.

- Para relatar en el pasado el contenido de materias escritas, como periódicos y libros, se emplea el imperfecto.

  El periódico **criticaba** el enorme costo del programa espacial.

  Leí muchos libros sobre el asunto, y todos **decían** lo mismo.

- El imperfecto expresa la edad de alguien o de algo en el pasado.

  John Glenn **tenía** cuarenta años cuando entró en órbita alrededor de nuestro planeta en 1962.

- Se usa el imperfecto para contar en el pasado lo que se dijo en una conversación directa en el presente de indicativo.

  Los expertos nos dijeron que el programa espacial **costaba** más de catorce billones de dólares cada año.

- Para expresar una acción que empezó en el pasado y siguió hasta otro momento en el pasado, cuando interrumpió una acción concluyente dada en pretérito, se usa el imperfecto y el verbo **hacer.** A veces es implícita la acción en pretérito.

  Hacía cuatro meses que los astronautas **vivían** en Houston (cuando se mudaron a Cabo Cañaveral en la Florida).

A. El pasado. En las siguientes oraciones, cambie los verbos **en negrita** al pretérito o al imperfecto, según se requiera.

1. La Administración Nacional de Aeronáutica y Espacio (NASA) **es** creada en 1958.

2. El 20 de febrero de 1962, John Glenn **vuela** en órbita alrededor de la Tierra en la nave espacial *Friendship* 7.

3. Cuando **vuelve** al espacio durante el otoño de 1998, Glenn **tiene** setenta y siete años y **está** en muy buena condición física.

4. **Se considera** un gran éxito la última misión de Glenn en el espacio.

5. Durante el verano de 1969, **sucede** el alunizaje del *Apolo* en la superficie de nuestro satélite.

6. Entre las siete víctimas de la explosión fatal de *Challenger* en 1986, **se encuentra** una maestra de escuela.

7. En febrero de 2003, los siete tripulantes del transbordador *Columbia* **mueren** cuando **regresan** a la Tierra.

8. A fines de 1998, seis astronautas **despegan** del Centro Espacial Kennedy para llevar los componentes que **van** a dar inicio a la construcción de una estación espacial a 240 millas de distancia sobre la superficie de la Tierra.

9. **Hay** muchos que **están** a favor de las labores de investigación y exploración del espacio hechas por la agencia NASA.

10. Los críticos de la NASA siempre **dicen** que los avances llevados a cabo por ella **carecen** de relevancia social.

11. Un piloto que se **llama** Chuck Yeager **inicia** el avance de los Estados Unidos hacia el espacio cuando **rompe** la barrera del sonido en la nave aérea experimental *X-l* en 1947.

12. Nosotros **sabemos** bien, desde el primer momento, la importancia del alunizaje en 1969.

13. El éxito de los astronautas que **participan** en el alunizaje **inspira** a muchas personas, haciéndoles ver que "lo imposible" **se puede** alcanzar.

14. Antes del alunizaje, no **pienso** yo ni una vez en la posibilidad de algo tan increíble.

15. No **vemos** el alunizaje por televisión porque **estamos** en el campo visitando a mis abuelos, quienes no **tienen** televisor.

16. **Son** las nueve de la noche cuando **volvemos** a casa y **sabemos** los detalles de este gran acontecimiento.

17. Sin embargo, cuando los locutores de televisión **dan** cifras del costo astronómico del viaje a la Luna nos **hacen** meditar en otros usos más prácticos de tanto dinero.

18. Los periódicos **dicen** que el costo del programa espacial **asciende** a más de catorce billones de dólares anuales.

19. En el mes de abril de 1983, el primer paseo en el espacio **tiene** lugar; lo **hacen** los astronautas Story Musgrave y Donald Peterson fuera del transbordador espacial *Challenger*.

20. Durante el otoño del año 1983, **sube** al espacio un laboratorio espacial a cuestas del transbordador *Columbia;* **tiene** el nombre *Spacelab 1*.

21. En enero de 1986, la tragedia de *Challenger,* que les **cuesta** la vida a sus siete tripulantes, **pone** en dudas la continuación del programa espacial.

22. No obstante, el programa de la NASA **sobrevive** ese trágico accidente y **sigue** desarrollándose.

23. **Hace** más de treinta y seis años que el famoso astronauta John Glenn no **entra** en el espacio cuando **regresa** allá en 1998.

24. En 1915, el año en que **nace** mi padre, **se crea** un comité nacional de aeronáutica.

25. A pesar de los grandes avances en la exploración del espacio desde esa fecha remota, según encuestas recientes mucha gente **cree** que **debemos** limitarnos a vivir en este lindo mundo que el Creador nos **otorga**.

B. ¡Trabajando en grupo! En los grupos pequeños de costumbre, háganse las siguientes preguntas sobre el programa espacial de los Estados Unidos en las que se usan mucho el pretérito y el imperfecto. Que cada persona conteste una pregunta antes de que se haga la siguiente. Cuando terminen ustedes de hacérselas, expresen entre sí las opiniones, negativas o positivas, que tengan sobre nuestra exploración del espacio.

1. ¿Sabes dónde estaban tus padres u otros parientes cuando el hombre pisó la superficie de la Luna por primera vez?

2. Cuando eras más joven, ¿en tu casa se hablaba mucho de la exploración espacial?

3. En tu opinión, ¿cuál fue más importante en la historia de América del Norte, el descubrimiento del Nuevo Mundo por Cristóbal Colón o las primeras pisadas del hombre en la superficie lunar? ¿Por qué?

4. ¿Quiénes se expusieron a más riesgo o peligro, los tripulantes de la *Santa María* en 1492, o los de la nave espacial *Apolo 11* en 1969? ¿Por qué?

5. ¿Se alegraban los pobres del mundo de saber que otro ser humano había puesto pie en la Luna, o les importaba poco?

6. ¿Cuántos años tenías cuando explotó el transbordador espacial *Challenger* el 28 de enero de 1986?

7. ¿Recuerdas dónde estabas y qué hacías cuando sucedió ese terrible accidente? ¿Te preocupó mucho el accidente?

8. ¿Valía el futuro de la exploración del espacio más que la vida de las siete personas que murieron en ese accidente y la de otras tres que fallecieron durante unas pruebas en tierra durante el año 1967?

9. ¿Con su muerte contribuyeron estas víctimas algo positivo al desarrollo del programa espacial?

10. En tu opinión, ¿cuándo fue más valiente y heroico John Glenn, durante su vuelo orbital a principios del año 1962 o cuándo hizo su viaje espacial en 1998 a la edad de setenta y siete años?

Ejercicios de vocabulario

A. ¿Qué palabra es? Complete cada oración con una palabra lógica y correcta.

1. El programa _____ de la NASA es muy ambicioso.

2. El _____ accidente del *Challenger* les costó la _____ a sus tripulantes.

3. John Glenn volvió a _____ en un viaje espacial.

4. Los programas espaciales son muy _____.

5. El _____ en la Luna fue un _____ extraordinario.

6. Dicen que en el _____ Marte puede haber vida rudimentaria.

7. La _____ espacial será completada en el año 2004.

8. Los que critican la NASA dicen que la _____ del espacio cuesta mucho dinero.

9. Cristóbal Colón _____ la América en el año 1492.

10. El astronauta John Glenn fue el primer _____ que voló en órbita sobre la Tierra.

B. Yo pienso que... Complete las oraciones con su propia opinión.

1. Muchos creen que no debe continuarse la exploración espacial porque _____.

2. Para ser astronauta se necesita _____.

3. En la Luna no hay vida _____.

4. La estación espacial será muy beneficiosa porque _____.

5. Aunque la exploración del espacio es costosa, debemos continuarla porque _____.

6. Si Cristóbal Colón no hubiera descubierto el Nuevo Mundo, _____.

C. Opiniones. Con un(a) compañero(a), decidan si están de acuerdo con las siguientes afirmaciones. Expliquen sus razones con claridad.

1. Los programas de la NASA son un desperdicio de dinero.

2. Las exploraciones espaciales son de gran beneficio para la humanidad.

3. Es preferible resolver los múltiples problemas que tenemos aquí en la tierra y olvidarnos de otros mundos que no conocemos.

4. Si el ser humano dejara de sentir curiosidad por lo desconocido, la civilización se detendría.

Desafío de palabras

Busque el sinónimo de las palabras del primer grupo en el segundo.

I.

múltiple	superficie	defender
conocer	invertir	crear
incrementar	inquieto	revés
investigar	estimar	relevancia
glorioso	continuar	alto
mundo		

II.

ilustre	apoyar	saber
nervioso	importancia	seguir
creer	mucho	hacer
aumentar	examinar	contratiempo
faz	tierra	elevado
gastar		

23

La educación

Opiniones de la gente de la calle

Apenas pude usar lo que me enseñaron en la escuela. Lo que me impulsó más que nada fue la experiencia que tuve esos primeros años cuando empecé a trabajar y se despertaron mis instintos comerciales y humanos. Mi cuñado terminó su doctorado en la universidad, pero sólo es de valor académico; yo gano cuatro veces más que él.
—**Leonardo, empresario millonario, de cuarenta y cinco años.**

Los métodos y las formas de enseñar se están cambiando hoy y tendrán que cambiarse más de acuerdo con la tecnología y la rapidez de la vida de hoy. Es ilógico seguir con la misma enseñanza de hace veinte años cuando tenemos más recursos para enseñar más en una forma más efectiva. Los maestros viejos tienen que aprender a enseñar de nuevo y no seguir con los métodos que usaron cuando comenzaron su primer año en el aula.
—**Eduardo González, profesor de educación.**

Llevo treinta y cuatro años en la profesión y he visto muchos cambios en la educación. Los estudiantes ahora vienen mal preparados; no quieren trabajar y saben muy poco de la materia básica, haciendo que mi trabajo sea mucho más difícil. Cuando comencé mi carrera, los estudiantes querían estudiar y tenían más disciplina.
—**Clarisa, maestra de secundaria.**

Quisiera volver a mis años escolares porque fueron los mejores de mi vida. Tomé cuatro clases de filosofía, las cuales me enseñaron a pensar y razonar en una forma que me ha ayudado toda la vida. Esas clases, en particular, me abrieron la mente.
—**Jorge, abogado, de treinta y ocho años.**

Me gusta lo que hago y no lo cambiaría por nada. Es un verdadero placer ir al trabajo y ver a mis alumnos, que cada día me dan un verdadero sentido de esperanza.
—**Marisa Gold, maestra de escuela primaria.**

Crisis en la clase

Las notas siguen bajando y nuestros estudiantes no pueden competir con los de otros países. Hace muchos años que oímos y vemos las estadísticas que pronostican un porvenir muy oscuro para este país y para nuestra cultura. ¿Quién tiene la culpa? Los estudiantes dicen que la tienen los maestros, que no tienen mucho interés en sus alumnos, pero los maestros hablan de la falta de preparación de los estudiantes y de las malas condiciones de las escuelas.

Mucha gente cree que la única solución es rehacer un sistema que nunca fue muy bueno y, en años recientes, se ha mostrado incapaz de educar a los nuevos estudiantes, que tienen nuevos problemas y distracciones que no existían antes. Según algunos expertos, se necesita otra forma de recaudar los fondos para el sistema de educación, dejando atrás la dependencia en impuestos locales y estatales, lo cual sólo ha logrado que los lugares pobres hayan seguido pobres y los lugares más ricos se hayan mejorado tanto que la diferencia entre los dos es cada día más grande.

En una cosa todos están de acuerdo; tenemos que darles a los futuros maestros mejor preparación para los problemas de hoy y de mañana. Es obvio que estamos perdiendo a mucha gente buena por los sueldos bajos, las malas condiciones y la falta de incentivo personal. Los maestros ocupan un lugar de mucha importancia en el desarrollo de cada persona. Ellos nos enseñan fórmulas de matemáticas o cómo escribir una buena frase o aun el dichoso subjuntivo en la clase de español, pero lo más importante son esas otras cosas que, a veces inconscientemente, enseñan y nosotros aprendemos. Estas cositas pueden ser la paciencia, la tolerancia, el buen humor, la disciplina, la comprensión, la simpatía y el deseo de saber y apreciar la verdad. Es en sus clases donde creemos que la justicia es posible y que hay alguien que nos escuchará y querrá que seamos todo lo que podamos ser.

La mayoría piensa que debemos premiar a los maestros con mejores sueldos, porque han estudiado y trabajado mucho para desempeñar un papel que es de suma importancia, el de transmitir la sabiduría de hoy y del pasado a los estudiantes de hoy y de mañana. Estos maestros son los eslabones que conectan el pasado con el futuro. Sin embargo, la misma mayoría cree que ya los impuestos han subido demasiado y es, por eso, que no se les puede pagar mejor sueldo a los maestros. Parece un dilema sin solución, pero, de todos modos, tenemos que encontrarla o seguiremos con un sistema mediocre que no ayuda a todos los estudiantes a usar todos sus talentos y capacidades.

DISCUSIÓN

Reúnanse en grupos y hablen de sus maestros y de las cualidades que les hacen eficaces en clase. Preparen una lista de las características que debe tener un buen maestro. Discutan los distintos tipos de maestros que han tenido en clase y por qué admiran a unos y no a otros. Si alguien está pensando hacerse maestro, debe decirles a los compañeros por qué ha escogido esta carrera.

Los cursos prácticos

Creemos que la universidad existe por y para el estudiante, no él por y para ella. Así es que se le deben ofrecer al estudiante los cursos que más les sirven a sus intereses y necesidades, no los que se crean buenos o sofisticados para él. Se admite que hay ciertos campos del saber que debemos aprender y comprender, pero también parece muy importante la necesidad de que haya cursos que le ofrezcan al alumno algo que le sirva de un modo más práctico, algo que le pueda ayudar en su vida diaria.

¿Práctico? ¿Qué quiere decir esta palabra? Práctico significa algo útil o de valor. El verbo practicar es aplicar lo teórico, hacer algo, poner en uso, actuar. Lo práctico es lo activo, lo vivo. La vida es actividad y, por eso, es necesario que nos preparemos para ella. Consiguientemente, esta preparación debe incluir los cursos prácticos para que no nos encontremos sin armas en este combate que llamamos la vida. Por medio de los cursos prácticos podemos hacer los preparativos necesarios, de modo que podamos competir con cualquiera.

Por eso, debemos pensar bien en los cursos universitarios que tomamos, tratando de tener en cuenta que las clases que hoy escogemos determinarán nuestro porvenir y tal vez nuestra felicidad. Así evitamos muchos cursos teóricos como la filosofía, la historia, la sociología, la teología, la literatura, a menos que uno quiera enseñarlos o esté seguro de poder aplicarlos cuando se gradúe. Hoy hay mucha demanda de ciencias, como la física, la química, la biología, las matemáticas y los cursos de negocios, como la economía, el comercio, la contabilidad y la gerencia. Con estos cursos uno está bien armado en la vida.

Tampoco debemos olvidar las clases que nos enseñan el uso de las computadoras, porque son de mucha utilidad en muchos empleos.

Los cursos teóricos

Una de las decisiones más importantes que tomamos en la vida es la selección de los cursos de estudio en la universidad. ¿Importante? Claro que sí, porque en ella hacemos posiblemente nuestra última preparación para la vida. ¿Qué consejos se pueden dar para guiarnos en esto? Bueno, primero empecemos con una regla general: llenen su horario con las asignaturas teóricas y filosóficas, y déjenles las llamadas prácticas a los otros. No se olviden del propósito fundamental de cualquier universidad o centro docente, que es el de cultivar el intelecto en un sentido universal; es decir, que debemos tratar de salir de ella con una educación amplia en la cual hayamos desarrollado los procesos intelectuales.

Durante estos cuatro años tan preciosos, debemos estar seguros de tomar un buen curso de la madre de todas las artes, la filosofía, que nos hace ver las causas, los efectos y la esencia de la vida. Uno no se puede llamar educado o culto sin tener una apreciación de esta trascendental rama del saber.

Con la psicología podemos entendernos a nosotros mismos y los oscuros rincones de la mente. Tampoco se debe negar el aspecto científico del conocimiento, y así es que se puede recomendar que estudiemos biología, química o física, por las cuales entenderemos cómo es la vida y las fuerzas que la controlan. Claro que cualquier rama de las matemáticas será de gran valor.

De las artes es preciso que tomemos cursos en nuestro propio idioma y sobre las grandes obras de su literatura. Al mismo tiempo es obligatorio que conozcamos otra lengua. Recordemos una frase muy acertada al respecto: "el hombre que sabe dos idiomas vale por dos". También, en esto es preferible y conveniente que, si uno es joven y de ascendencia latina, haga un buen estudio de la lengua de sus antecesores. La historia, ¿cómo podemos comprender la actualidad si no tenemos ninguna idea del pasado?

¿En cuál de las ya citadas asignaturas debemos especializarnos? Pues, eso es lo de menos, porque lo más esencial es que seamos cultos y educados, no simplemente entrenados para una profesión, todo ello gracias a haber hecho una buena selección en nuestro programa de estudios universitarios.

DISCUSIÓN

En grupos, describan su horario y expliquen por qué están tomando las clases de este año y las del año que viene. Discutan su filosofía de la educación y por qué están estudiando.

Vocabulario

amplio
extenso, mucho

asignatura
la materia que se estudia en escuelas

citar
nombrar

consejo
recomendación

cuñado (a)
hermano(a) de la (del) esposa (o)

cualquiera
persona indeterminada

demanda
petición

desarrollar
impulsar la actividad de algo, progresar

desempeñar
hacer, cumplir con lo que debe hacer

dichoso (*fig.*)
que causa problema, molesto

docente
que enseña o educa

escoger
seleccionar, optar

eslabón (el)
pieza que enlazada con otras forma una cadena, conexión

evitar
eludir, impedir que suceda

guiar
dirigir, indicar por dónde debe ir otro

horario
distribución de las horas para hacer ciertas acciones, como el horario de clases

mecanografía
arte de escribir con una máquina de escribir o computadora

negocio
empresa, compañía, actividad de comercio

porvenir
futuro

premiar
dar premio, pagar, regalar

pronosticar
predecir lo que va a pasar en el futuro

rama
división, parte

recaudar
reunir dinero para algún objetivo

rincón (el)
lugar oscuro y apartado, el ángulo donde se encuentran dos paredes

sumo
grande, máximo

tener en cuenta
tomar en consideración

Repaso gramatical

USOS DE LAS PREPOSICIONES *POR* Y *PARA*

- Aunque las funciones de **por** y **para** son semejantes, cada palabra tiene sus propios usos específicos y las dos preposiciones no son intercambiables. Por eso, he aquí una explicación de los usos más importantes de cada preposición.

LOS USOS DE *POR*

- **Por** expresa la idea de substituir o substitución, como **en lugar de.**

  Cuando nuestra maestra estaba enferma, su tía enseñó **por** ella.

- **Por** se refiere a los distintos medios de comunicación.

  A veces nos comunicamos **por** carta, pero normalmente nos hablamos **por** teléfono.

- Cuando se usa la voz pasiva, **por** presenta el agente.

  Nuestro libro de texto fue escrito **por** una profesora de Harvard.

- **Por** se usa después del verbo **estar** para expresar una inclinación o tendencia de alguien. Esta construcción es como **estar dispuesto a** o **inclinarse a.**

  El semestre pasado, mi hermana salió mal en casi todas sus clases y estaba **por** dejarse la universidad.

- **Por** se emplea con un nombre para indicar la causa de algo. En este caso tiene el significado de la preposición **a causa de.**

  La semana pasada se cerraron todas las escuelas públicas de la ciudad **por** la nieve.
  Los maestros ocupan un lugar de mucha importancia en el desarrollo de cada persona, no sólo **por** la materia que presentan, sino también **por** las cosas intangibles que enseñan.

- Se refiere **por** a un período de tiempo, con la idea de **durante.**

  Jorge estudió en la universidad **por** muchos años, preparándose para la abogacía.

- **Por** expresa la idea de **en beneficio de.**

  Por la salud mental, es muy importante seguir aprendiendo.
  Este programa de estudios universitarios se ofrece **por** los estudiantes.

- Se usa **por** al expresar la idea de **a cambio de.**

    ¿Cuánto pagaste **por** todos tus libros de texto?
    Muchas gracias **por** ayudarme con mis estudios anoche.

- **Por** se emplea delante de un infinitivo para presentar una explicación, expresando así el significado de la conjunción **a causa de que.**

    Por ser un novelista bien conocido, el profesor Hernández es muy popular.

- **Por** expresa movimiento a lo largo de cierto camino o cierta ruta.

    Cuando éramos muy jóvenes, todos los días mis hermanos y yo teníamos que caminar **por** una senda estrecha para llegar a la escuela.

LOS USOS DE *PARA*

- **Para** indica el punto de llegada, el rumbo de alguien o algo.

    ¿A qué hora saldrán ustedes **para** Chicago?
    Eché los libros al correo **para** Madrid.

- **Para** señala los recipientes de algo, sea éste un objeto o una acción. El recipiente indicado puede ser una persona (Carmen) o una cosa (país, cultura).

    Este dinero es **para** Carmen, cuya matrícula se debe pagar la semana que viene.
    Hace muchos años que las estadísticas sobre la educación pronostican un porvenir muy oscuro **para** este país y nuestra cultura.

- Delante de un infinitivo, **para** expresa una intención o un propósito.

    Hoy día tenemos más recursos **para** enseñar en una forma más efectiva.
    José se trasladó a otra universidad **para** recibir una educación más práctica.

- **Para** presenta una comparación implícita.

    Para niña habla muy bien.
    Para una escuela tan vieja, emplea muchos nuevos métodos de enseñar.

- **Para** señala un momento o tiempo en el futuro.

    Las tareas escolares que ella nos dió son **para** el lunes.
    El gimnasio en construcción se habrá completado **para** noviembre.

- **Para** indica el uso específico de algo.

    Marta busca crema **para** el cutis.
    En la universidad hacemos nuestra última preparación **para** la vida.

- **Para,** después del verbo **estar,** expresa una acción inminente.

   Los administradores de esta escuela secundaria están **para** cambiar el programa de estudios.
   Ponte el impermeable; está **para** llover.

A. *¿Por o para?* Complete las siguientes oraciones con **por** o **para,** según convenga.

1. En la educación estamos perdiendo a mucha gente buena _____ los sueldos bajos y las condiciones malas que existen en muchas escuelas públicas.

2. _____ estar muy nerviosa, Aurelia no salió bien en los exámenes finales.

3. En las universidades de España, no es necesario asistir a las clases _____ aprobar las asignaturas.

4. Estos libros de texto son _____ Miguel. (Miguel va a recibirlos.)

5. Soy profesora universitaria y no cambiaría mi puesto _____ nada.

6. En España los estudiantes tienen que prepararse muy bien _____ los exámenes finales, porque de éstos dependen enteramente las notas.

7. Se cancelaron las clases _____ el huracán que se acerca.

8. Construyeron la escuela primaria nueva _____ los niños de este barrio bajo.

9. _____ el viernes debemos tener entregados los trabajos escritos.

10. Los maestros han estudiado y trabajado mucho _____ desempeñar un papel de suma importancia.

11. ¿Es posible que todas estas novelas fueran escritas _____ Pérez Galdós?

12. Hablé con ella _____ teléfono, le dije que me sentía muy mal, y ella me dijo que trabajaría _____ mí esa noche en la universidad.

13. A Tomás le hace falta una buena educación _____ su vida después de graduarse.

14. Tuvimos que pagar muchísimo _____ nuestros libros de texto.

15. _____ profesor sabe muy poco de geografía.

B. Sustituciones. Complete las siguientes oraciones, usando **por** o **para,** según el caso, en vez de las palabras en paréntesis.

1. No pude ir a la biblioteca _____ la tormenta. (a causa de)

2. Ayer nuestro profesor de arte salió _____ París y Roma. (rumbo a)

3. Podemos hacer los preparativos que necesitaremos en la vida _____ los cursos universitarios prácticos. (mediante)

4. Creemos que la universidad existe _____ los estudiantes. (en beneficio de)

5. Hoy hay mucha demanda _____ las ciencias como la física, la química, la biología y las matemáticas. (dirigida a)

6. La hermana de él estuvo en España _____ dos meses estudiando español e hispanidad. (durante)

7. Después de recibir sus notas, Lázaro estaba _____ dejar sus estudios universitarios. (dispuesto a)

8. Fuimos al laboratorio de lenguas _____ practicar francés. (con intención de)

9. Al acercarse a la escuela, los jóvenes siempre tenían que caminar _____ una calle muy concurrida. (a lo largo de)

10. Espero que la doctora Martínez esté _____ terminar su conferencia. (a punto de)

Usos de los pronombres relativos *que* y *quien(es)*

- Empleado en lugar de un nombre, un pronombre relativo está relacionado con el nombre al que se refiere (su antecedente). Este nombre se encuentra en la misma oración y está conectado por el pronombre relativo con la cláusula adjetival que lo modifica. En español los pronombres relativos más usados son **que** y **quien(es).**

El pronombre relativo *que*

- Siendo invariable, **que** es el pronombre relativo de uso más frecuente en español. Su función principal es la de servir de sujeto u objeto de una cláusula adjetival **restrictiva.** Se llama restrictiva a una cláusula subordinada que presenta información necesaria para la comprensión de la oración en que se usa. No se emplean comas para separar la cláusula restrictiva del resto de la oración. En una cláusula restrictiva, el pronombre relativo **que** puede referirse a personas o a cosas.

Es un profesor **que** enseña en el departamento de inglés. (sujeto de la cláusula adjetival)

Fue la profesora **que** vimos en la biblioteca ayer. (objeto de la cláusula adjetival)

El edificio **que** está a la derecha de la entrada al recinto universitario ya no sirve por viejo.

- Una cláusula **no restrictiva** está separada del resto de la oración por comas, porque la información que presenta no es necesaria para la comprensión de dicha oración. En una cláusula no restrictiva, se puede usar el pronombre relativo **que** para referirse a personas solamente si funciona como sujeto de la cláusula.

  Pedro Ramírez, **que** enseña aquí, es buen amigo nuestro.

  Pero no es correcto decir:

  Pedro Ramírez, **que** vimos ayer, es buen amigo nuestro.

  Hay que decir:

  Pedro Ramírez, a **quien** vimos ayer, es buen amigo nuestro.

- Cuando se refiere a cosas, el pronombre relativo **que** se puede usar después de preposiciones de una sílaba como **a, con, de** y **en.**

  Las clases en **que** Juanita no tiene dificultad son las de historia.
  La asignatura con **que** tengo muchos problemas es el álgebra.

EL PRONOMBRE RELATIVO *QUIEN(ES)*

- El pronombre relativo **quien** y su forma plural **quienes** se refieren solamente a personas y se usan frecuentemente después de una preposición.

  El poeta de **quien** habla el profesor es el chileno Pablo Neruda.
  Los amigos con **quienes** estudiamos mucho son Ana y Carlos.

- Por lo general, el sujeto personal de una cláusula no restrictiva es **quien** o **quienes** en vez de **que.**

  La doctora Posada, **quien** enseña clases de literatura española, es excelente.

- Sin embargo, en una cláusula restrictiva **que** se usa como sujeto personal.

  La profesora **que** habló sobre la literatura española en nuestra clase ayer es la doctora Posada.

- Cuando el pronombre relativo **quien(es)** sirve de objeto directo en una cláusula no restrictiva, requiere el uso de la **a** personal y tiene que ser usado en lugar de **que.**

   El doctor Hernández y la doctora Pérez, a quienes no conocemos, tienen fama de ser muy exigentes.

LOS PRONOMBRES RELATIVOS NEUTROS *LO QUE* Y *LO CUAL*

- El pronombre relativo **lo que** se considera neutro porque no se refiere a un nombre específico, sino a una idea general e indefinida. Por eso, a menudo requiere el uso del subjuntivo.

   Tendremos que hacer **lo que** pidan los profesores.

- Con frecuencia, **lo que** se emplea al principio de una oración, pero cuando se usa con una cláusula adjetival, ésta es normalmente restrictiva.

   Lo que me impulsó más que nada fue la experiencia que tuve esos primeros años cuando empecé a trabajar.
   Apenas pude usar **lo que** me enseñaron en la escuela.

- El pronombre relativo neutro **lo cual** se parece mucho a **lo que.** Como éste, se refiere a una idea en vez de a un nombre específico, pero aparece poco al principio de una oración y se emplea frecuentemente con cláusulas no restrictivas.

   En esa escuela secundaria, los maestros daban pocos exámenes, **lo cual** me gustaba mucho.
   Se dice que es necesario dejar atrás la dependencia de los sistemas de educación en impuestos locales y estatales, **lo cual** ha ayudado poco a los lugares pobres.

C. **Pronombres relativos.** Complete las siguientes oraciones con los relativos **que, quien(es), lo que** o **lo cual,** según el caso.

1. El profesor Gutiérrez, con _____ hablé por dos horas la semana pasada, me ha ayudado mucho.

2. ¡_____ me has aconsejado acerca de los estudios no vale, Cándido!

3. Una persona _____ se gradúa de la universidad en España recibe la licenciatura.

4. Es importante recordar el dicho antiguo: "El hombre _____ sabe dos idiomas vale por dos".

5. En los Estados Unidos, los profesores universitarios ganan mucho menos que los médicos, _____ no parece justo.

6. Soy maestra de escuela primaria, y me gusta muchísimo _____ hago.

7. Hoy en día hay muchos estudiantes jóvenes _____ tienen nuevos problemas y múltiples distracciones _____ no existían antes.

8. Los profesores de química, a _____ veo en el laboratorio casi todos los días, han hecho investigaciones de mucha importancia.

9. Cuando el esposo de Angélica era maestro de escuela secundaria, le pagaban muy poco, por _____ él tuvo que conseguir otro empleo.

10. En los países hispanos, el bachillerato es el título _____ se obtiene antes de iniciar los estudios universitarios.

11. La señora Gómez, _____ era mi maestra de escuela primaria cuando yo estaba en tercer año, enseña todavía.

12. La señora _____ me enseñaba en primer año se murió recientemente.

13. _____ será, será. Este refrán un poco fatalista me consolaba bastante durante mis muchos años estudiantiles.

14. Casi todos los maestros dicen que tienen muchos alumnos _____ les dan un gran sentido de esperanza diariamente.

15. Los profesores para _____ servimos de ayudantes graduados son muy amables.

D. ¡Trabajando en grupo! En grupos pequeños, completen primero individualmente las siguientes oraciones, que incluyen pronombres relativos. También, que todos hagan cada oración antes de seguir con las otras, para que se puedan comparar las distintas maneras de completarlas y hacerse preguntas sobre éstas.

1. Lo que más me gusta de esta clase es _____.

2. Lo que menos me gusta de esta clase es _____.

3. En esta clase hay muchos estudiantes que _____.

4. Esta universidad debe buscar más profesores que _____.

5. Esta universidad necesita buscar más estudiantes que _____.

6. En mi expediente hay algunas notas poco buenas, lo cual _____.

7. En el departamento de lenguas, me gustan los profesores de español, quienes _____.

8. En esta universidad, casi todos los profesores a quienes conozco son _____.

9. Prefiero las clases en que hay muchos (pocos) exámenes porque _____.

10. Casi todos los rectores (presidentes) universitarios, para quienes los estudiantes son poco más que números de computadora, necesitan _____.

Ejercicios de vocabulario

A. ¿Qué palabra es? Complete cada oración con una palabra lógica y correcta.

1. Los cursos _____ son de poco valor.

2. Cambridge y Oxford son los _____ docentes más conocidos de Gran Bretaña.

3. Los maestros tienen _____ influencia en el desarrollo intelectual de sus estudiantes.

4. Un buen maestro debe ser muy _____ con sus alumnos.

5. Los estudiantes de hoy tienen más _____ que sus padres.

6. La _____ y el _____ son de mucha importancia para un maestro bueno.

7. La forma de recaudar _____ para las escuelas debe ser cambiada.

B. Yo pienso que... Complete las oraciones con su propia idea.

1. Muchos alumnos de esta universidad no estudian filosofía porque _____.

2. Es bueno estudiar literatura, pero _____.

3. Si todos estudiaran sólo las clases teóricas, _____.

4. Muchos no quieren estudiar historia porque _____.

5. Los maestros serían más competentes si _____.

C. **Opiniones.** Con un(a) compañero(a), decidan si están de acuerdo con estas afirmaciones. Expliquen sus razones con claridad.

1. El sistema de educación de los Estados Unidos es mediocre porque no pagamos bien a los maestros.

2. Muchos graduados de universidad de este país no tienen una educación completa porque tomaron demasiadas clases prácticas.

3. Las clases de bellas artes nos ayudan mucho a apreciar el mundo y la vida en general.

4. Todos en este país deben estudiar y saber bien otro idioma, como el español o el francés.

5. Muchos de los alumnos que estudian filosofía no pueden conseguir buenos puestos después de graduarse.

Desafío de palabras

Busque el sinónimo de las palabras del primer grupo en el segundo.

I.		
porvenir	escoger	rama
negocio	asignatura	práctico
amplio	sumo	predecir
petición	dirigir	recomendación

II.		
máximo	futuro	útil
empresa	consejo	pronosticar
parte	clase	seleccionar
guiar	extenso	demanda

Vocabulario

a casarse tocan
haber llegado el momento de casarse

a despecho de
a pesar de, contra la voluntad o gusto de uno

a fin de cuentas
expresión para introducir una declaración, resumiendo

a medida que
mientras, al mismo tiempo

a menos que
excepto

a menudo
con frecuencia, casi siempre

a mi juicio
en mi opinión

a prueba de balas
expresión popular, como sinónimo de fortaleza, vigor

abatir
echar por tierra, dominar, conquistar

abismo
profundidad muy grande; *(fig.)* cosa inmensa, incomprensible

abogado(a)
persona que practica la profesión de las leyes

abogar
hablar a favor de algo o alguien

abolir
derogar, eliminar

acabar
terminar, finalizar

acatamiento
respeto, cumplimiento

acechar
observar, mirar a escondidas

achacar
imputar, atribuir

acontecimiento
evento

acudir
llegar a un sitio o lugar

adelantar
progresar, ir adelante

adelanto
progreso, aumento

adentrar
penetrar con análisis un asunto

adinerado
que tiene mucho dinero, rico

adivinar
conocer una cosa presente, pasada o futura por arte de magia

adormidera
planta de la cual extraen el opio

adquirir (ie)
ganar, obtener

aduana
lugar donde se inspeccionan las cosas que vienen de otros países

afán (el)
anhelo, fuerte deseo

afines
próximos

afligir
dar pena o problema

aflojarse
perder fuerza o intensidad

afrontar
hacer frente a algo

agarrar
coger

agobiante
que molesta o causa problema

agobiar
causar fatiga o pena

agradar
gustar

agradecer
dar las gracias

agrario
relativo a la agricultura

aguantar
sostener, sufrir, tolerar

agudizar
hacer más intenso o peor

agudo
serio

aguijón (el)
punta, extremo, sensación

ahorcamiento
quitarle la vida a uno colgándolo del cuello

ahorro
acción de ahorrar, economizar o evitar un trabajo

ajeno
extraño, no nativo

al aire libre
afuera, no dentro de un edificio o una casa

albor (el)
comienzo, principio, primera luz del día

al cabo
al final

alcanzar
realizar, lograr

aldea (la)
ciudad pequeña, pueblo

alegar
citar, defender con razones un punto o argumento

alevosía
traición, perfidia

aliento
respiración

alimaña
animal

alterado
cambiado, trastornado

altibajos (los)
éxitos y fracasos de la vida, extremos de la vida

alunizaje (el)
acción de descender en la Luna

amargo *(fig.)*
causante de pena o sentimiento, desagradable

ambiente (el)
conjunto de circunstancias que acompaña al ser humano

amenazar
hacer temer un daño o mal

amordazar
callar, imponer silencio

amorfo
sin forma regular o bien determinada

amplio
extenso

amplitud (la)
extensión

amuleto
objeto portátil al que se le atribuyen poderes mágicos y sobrenaturales

anciano (a)
persona vieja, de más de sesenta años

ángulo
el punto donde se encuentran dos líneas

anhelo
deseo fuerte, afán

animar
confortar, incitar, apoyar

aniquilar
reducir a la nada

ansioso
ávido, que tiene anhelo

anular
cancelar, abolir, borrar

añadir
agregar, sumar

apenas
muy poco, casi nada

apoderarse
hacerse dueño o propietario de algo

aportación (la)
contribución

apoyar
mantener

aprestarse
hacer lo necesario para iniciar algo

apresurarse
hacer las cosas con rapidez, tener prisa

apretar (ie)
oprimir, tocar con la mano o el dedo firmemente

aprovechar
usar algo par su propio bien

aprovecharse
emplear bien alguna cosa o situación

apuntar
dirigir un arma contra una persona o cosa

aquilatar *(fig.)*
determinar el mérito de una persona o cosa

arder
quemar, consumir con fuego

arrasar
destruir

arrestar
detener, poner prisionero a alguien

arriesgar
exponerse a un peligro

arruga
rugosidad de la piel

arruinar
destruir

ascendiente (el)
antecesor

asentar (ie)
sentar o poner en un lugar como una silla

aseverar
afirmar

asignatura
la materia que se estudia en las escuelas

asombrar
causar gran admiración

asumir
tomar control

atar
unir con fuertes lazos

ataúd (el)
féretro, caja en que se entierra un cadáver

atender (ie)
prestar atención

atentado
delito consistente en intentar causar daños

aterrizaje (el)
acción de descender a tierra

aterrizar
descender sobre tierra

atesorar
guardar dinero u otras cosas de valor

atraer
traer hacia sí una cosa

atrevido
audaz, aventurero

augurar
adivinar, pronosticar

aumentar
acrecentar, dar mayor extensión, crecer

aunar
unir, unificar

autoestima
sentido de verse como persona de valor

avaro
que oculta lo que posee para aumentar su riqueza, tacaño

ayudar
dar asistencia o auxilio

azafata
mujer que atiende a los pasajeros de un avión

baja
pérdida de un individuo

bala
proyectil que sale de un arma de fuego

baldío
ineficaz, inútil

baraja
conjunto de cartulinas, por ejemplo el bridge

barbudo
persona con barba, *(fig.)* Dios

barraca
casa pobre y humilde

barrera
obstáculo, impedimento

basura
desperdicio, residuo

bélico
de la guerra, violento

beneficiar
hacer bien

blanco
objeto, objetivo

bodas
ceremonias nupciales

bomba
máquina para elevar o impulsar líquidos

bondadoso
generoso, benévolo

borrar
eliminar, hacer desaparecer algo

brazos
extremidades superiores de una persona

brindar
ofrecer

brujo(a)
persona con poderes mágicos

buscador(a)
persona que hace diligencias para hallar o encontrar algo

búsqueda
investigación

cabo
final

cámara de gas
sala donde se ejecuta a alquien por medio de gas

cambiar
sustituir, convertir

camilla
cama ligera y móvil para transportar enfermos de un lugar a otro

campaña
todas las acciones que se pueden aplicar para lograr un fin

campo
todo lo que está comprendido en cierta actividad

caos (el)
confusión, desorden

capricho
deseo o propósito no fundado en causa razonable

caprichoso
frívolo

cárcel (la)
lugar destinado a prisión

carecer
no tener, faltar

cargamento
conjunto de cosas que se transportan

cargos
acusaciones

carnal (el)
amigo que tiene muchas características similares, usado mucho en el sudoeste de los Estados Unidos

castigo
pena que se impone al que ha cometido una falta o crimen

caza
acción de buscar o perseguir a los animales para matarlos

cazador(a)
persona que caza

cerrar (ie) *(fig.)*
poner fin a las actividades de uno

césped (el)
hierba, jardín

chantaje (el)
acto de sacar dinero de alguien, amenazándolo con el hecho de difamarlo

chispa
partícula de fuego que salta

chiste (el)
frase que provoca risa

ciego
que no ve

cielo *(relig.)*
mansión o lugar donde se goza de la presencia de Dios

cifra
número

cínico(a)
uno(a) que no cree en la honestidad humana

cirugía
proceso de curar enfermedades por medio de operaciones

citar
nombrar

claustro materno
lugar que ocupa el feto en el cuerpo de la mujer

coaccionar
forzar, obligar

coadyuvar
ayudar, cooperar, colaborar

colilla
cabo de un cigarrillo que ya se ha fumado

comodidad (la)
conveniencia

compartir
repartir, dar parte de algo, distribuir

compendio
resumen

complacer
gustarle o darle placer a uno(a)

componer
formar una unidad de partes

conjuntamente
unidamente, al mismo tiempo

conllevar
llevar una cosa con otra(s)

conmutar
cambiar una cosa por otra

consejo
recomendación

conspirar
hacer planes para cometer un crimen

consumo
ingestión de alguna sustancia como alimentos, bebidas o drogas

contenerse
esforzarse para no exteriorizar un estado de ánimo

contienda
pelea, disputa

contradecir
decir lo contrario, negar

contraer
adquirir u obtener algo, comprometerse a hacer algo

contratiempo
accidente perjudicial y, por lo común, inesperado

convenir
ser de un mismo parecer u opinión

convivencia
estado de vivir con otros

copa
vaso grande de cristal

corriente (la) *(fig.)*
movimiento de las tendencias o sentimientos

costilla
cada uno de los huesos que va de la columna vertebral al esternón

coterráneo(a)
otra persona de su mismo país

crecer
aumentar de tamaño

creyente (el/la)
persona que cree

cualquiera
persona o cosa indeterminada

cuchillada
ataque o herida por un cuchillo o espada

cuerdo
con facultades mentales normales

cuerpo
sustancia material; materia completa de una persona o animal

culpable
que tiene falta, pecado

culpar
echarle la culpa o responsabilidad a otro/a

cumplimiento
acción de ejecutar con exactitud una obligación

cumplir
ejecutar una obligación

cumplir...años
llegar a tal edad

cúmulo
gran cantidad de ciertas cosas

cuñado(a)
hermano(a) de la (del) esposa(o)

curandero(a)
persona no médica que se dedica a curar enfermedades

curar
sanar

dadivoso
generoso

dañino
nocivo

daño
que es malo para una persona o cosa
dar a luz
parir, dar nacimiento
dar lugar a
causar, permitir
dar un paseo
andar, caminar
darse cuenta de
saber, enterarse
de ahí que
consecuentemente
de moda
popular entre muchas personas
de repente
inmediatamente, sin aviso
debacle (la)
final desastroso
deber (el)
obligación
débil
de poca fuerza, no fuerte
debilidad (la)
falta de fuerza
debilitado
con poca resistencia
defraudado
engañado, frustrado
dejar
soltar, abandonar
delictivo
criminal
demanda
petición
derecho
ley, poder legal
derogar
dejar sin validez una ley o disposición
derrocamiento (el)
caída, efecto de hacer caer o perder algo a alguien
derrocar
derribar, hacer caer un sistema de gobierno o a un gobernante
derrotado
vencido, que ha perdido
derrumbar
derribar

derrumbarse
caerse
desahogado
tener más de lo necesario para vivir
desarrollar
impulsar la actividad de algo, progresar
desarrollarse
ampliarse, desenvolverse
desarrollo
acción de amplitud o crecimiento
desastre (el)
catástrofe, calamidad
descargar
quitar la carga
descomunal
no común, irregular, no normal
desconocer
ignorar, no hacer caso
descuido
omisión, olvido
desempeñar
hacer, cumplir con lo que se debe hacer
desenchufar
desconectar un aparato o máquina eléctrica
desengaño
descubrimiento del error en que se estaba
desenvolvimiento
acción de impulsar la actividad de algo
desgracia
adversidad
desintegrar
romper, destruir
desmán (el)
exceso
desmayarse
perder el conocimiento o el sentido
desmedido
excesivo
despecho
disgusto originado por un desengaño
desperdiciar
perder, usar algo mal
desplegar (ie)
poner en práctica una actividad
despreciable
horrible, muy malo
despreocuparse
no tener preocupación

destrozar
destruir

detonación (la)
acción y efecto de detonar

detonar
iniciar una explosión

difunto(a)
persona muerta

disentir (ie, i)
tener opinión opuesta a la de otro

disfrutar
gozar de alguna cosa

disparo
acto de hacer funcionar un arma de fuego

divagar
hablar o escribir en forma imprecisa y desordenada

diverso
diferente, de distinta naturaleza

divertirse (ie)
entretenerse, recrearse

divisar
ver, percibir

docente
que enseña o educa

doliente
que sufre, con pena

dolor (el)
sensación aguda y molesta

don (el)
cualidad

dotes (las)
cualidades

ducharse
echarse agua sobre el cuerpo en el cuarto de baño

duro
fuerte

echar a pique
hacer que un transporte marino se hunda en el mar

efectuar
realizar, lograr

ejecución (la)
acto legal por el cual se le quita la vida a uno, ajusticiamiento

ejercer
hacer actuar algo sobre cierta cosa, influir

elogiar
alabar, hablar bien de alguien

embarcar
salir de un lugar en un vehículo

embrujamiento
efectos ejercidos sobre una persona con poderes mágicos

embullado
animado a hacer algo que uno(a) estima bueno

emocionante
estimulante

empecer
impedir, hacer daño

empeño
insistencia por hacer algo

empujar
hacer fuerza contra una cosa para moverla

en suma
en resumen

en vigor
que tiene fuerza legar

encarcelamiento
acción y efecto de estar en la cárcel o prisión

encargado(a)
alguien que tiene que hacer algún deber o tiene alguna responsabilidad

encerrar (ie)
poner o meter dentro de otra cosa

encima
además

enclenque
débil, enfermizo

endiablado
del diablo, diabólico

enfadarse
molestarse, disgustarse

enfocar
ver bien, estudiar

enfrascado
dedicado a algo con mucho interés y atención

engañar
mentir, falsificar

engaño
falsedad, contrario a la verdad

ensañamiento
uso de mucha crueldad con la víctima de un crimen

ente (el)
lo que existe

equilibrio
estabilidad

equipo
grupo de personas que juegan o trabajan juntas

equivocarse
cometer un error

erradicar
extirpar totalmente cualquier cosa, borrar

escaparate (el)
ventana o cristal de una tienda que muestra lo que se vende

escena
parte de una obra teatral

escoger
seleccionar, optar

escopeta
arma de fuego similar al fusil o al rifle

eslabón (el)
pieza que enlazada con otras, forma una cadena, conexión

esposas (las)
pulseras de hierro para sujetar las manos de los presos

estancarse
no progresar, no mover

estante (el)
en una tienda, lugar donde se coloca o exhibe la mercancía

estar de guardia
estar alerta en espera de alguna emergencia o peligro

estatal
del estado

estorbar
ponerle obstáculo a algo

etapa
período, tiempo particular

evitar
eludir, impedir que suceda

expuesto
explicado, manifestado

fallar
no salir bien, perder, no hacer lo que se intenta

fantasma (el)
ser no real que uno cree ver

faz (la)
cara, superficie

fealdad (la)
contrario de hermosura o belleza

fechoría
acción mala

feo
no bonito

fiar
vender a crédito

fijar
determinar, señalar

fila
línea de personas o cosas colocadas unas detrás de otras

fiscal (el)
abogado representante del estado o de la sociedad

flagelo (*fig.*)
calamidad, aflicción

flaqueza
debilidad, vicio, algo negativo de uno

flujo (el)
movimiento, corriente

forjar
formar, dar forma

fortaleza
fuerza, vigor

fracaso
resultado adverso o negativo

funesto
fatal

fusilamiento
acción de ejecutar a alguien con arma de fuego

fusilar
matar a tiros o disparos de armas de fuego

gama (la)
escala, panorama

ganancia
utilidad que resulta de una acción

gastado
consumido

gastar
consumir

gemelo
mellizo, idéntico

genio
persona de gran inteligencia

gestación (la)
tiempo que dura la preñez

gozar
experimentar placer, alegría

granjero(a)
agricultor

gravitar
pesar sobre alguien una influencia

gritar
clamar, hablar en voz alta

guardar
cuidar, custodiar

guiar
dirigir, indicar por dónde debe ir otro

guión (el)
texto de un programa o película

halagüeño
satisfactorio

hambriento
que siente hambre

hazaña
acción o hecho heróico

hecho
acción, obra, realidad

hembra
persona o animal de sexo femenino

herencia
el fenómeno de recibir características biológicas de los padres

hogar (el)
casa donde vive la familia

hoja
cada una de las partes planas y delgadas de las ramas de los árboles

homicida (el/la)
persona que causa la muerte de otro ilegalmente

homicidio
crimen de matar a otro ilegalmente

horario
distribución de las horas para hacer ciertas acciones, como el horario de clases

idóneo
conveniente, propio para una cosa

impedir (i)
interferir, poner obstáculos

imponerse
enfrentarse forzosamente con pretensiones de superioridad

imprescindible
que no se puede omitir, necesario

incansable
que no se cansa nunca

incendio
destrucción de casas, edificios, bosques, etc., a causa del fuego

incertidumbre (la)
algo no cierto o en duda

inclusive
también, además, que incluye

inconmensurable
que no se puede medir o calcular

incontenible
que no se puede contener o detener

indicar
dar a entender, señalar, significar

índole (la)
tipo, clase

infortunio
mala suerte, mala fortuna

ingerir (ie)
introducir algo en otra cosa, tomar, comer

inmadurez (la) *(fig.)*
sin madurez, poco juicio

inmolar
ofrecer en sacrificio una víctima

inocuo
que no es eficaz, poco interesante

inoperante
inefectivo, que no sirve

insuperable
lo mejor posible, que no se puede exceder

inundación (la)
desbordamiento, principalmente en los ríos, que ocasiona que el agua cubra los terrenos

invocar
llamar a uno en hora de necesidad o auxilio

jubilar
retirar, pensionar, dejar de trabajar

juramento
forma de promesa, palabra de honor

labios
bordes de la boca

lanzamiento
acción de arrojar o tirar en el aire

lástima
sentir compasión

latido
movimiento de contracción y dilatación de los vasos sanguíneos

latir
dar latidos

lazo
unión, vínculo

lejano
distante

leñador(a)
persona que corta árboles grandes

lesionar
dañar, perjudicar, herir

letal
mortal, mortífero

letrero
rótulo, inscripción

leve
ligero, de poca importancia

libelo
escrito en que se difama a alguien

libertinaje (el)
libertad sin límites

libremente
con libertad

líos
problemas

llevar a cabo
realizar, lograr

llorar
derramar lágrimas

locutor(a)
persona que habla por radio o televisión

lograr
obtener, conseguir

lucha
combate, violencia

lujoso
rico, acomodado

luz (la)
lo que ilumina las cosas

madrugador(a)
persona que se levanta temprano por la mañana

maleante (el/la)
persona que comete acciones malas

malhechor(a)
persona que comete crímenes

maravillarse
admirarse

marea
movimiento de ascenso y descenso de las aguas del mar

margen (el) *(fig.)*
orilla o borde de algo

masa
cantidad de materia de un cuerpo

mascota
animal favorito que se tiene en casa

matanza
acción de matar o quitar la vida de otro

materia prima
substancia original de la cual se obtienen otros productos

mecanografía
arte de escribir con una máquina de escribir o computadora

médico de guardia
el primero que atiende los casos de emergencia

medida
medio, recurso

medio *(adj.)*
común, ordinario

medio ambiente
circunstancias físicas, psicológicas y sociales de la vida

menester
necesario

mentira
que no es verdad

merecer
ser digno de algo

meta
fin

mezclar
unir o juntar ideas o conceptos

mochila
bolsa que se lleva en las espaldas

molestar
causar mortificación o dificultad

montón (el)
mucho

morder (ue)
cortar con los dientes

mujeriego
hombre que siempre va en busca de mujeres

mundial
del mundo, de todo el planeta

nacimiento
acción y efecto de iniciar la vida

naipe (el)
cada una de las cartulinas o cartones de la baraja, carta

negocio
empresa, compañía, actividad de comercio

nocivo
malo, perjudicial, ofensivo

nube (la)
masa de vapor de agua suspendida en la atmósfera

ocasionar
causar, provocar

odio
lo contrario de amor

odisea (la)
viaje difícil

oleada (la)
ola grande, movimiento grande o en masa

oprimir
sujetar tiránicamente

oprobio
deshonra, ignominia

optar por
escoger

orbe (el)
planeta, círculo

ordenado
en orden, organizado

orgullo
arrogancia, vanidad

pa'
apócope de la preposición **para**

padecer
sufrir, soportar, ser víctima de

palanca
barra que se usa para levantar o mover un objeto

paños calientes (*fig.*)
expresión popular que indica que los remedios son ineficaces

papel (el) (*fig.*)
carácter o representación con que se interviene en los asuntos de la vida

paradoja
contradicción aparente, dos extremos aparentes

parecer (el)
opinión

paria
persona ínfima, despreciable, sin valores de ninguna clase, hombre despreciado por los demás

pariente(a) (el/la)
persona que es parte de la familia extensa

parroquiano
cliente

¡pa' su escopeta!
exclamación popular que indica no convenir con lo dicho

patente
evidente

patria
nación o país donde uno nace

pecado
violación de las leyes morales

pedir (i)
hacer una petición

película
cinta cinematográfica, filme

peligro
riesgo inminente

penas
sufrimientos

penuria
escasez, falta de las cosas necesarias

pequeñez (la)
calidad de ser pequeño

perecer
morir, extinguir

pesar (*fig.*)
evaluar las circunstancias de una cosa o situación

piedra
materia dura que forma la roca

piernas
extremidades inferiores de una persona

píldora
medicamento en forma sólida, pequeña

pillaje (el)
saqueo, robo
pisada
acción de poner el pie sobre algo
pisar
poner el pie sobre algo
pitillo
cigarrillo
plaga
abundancia de una cosa nociva y peligrosa
plagar
hacer daño, causar calamidad
pleito
causa o juicio, disputa legal
poblar (ue)
fundar un pueblo o una población
pobreza
estado de ser pobre
pólvora
sustancia explosiva usada en las armas de fuego
por su cuenta
por sí mismo, sin la ayuda de otro
portentoso
grandioso, maravilloso
porvenir (el)
futuro
poseer
tener uno algo en el poder
potestativo
que está en la facultad de uno
precavido
que sabe prevenir un riesgo, daño o peligro
precipicio (*fig.*)
ruina espiritual
premiar
dar premio, pagar, regalar
premio
remuneración, ganancia
prestarse
tratar de comenzar una acción
presupuesto
cómputo anticipado de los gastos de una nación, familia, etc.
pretender
querer, tener la intención
prevalecer
sobresalir, ser superior

primordial
primero, fundamental
principio
fundamento
privar
prohibir, no permitir
procrear
multiplicar una especie
prodigio
cosa o suceso extraordinario
prodigioso
extraordinario
proeza
acción notable o valerosa
progenitor
antecesor en línea recta; padre biológico
promedio
punto medio
pronosticar
predecir el futuro
proporcionar
dar, brindar
proverbio
frase que expresa un pensamiento de sabiduría popular
pudor (el)
vergüenza, sentido de recato, de modestia
puesto que
debido a, porque
pulmón (el)
órgano del cuerpo que controla la respiración
puntería
dirección del arma apuntada
quedar embarazada
inicio de la gestación en la mujer
quehacer (el)
ocupación, deber, trabajo
queja
resentimiento, lamento, disgusto
¡Qué largo me lo fiáis!
expresión exclamativa con que se muestra falta de preocupación por las consecuencias de sus acciones
quemazón (la)
sensación de calor, de ardor
quirúrgico
relativo a la cirugía
raciocinio
razonamiento

raíz (la) *(fig.)*
origen, principio

rama
división, parte

rango
clase, categoría, orden

rasgo
característica notable

raza
grupo de humanos caracterizados por el color de la piel u otras condiciones físicas

razonar
discurrir, hablar lógicamente

reanudar
volver a empezar

rebeldía
acto del rebelde

recaudar
recolectar cantidades de dinero

recetar
prescribir el médico una medicina

rechazar
resistir, refutar

recobrar
volver a tomar o a adquirir lo que antes se tenía

red (la)
organización con ramas o partes en muchos lugares

redactar
escribir

redención (la)
salvación, rescate

reemplazar
sustituir

regadío (el)
efecto de echar agua en alguna tierra para ayudar en su cultivo

regalo
presente, obsequio

regir (i)
mandar, gobernar, dirigir

reglamentar
sujetar a la ley o a las reglas, hacer legal un acto

reinar
regir, gobernar un reino

reliquia (la)
vestigio del pasado, algo viejo que queda del pasado

remontar
elevar mucho el vuelo

rendir (i)
dar, ofrecer

rendirse (i)
darse por vencido, decirle al enemigo que él ha ganado, admitir la derrota y darle la victoria a otro

reñir (i)
luchar, disputar

reo(a)
persona acusada de un crimen

resquebrajamiento
destrucción

restringir
limitar

resucitar
salvar, revivir

retar
incitar a alguien a luchar contra algo o contra alguien

revista
publicación periódica con escritos sobre una o varias materias

riña
lucha, disputa

rincón (el)
lugar oscuro y apartado, el ángulo donde se encuentran dos paredes

rodear
estar algo alrededor de una cosa o persona

rodilla
parte del cuerpo que une el muslo con la pierna

sabio(a)
persona que sabe mucho

saborear
degustar con deleite una comida

sagrado
divino o religioso

salvaje
no doméstico

salvo
excepto, fuera de

sangre (la)
líquido que circula por las venas y las arterias

sano y salvo
sin enfermedad, peligro o herida

saqueo
acción de robar y destruir propiedades

secuestro
acción de apoderarse de una persona para exigir algo por su rescate

seguir (i)
continuar

semejante (el/la)
prójimo, vecino

semejante
que se parece, similar

senda
camino, caminito estrecho

seno (el)
pecho de la madre, lugar seguro

sensatamente
con sentido común

sequía
estar todo muy seco por falta de lluvia

siesta
tiempo o rato que se descansa o duerme después de una comida

siglo
período de tiempo de cien años

soberbia
exceso en magnificencia, el creerse mejor que los demás

soborno
acción de corromper a alguien con dinero para conseguir algo

sobrar
haber de una cosa más de lo necesario

sobrevivir
vivir uno después de la muerte de otro u otros

sofocar
oprimir, apagar, ahogar

soler (ue)
hacer repetida o diariamente

solicitud (la)
carta en la cual uno pide algo de otra persona

soñar (ue) *(fig.)*
anhelar persistentemente una cosa

sostener
mantener, tolerar, apoyar

subsistencia (la)
permanencia, existencia

subsistir
vivir, durar, existir

suceso (el)
evento

sudor (el) *(fig.)*
esfuerzo extraordinario para lograr u obtener algo

suerte (la)
fortuna

sujeto
persona

sumo
grande, máximo

suprimido
omitido, prohibido

supuesto
caso hipotético

surgir
aparecer

sustento
lo necesario para vivir

tabla
pieza que se usa para pronosticar el futuro

techo *(fig.)*
casa, lugar donde uno vive

tender (ie)
impulsar o inclinar a moverse en cierta dirección, extender

tendido
acostado, extendido

tener en cuenta
tomar en consideración

tergiversar
desfigurar la relación de los hechos

tienda
lugar de comercio donde se puede comprar algo

tiniebla
oscuridad, noche

tipo
persona, individuo

tirar
disparar un arma de fuego

tiro
acción de tirar

tolerar
sufrir, llevar con paciencia

traición (la)
deslealtad, infidelidad

transbordador (el)
nave espacial que transporta

trascendente
lo que traspasa los límites
trascender (ie)
traspasar los límites de cierta cuestión
trasladar
mover, mudar
traspasar
pasar de un lugar a otro
trazar
delinear, diseñar
trazar *(fig.)*
describir, exponer los rasgos de una persona o asunto
tripulación (la)
los que trabajan en un barco, avión o tren
triste
deplorable
tropezar (ie)
dar con los pies en algún obstáculo
truncar
cortar una parte o cualquier cosa
vacío
sin contenido, nada
valerse
servirse, hacer uno mismo uso de algo
varón (el)
persona de sexo masculino
vasto
extenso
vato (el)
amigo, carnal en el sudoeste de los Estados Unidos, esta palabra no se acepta en el diccionario
vejez (la)
cualidad de tener muchos años, etapa final de la vida
vela
pieza de tela que propulsan una nave marítima
velar
observar atentamente, cuidar
veneno
materia tóxica
venganza
causar daño a quien nos produjo daño anteriormente

ventaja
superioridad de una persona o cosa respecto de otra
verídico
verdadero
vertiente (la) *(fig.)*
manera de presentar o enfocar una situación o asunto
vestigio
señal, signo o lo que queda de alguna cosa o suceso
vicisitud (la)
problema, conflicto
vicio
mala calidad, defecto moral
vientre (el)
abdomen
vigilar
observar a alguien o algo para evitar que cause daño
violación (la)
acción de forzar a una persona al acto sexual
violar
abusar sexualmente de una persona por la fuerza
visión (la)
panorama, lo que se ve, vista
viviente
que vive, que existe
vocero(a)
uno que habla en nombre de otro
volar (ue)
moverse por el aire
volver a + infinitivo (ue)
hacer algo otra vez o de nuevo
vuelo
modo de locomoción de los pájaros y los aviones
yugo (el)
cosa que se usa para controlar a una persona o un animal
zozobra
inquietud, ansiedad

índice de temas gramaticales